地域で活躍するための

「生活援助従事者研修」テキスト

はじめて学ぶ 生活援助

生活援助従事者研修59時間対応

監修　一般社団法人 介護福祉指導教育推進機構 代表理事
黒澤 貞夫

日本医療企画

はじめに

　日本の少子高齢社会が進展するなかで、介護の仕事に従事する人の数は不足しています。

　国は介護の仕事に従事する人を増やすことと、質を高めながら育成していくためにさまざまな対策を講じてきました。それは、国の役割であり、国民の権利に基づくものだからです。日本国憲法第13条には、「すべて国民は、個人として尊重される。生命、自由及び幸福追求に対する国民の権利については、公共の福祉に反しない限り、立法その他の国政の上で、最大の尊重を必要とする」とあり、第25条には「①すべて国民は、健康で文化的な最低限度の生活を営む権利を有する。②国は、すべての生活部面について、社会福祉、社会保障及び公衆衛生の向上及び増進に努めなければならない」とあります。日本国民である以上、個人の生活は国により保障されるものであり、人の生活を支える介護の仕事は、国が保障する人権に基づいた重要な仕事であるといえるでしょう。

　介護の仕事を行うには、支援するための技術や知識を学ぶことも必要ですが、それだけではなく、支援を必要とする人の思いをくみ取ろうとするこころも非常に重要です。さまざまな理由から生活の困難をかかえている人の気持ちを理解しようと耳とこころを傾け、生活を続けていくための支援を考え、実践する、それが介護職の専門性の一つだからです。

　こうした介護の仕事の基本的な考え方をふまえたうえで、個別の生活支援が行われることが望ましいといえるでしょう。

　本書は、生活援助中心型の訪問介護サービスに従事する人の視野を広げ、担い手の質を確保することを目的に行われる「生活援助従事者研修」（59時間）に対応したテキストです。

　介護職員初任者研修課程（130時間）の「生活援助」に関わる部分を学習する内容で、調理・洗濯・掃除などの介護を中心に習得していきます。

　介護について、もっと勉強したい、さらに理解を深めたいという方は、初任者研修や実務者研修、介護福祉士へと段階的に進んでいく道もあります。

　長寿社会を支える担い手として、介護の仕事の深さを知り、活躍されることを願っています。

一般社団法人　介護福祉指導教育推進機構　代表理事

黒澤　貞夫

本書の特徴と使い方

● 本文について

読みやすい文字のフォント、大きさで、簡潔な文章で書いています。また、図や表、イラストを使って内容を説明しているので、短時間の学習に適しています。

● 学習のポイント

各セクションのはじめに「学習のポイント」を入れています。そのセクションでどのような内容を学ぶのかを示すことで、学習をはじめやすいようにしています。

● チェックポイント

セクションの終わりには、「チェックポイント」が書かれています。セクションで学ぶ要点を簡潔にまとめているので、理解できていないことがあれば、もう一度その項目を読み直しましょう。介護をはじめたあとでも、ときどきチェックポイントを読み返すとよいでしょう。

● コラム

コラムには、覚えておくとよいこと、知っておくと役立つことが載っています。学習の合間に読んでおくとよいでしょう。

● 巻末資料

「身体介護」と「生活援助」の違いについて法令文を掲載しました。実際に仕事をする前に一読し、「身体介護」と「生活援助」の違いを理解しておきましょう。

● 表記について

本書では、介護や生活支援を受ける対象者を「利用者」、介護や生活支援を行う者を「介護職」と表記しています。
「障がい者」においては、法律等公式文書で「障害者」の用語が使用されているため、これに倣いました。

Contents | 目次

はじめに …………………………………………………………………… 2
本書の特徴と使い方 ……………………………………………………… 3

第1章　職務の理解

❶ 超高齢社会における介護保険サービスの役割

1　超高齢社会日本の現状 ………………………………………… 10
2　介護保険制度の創設の背景と意義 …………………………… 12
3　介護保険制度の概要 …………………………………………… 13
4　多様なサービスの理解 ………………………………………… 14

❷ 居宅サービスの目的と介護職の役割

1　訪問型サービスの特徴 ………………………………………… 17
2　通所型サービスの特徴 ………………………………………… 18
3　福祉用具サービスの特徴 ……………………………………… 18

❸ 訪問介護サービスと介護職の役割

1　訪問介護サービス ……………………………………………… 19

第2章　介護における尊厳の保持・自立支援

❶ 人権と尊厳を支える介護

1　人権と尊厳の保持 ……………………………………………… 24
2　ICF（国際生活機能分類） …………………………………… 33
3　QOL ……………………………………………………………… 35
4　ノーマライゼーション ………………………………………… 38
5　虐待防止・身体拘束禁止 ……………………………………… 41
6　個人の権利を守る制度の概要 ………………………………… 44

❷ 自立に向けた介護

1　自立支援 ………………………………………………………… 48
2　介護予防 ………………………………………………………… 56

第3章　介護の基本

❶ 介護職の役割、専門性と多職種との連携

1　介護環境の特徴の理解 ………………………………………… 62
2　介護の専門性 …………………………………………………… 63
3　介護にかかわる職種 …………………………………………… 67

❷ 介護職の職業倫理

1 職業倫理 ……………………………………………………………… 70

❸ 介護における安全の確保とリスクマネジメント

1 介護における安全の確保 …………………………………………… 74
2 事故予防・安全対策 ………………………………………………… 77
3 感染症対策 …………………………………………………………… 80

❹ 介護職の安全

1 介護職の心身の健康管理 …………………………………………… 82

第4章　介護・福祉サービスの理解と医療との連携

❶ 介護保険制度

1 介護保険制度の背景および目的、動向 …………………………… 88
2 介護保険制度のしくみの基礎的理解 ……………………………… 92
3 制度を支える財源、組織・団体の機能と役割 …………………… 97

❷ 医療との連携とリハビリテーション ……………………………… 99

❸ 障害福祉制度およびその他制度

1 障害福祉制度の理念 ………………………………………………… 101
2 障害福祉制度のしくみの基礎的理解 ……………………………… 103
3 個人の権利を守る制度の概要 ……………………………………… 104

第5章　介護におけるコミュニケーション技術

❶ 介護におけるコミュニケーション

1 コミュニケーションの意義・目的・役割 ………………………… 108
2 コミュニケーションの技法、道具を用いた言語的
  コミュニケーション ………………………………………………… 111
3 利用者・家族とのコミュニケーションの実際 …………………… 115
4 利用者の状況・状態に応じたコミュニケーション技術の実際 …… 125

❷ 介護におけるチームのコミュニケーションの実際

1 記録における情報の共有化 ………………………………………… 131
2 報告・連絡・相談（ホウレンソウ） ……………………………… 137
3 コミュニケーションを促す環境づくり …………………………… 140

Contents ｜ 目次

第6章　老化と認知症の理解

❶ 老化に伴うこころとからだの変化と日常
1　老年期の発達と老化に伴う心身の変化の特徴 ……………… 146
2　老化に伴うこころとからだの変化と日常生活への影響 ………… 149

❷ 高齢者と健康
1　高齢者の疾病と生活上の留意点 ………………………… 158
2　高齢者に多い病気とその日常生活上の注意点 …………… 163

❸ 認知症を取り巻く状況
1　認知症ケアの理念 ……………………………………… 172

❹ 医学的側面から見た認知症の基礎と健康管理
1　認知症の概念 …………………………………………… 174
2　認知症の原因疾患とその病態 ………………………… 177

❺ 認知症に伴うこころとからだの変化と日常生活
1　認知症の人の生活障害、行動・心理の特徴 ……………… 183
2　認知症の利用者への対応 ……………………………… 191

❻ 家族への支援
1　認知症の受容過程での援助 …………………………… 197
2　介護負担の軽減 ………………………………………… 199

第7章　障害の理解

❶ 障害の基礎的理解
1　障害の概念とICF ……………………………………… 202
2　障害者福祉の基本理念 ………………………………… 205

❷ 障害の医学的側面
1　身体障害 ………………………………………………… 207
2　知的障害 ………………………………………………… 212
3　精神障害 ………………………………………………… 213

❸ 家族の心理とかかわり・支援の理解
1　家族への支援 …………………………………………… 219

第8章　こころとからだのしくみと生活支援技術

❶ 介護の基本的な考え方

1　理論に基づく介護 …………………………………………… 222
2　法的根拠に基づく介護 …………………………………… 224

❷ 介護に関するこころのしくみの基礎的理解

1　感情と意欲の基礎知識 …………………………………… 225
2　自己概念と生きがい ……………………………………… 228
3　老化や障害を受け入れる適応行動とその阻害要因 ……… 231

❸ 介護に関するからだのしくみの基礎的理解

1　生命の維持・生体恒常性のしくみ ……………………… 234
2　人体の各部の名称と働きに関する基礎知識 …………… 239
3　骨・関節・筋肉に関する基礎知識 ……………………… 241
4　ボディメカニクスの活用 ………………………………… 247
5　中枢神経系と体性神経に関する基礎知識 ……………… 249
6　自律神経と内部器官に関する基礎知識 ………………… 252
7　こころとからだを一体的にとらえる …………………… 254
8　利用者の様子のふだんとの違いに気づく視点 ………… 259

❹ 生活と家事

1　家事援助に関する基礎的知識と生活支援 ……………… 260
2　家事と生活の理解 ………………………………………… 261
3　買い物支援 ………………………………………………… 267
4　調理支援 …………………………………………………… 268
5　洗濯支援 …………………………………………………… 277
6　衣服の補修 ………………………………………………… 280
7　寝具の衛生管理 …………………………………………… 280
8　清掃支援 …………………………………………………… 281

❺ 快適な居住環境整備と介護

1　快適な居住空間に関する基礎知識 ……………………… 283
2　高齢者・障害者特有の居住環境と整備、
　　福祉用具を活用した支援 ………………………………… 285

Contents | 目次

❻ 移動・移乗に関連したこころとからだのしくみと自立に向けた介護

1 移動・移乗に関する基礎知識 …………………………………… 288
2 移動と社会参加の留意点 ………………………………………… 291
3 さまざまな移動・移乗に関する用具とその活用方法 ………… 293
4 移動・移乗を阻害するこころとからだの要因 ………………… 297
5 利用者・介助者にとって負担の少ない移動 ………………… 301

❼ 食事に関連したこころとからだのしくみと自立に向けた介護

1 食事に関する基礎知識 …………………………………………… 311
2 食事とからだのしくみ …………………………………………… 315
3 食事環境の整備・食事に関連した用具・食器の活用方法と
　食事形態とからだのしくみ …………………………………… 317
4 楽しい食事を阻害するこころとからだの要因の理解と支援方法 …… 320
5 口腔ケアの意義 ………………………………………………… 325

❽ 睡眠に関連したこころとからだのしくみと自立に向けた介護

1 睡眠に関する基礎知識 …………………………………………… 330
2 さまざまな睡眠環境と用具の活用方法 ………………………… 334
3 快い睡眠を阻害するこころとからだの要因の理解と支援方法 …… 337

❾ 死にゆく人に関したこころとからだのしくみと終末期の介護

1 終末期に関する基礎知識とこころとからだのしくみ ………… 341
2 生から死への過程 ……………………………………………… 346
3 死に向き合うこころの理解 …………………………………… 349
4 苦痛の少ない死への支援 ……………………………………… 353

❿ 介護過程の基礎的理解

1 介護過程の目的・意義・展開 ………………………………… 357
2 介護過程とチームアプローチ ………………………………… 361

第9章　振り返り

振り返り ………………………………………………………… 364

索引 ………………………………………………………………… 366
資料 ………………………………………………………………… 372

第1章

職務の理解

第1章 職務の理解

1 超高齢社会における介護保険サービスの役割

POINT
学習のポイント

- 日本の高齢社会の現状と、今後について学びましょう。
- 介護保険制度の概要と利用の流れを理解しましょう。
- 介護保険サービスの概要と種類を知りましょう。

1 超高齢社会日本の現状

人口減少社会へ

　日本の総人口は、2017（平成29）年10月1日現在、1億2,671万人です。そのうち、65歳以上の高齢者人口は3,515万人で、総人口に占める割合（高齢化率）は27.7％です。

　近年増加を続けてきた日本の総人口は、2008（平成20）年から減少傾向に入り、2029年には1億2,000万人を下回り、2053年には1億人を割ります。さらに、2065年には8,808万人になると推計されています。

　その一方で、75歳以上の後期高齢者の人口は増加することが予想されており、これは高齢化率がますます高くなることを意味します。

現役世代1.3人で1人の高齢者を支える社会の到来

　また、65歳以上の高齢者人口と15～64歳の現役世代人口の比率を見てみると、1950（昭和25）年には1人の高齢者に対して12.1人の現役世代であったのに対し、2015（平成27）年には、高齢者1人に対して現役世代2.3人になっています。

　高齢化率は上昇し、現役世代の割合は低下し、2065年には1人の高齢者を1.3人で支えるという比率になることが予想されています。

要介護者の増加と介護職員の不足

　高齢化率が高まると、医療費や介護給付費が増大します。要介護認定を受けた

人は2003（平成15）年度には221.4万人でしたが、2015（平成27）年度には606.8万人となっています。

また、右の「要介護等認定の状況」の表を見てもわかるように、65歳～74歳の要介護認定者数が51万人であるのに対し、75歳以上の要介護認定者数は約384万人と7倍以上となっており、要介護認定率は高齢になればなるほど上昇する傾向にあります。要介護認定率が高い75歳以上人口の増加も見込まれているため、要介護者もそれに伴って増加することが予測されています。

要介護等認定の状況

単位：千人、（ ）内は％

	65～74歳		75歳以上	
	要支援	要介護	要支援	要介護
	246	510	1,470	3,842
	(1.4)	(2.9)	(9.0)	(23.5)

出所：内閣府「平成30年版高齢社会白書」

認知症高齢者の増加

2012（平成24）年の認知症高齢者数は約462万人、65歳以上の高齢者の約7人に1人でした。このほかに、認知症予備軍と言われる軽度認知障害（MCI）の人が約400万人いることがわかりました。有病率の推計では、団塊の世代が後期高齢者になる2025年には、認知症高齢者数は約700万人、65歳以上の高齢者の5人に1人が認知症になると予想され、要介護者の増加が推測されています。

介護人材不足

要介護（要支援）認定者数の増加に伴い、介護職員の数は2000（平成12）年度の54.9万人から、2016（平成28）年度には約3.3倍の183.3万人となっています。しかし、2017（平成29）年度の全産業の有効求人倍率が1.50倍に対して介護分野の有効求人倍率は3.50倍となっており、介護人材が不足していることがわかります。

高齢者の3分の2は、施設等ではなく、最期まで自宅で生活し続けることを望んでいるといわれています。在宅における介護サービスはますます需要が高まるでしょう（参考：内閣府「平成30年版高齢社会白書」）。

2 介護保険制度の創設の背景と意義

介護を社会全体で行うしくみ

　日本では、高齢化率が7％を超える「高齢化社会」となった1970（昭和45）年以降、高齢化率はますます高くなっています。かつて介護は家族、特に妻や娘、息子の妻などが行うのが一般的でした。しかし、高度経済成長期以降、核家族化の進展や女性の社会進出の影響もあり、家族だけで介護を担うことは困難になってきました。そこで、介護を家庭の問題ではなく、社会の問題として対応できるよう、介護保険制度がつくられ2000（平成12）年4月から施行されました。

利用者本位のサービスの提供

　介護保険制度が創設される以前の社会福祉制度では、介護は、"市町村（特別区を含む、以下同）が介護が必要であると認めた高齢者"に、"市町村が必要と考えた介護"を行う「措置」という考え方に基づくしくみでした。

　介護保険制度では、「自己選択」「自己決定」の考え方を基本として、「本人が主体性をもって決める」ことを専門職が支援し、利用者とサービス提供事業者の契約に基づいてサービスが提供されるしくみへと変わりました。このことにより、介護サービス事業者に競争原理が働き、よりよいサービスが提供されるようになりました。また、利用者は自分自身の選択で必要なサービスを受けることができるようになりました。

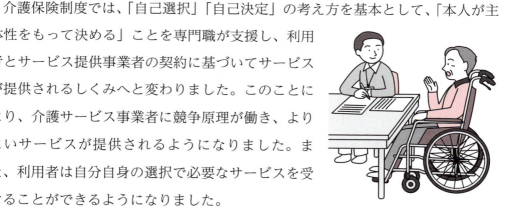

社会保険方式の導入

　高齢者人口の増加によって介護費用の増加も予測されるなか、財源を安定的に賄うしくみとして、保険料と税金を組み合わせた社会保険方式が採用されました。これにより、市町村を保険者として、40歳以上の国民全員を被保険者として保険料を徴収し、被保険者が要介護・要支援状態になったときにサービスが提供されるしくみが確立されました。

3 介護保険制度の概要

介護保険制度の基本的なしくみ

　介護保険は、40歳以上の国民が加入し、保険料を負担する社会保険です。65歳以上の高齢者と、老化を原因とした病気（特定疾病）で介護が必要となった40～64歳の人が要介護認定を受けると、介護サービスを利用することができます。サービス利用にかかる費用の1割または2割または3割を本人が負担し、残りの費用は介護保険から支払われます。

　介護保険制度の運営は保険者である市町村が行い、その財源は、加入者が納める保険料と、国や都道府県、市町村の税金で成り立っています。

サービス利用の流れ

　介護保険サービスは、利用者ごとにケアプランを作成し、利用者自らの意思により、サービスを選択し、サービス事業者や施設と契約をして、サービスを受けることを基本的な理念としています。利用者が市町村に申請することでサービスを利用することができます。申請からサービス開始までの流れは以下のとおりです。

申請からサービスの利用まで

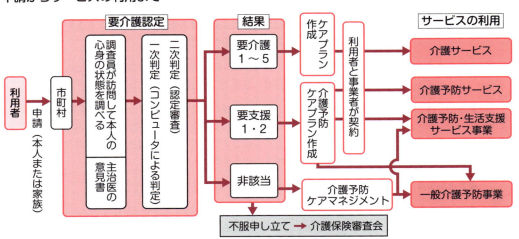

第1章 職務の理解

4 多様なサービスの理解

介護保険サービス

介護保険サービスには、居宅サービス、施設サービス、地域密着型サービスがあります。

居宅サービスの概要

居宅サービスは"訪問型サービス"と、"通所型サービス"などがあります。

居宅サービスの種類

分類	サービス名	内容
訪問型サービス	●訪問介護	居宅にて介護職による身体介護や生活援助を受ける
	●訪問入浴介護	居宅にて介護職と看護職が浴槽を持ち込み、入浴介護を受ける
	●訪問リハビリテーション	居宅にて理学療法士や作業療法士などの専門職によるリハビリを受ける
	●訪問看護	居宅にて看護師等による療養上の世話を受ける
	●居宅療養管理指導	居宅にて医師・歯科医師、薬剤師などの療養上の管理や指導を受ける
通所型サービス	●通所介護（デイサービス）	通所介護施設で、日帰りで理学療法士や作業療法士から日常生活上の支援や機能訓練などのサービスを受ける
	●通所リハビリテーション（デイケア）	介護老人保健施設や医療機関などで、日帰りで日常生活上の支援や機能訓練などのサービスを受ける
短期入所型サービス	●短期入所生活介護（ショートステイ）	介護老人福祉施設などに短期間入所して、日常生活上の支援や機能訓練などのサービスを受ける
	●短期入所療養介護	介護老人保健施設などに短期間入所して、医療ケアを含む日常生活上の支援や機能訓練などのサービスを受ける
入居型サービス	●特定施設入居者生活介護	有料老人ホームなどに入所している利用者が日常生活上の支援を受けたり、機能訓練、療養上の世話などを受ける
	●居宅介護支援	心身の状態、生活の課題などに合わせて、一人ひとりの利用者に適したサービスを組み立てたケアプラン（居宅サービス計画）を作成。利用者はその計画に基づいて介護サービスの提供者・事業者との調整などの介護支援サービスを受ける
福祉用具	●福祉用具貸与	日常の自立を助けるための福祉用具をレンタルする
	●特定福祉用具販売	レンタルには適さない入浴や排せつのための特定福祉用具を購入した場合に費用の一部が支給される
	●住宅改修	段差解消などの住宅改修をしたとき、費用の一部が支給される

施設サービスの概要

施設サービスは、要介護者が施設に入所して受けるサービスです。

施設サービスの種類

●介護老人福祉施設 （特別養護老人ホーム）	常に介護が必要で居宅での生活が困難な利用者が入所して、日常生活上の支援や機能訓練などのサービスを受ける
●介護老人保健施設	状態が安定している利用者が在宅復帰できるよう、日常生活上の支援や機能訓練などのサービスを受ける
●介護療養型医療施設	長期の療養を必要とする利用者のための施設で、医療と日常生活上の支援を受ける（2017年度で廃止、2024年度まで移行期間）
●介護医療院	長期の療養を必要とする利用者のための施設で、医療と日常生活上の支援を受ける

地域密着型サービスの概要

住み慣れた地域で自分らしい暮らしを続けることができるよう、地域の特性に応じた介護保険サービスが受けられます。

地域密着型サービスの種類

訪問型サービス	●定期巡回・随時対応型訪問介護看護	可能な限り自宅で自立した日常生活を送ることができるように24時間体制で介護職や看護師の介護や看護を受ける
	●夜間対応型訪問介護	夜間の定期的な訪問や通報システムによる夜間の訪問介護を受ける
通所型サービス	●地域密着型通所介護	定員が18人以下の小規模な通所介護施設で、日常生活上の支援や機能訓練などのサービスを日帰りで受ける
	●認知症対応型通所介護	認知症の人を対象とした少人数の通所介護施設で、日常生活上の支援や機能訓練などのサービスを日帰りで受ける
複合型サービス	●小規模多機能型居宅介護	施設への通いを中心に利用者の状況や希望に応じて、訪問や泊まりのサービスを組み合わせて受ける
	●看護小規模多機能型居宅介護	小規模多機能型居宅介護と訪問看護を組み合わせたサービスを受ける
入所サービス	●認知症対応型共同生活介護（グループホーム）	認知症の人が共同生活をする住宅で、日常生活上の支援や機能訓練などのサービスを受ける
	●地域密着型特定施設入居者生活介護	定員が29人以下の小規模な介護専用の有料老人ホームなどで、日常生活上の支援や機能訓練などのサービスを受ける
	●地域密着型介護老人福祉施設入居者生活介護	定員が29人以下の小規模な介護老人福祉施設で、日常生活上の支援や機能訓練などのサービスを受ける

その他のサービス

　要介護認定などを受けていない人も含めて地域の高齢者の介護予防のため、市町村が地域の実情に合わせた独自の「介護予防・日常生活支援総合事業」を行っています。この事業では、生活機能の維持・向上のため、運動や口腔機能、栄養改善の教室などを開いたりしています。ほかに、家族向けに介護方法の指導を行う介護教室などが開かれています。市町村によっては、有償の家事援助、紙おむつや尿取りパッドの支給・購入助成などの事業も行われています。

民間企業によるサービス

　一般の企業が介護保険外のサービスを提供するケースも増えています。高齢者から連絡があれば駆けつけるなどの見守りサービス、外出や旅行を支援するサービス、家事サービス、配食サービスなど、さまざまなものがあります。

チェックポイント

- 介護保険制度ができた背景と目的を理解しましたか。
- 介護保険制度の特徴と利用の流れを理解しましたか。
- 介護保険サービスの特徴と種類を理解しましたか。

2 居宅サービスの目的と介護職の役割

\ POINT /

学習のポイント

- ● 居宅サービスの種類と特徴を知りましょう。
- ● 居宅サービスはどんな人が利用するのかイメージできるようにしましょう。
- ● 居宅介護で介護職は何をすべきかを理解しましょう。

　ここでは、居宅サービスのうち、特に代表的な訪問型サービスと通所型サービス、福祉用具についてサービスの特徴と介護職の役割などを説明します。

1 訪問型サービスの特徴

訪問型サービスの特徴と利用者像

　訪問介護事業所や訪問看護ステーション、施設等に所属する介護職員や看護職員等が自宅に来ます。その職員から介護や看護等の介護サービスを受けます。多くの人は高齢になって、住み慣れた地域やなじみのある人と交流しながら生活することを望んでいます。訪問型サービスを利用するのは、病気や障害などで家事が十分にできなくなったり、食事や排せつ、入浴などに介助が必要になったり、状態の改善が必要になった人です。

提供するサービスと介護職の役割

　訪問型サービスには、訪問介護のほか、訪問入浴介護、訪問看護、訪問リハビリテーション、居宅療養管理指導があります。訪問介護は利用者が要介護状態になった場合においても、可能な限り居宅でその人の能力に応じて自立した日常生活を営むことができるように生活全般の支援を行います。一人ひとりの異なるニーズをうまくくみ上げ、利用者のニーズに合ったサービスを提供することが求められています。

第1章 職務の理解

❷ 通所型サービスの特徴

通所型サービスの特徴と利用者像

　利用者がデイサービスセンターや介護施設、病院・診療所などに通い、他の利用者と一定時間一緒に過ごし、食事や入浴などの支援、レクリエーション、機能訓練などを受けます。要介護状態になると外出が困難になり、閉じこもりがちになるため、他人とふれあったり、社会とかかわる機会を増やす意味もあります。

提供するサービスと介護職の役割

　通所型サービスは、利用者が社会的に孤立しないよう、また、心身の機能を保ち、さらに家族が休息をとるためにも重要な役割を担っています。常に家庭と連携を取りながらサービスを行うことが大切です。

❸ 福祉用具サービスの特徴

福祉用具サービスの特徴と利用者像

　福祉用具サービスには、福祉用具貸与と特定福祉用具販売があります。利用者が自分の状態に合った車いすやベッドなどを借りたり、借りて使うことに適さない腰掛便座や簡易浴槽などを一部の負担で購入することができるサービスです。

提供するサービスと介護職の役割

　福祉用具の利用にあたっては、利用者の心身の状況や居住環境、本人の希望などをふまえて選定する必要があります。また、介護職は利用者に対して福祉用具の使い方をていねいに指導するほか、調整を行うこともあります。

\ POINT /
チェックポイント

- ●居宅サービスを利用する人をイメージできましたか。
- ●居宅サービスの仕事内容を理解できましたか。

3 訪問介護サービスと介護職の役割

＼ POINT ／

学習のポイント

- ● 生活援助中心型の介護の仕事内容を学びましょう。
- ● 生活援助従事者の仕事内容を理解し、働く現場のイメージをもちましょう。
- ● 生活援助従事者の役割を知りましょう。

1 訪問介護サービス

訪問介護サービスの目的と役割

　人間にとって生活の基本は「自宅」です。年齢を重ねて自分の力だけでは日常生活が難しくなったとしても、ずっと暮らしてきた自宅の空間や家族との関係は何ものにも代え難いものです。

　訪問介護は、訪問介護事業所に所属する介護職が行います。自分自身の力だけで日常生活を送ることが難しくなったとしても、自分で物事を決めたり、自分自身で行ったりするなど自分らしい日常生活が送れるよう、介護職が利用者の自宅に出向き、入浴、排せつ、食事などの介護や、調理や洗濯、掃除などの日常生活上の支援を行います。ただし、利用者の代わりに介護職が何でも行うことが目的ではありません。

　利用者のもっている能力に着目し、利用者ができることは利用者が行い、できないこともできる限り利用者とともに行うことが支援の目的です。

　また、介護をすることによって要介護・要支援度がこれ以上に進むことなく維持できるようにすることも訪問介護の目的の1つです。

生活援助と身体介護のサービス区分

　介護保険による訪問介護サービスは、具体的なサービスの内容によって身体介護と生活援助に分けられます。身体介護は、排せつや食事、移動など、利用者のからだに直接触れて行う援助です。一方、生活援助は、利用者が日常生活を送るうえで必要な食事の調理や洗濯、清掃など間接的な援助を行うものです。

身体介護	生活援助
・排せつ介助 ・食事介助 ・清拭・入浴、身体整容 ・体位変換 ・移動・移乗介助 ・外出介助 ・起床および就寝介助 ・服薬介助　など	・掃除 ・洗濯 ・ベッドメイク ・衣類の整理・被服の補修 ・一般的な調理 ・配膳・下膳 ・買い物・薬の受け取り

訪問介護サービスの対象にならないもの

　訪問介護サービスは、あくまでも利用者本人に対して行うものです。同居する家族の食事の調理、家族の部屋の掃除やペットの世話、来訪者への接客などは介護保険サービスの対象となりません。また、草むしり、大掃除、窓ガラスふき、床のワックスがけ、季節の特別な料理など、ふだんの家事では行わないことや、自動車の洗浄、家具・電気器具の修理や移動、家屋の修理やペンキ塗りなど特別な作業も介護保険サービスの対象には含まれません。

生活援助従事者の職務の理解

　訪問介護サービスのうち主に「身体介護」を担うのは、介護福祉士、実務者研修・初任者研修修了者ですが、「生活援助」を行うのが「生活援助従事者」です。生活援助従事者は、利用者が日常生活に支障がある場合に、自宅を訪問して日常生活をサポートします。

　生活援助従事者は訪問介護事業所に所属し、同じ事業所の管理者、サービス提供責任者、介護職員などと一緒に働きます。

生活援助従事者の1日の例

時刻	業務
9：00	事業所でミーティング
10：00	1件目の利用者宅訪問　利用者と掃除
10：30	利用者と洗濯
11：30	2件目の利用者宅訪問　利用者と昼食を作る
13：00	事業所で昼休み（食事）
14：30	利用者の薬を受け取りに行く
15：30	3件目の利用者宅訪問　利用者と買い物
16：00	利用者と洗濯物をとりこむ
17：00	事業所に戻り、業務報告書を提出

生活援助従事者に求められるスキルと姿勢

　生活援助は自宅という利用者が最も安らぐ場所に入って行う仕事です。その家庭や利用者のライフスタイルを考慮して、寄り添うことが大切です。

　介護が必要になると、外出しづらくなって社会との接点が減り、日々の生活に活気がなくなりやすくなります。生活援助従事者には利用者の話をよく聞き気持ちを受け止める姿勢が求められます。

　また、利用者や家族に生活上の助言を求められることもあります。助言を求められて迷ったときは訪問介護事業所や介護チームスタッフ、他職種と話し合いながら適切に対応します。生活援助従事者として、高齢者のこころやからだ、介護福祉サービスについて見聞を広げ、自己研鑽(けんさん)に努めましょう。

生活援助従事者として在宅介護を支える

　訪問介護サービスでも、利用者ができることは利用者自身で行い、できないことは生活援助従事者が一緒に行って支援する「介護の基本」を守ります。利用者の自立支援を目的にしていることを忘れてはなりません。介護によって、利用者が自分で工夫して生活を切り盛りできるようにすることが重要です。

　生活援助従事者は、仕事を通じていち早く利用者の体調の変化に気づき、事業所や医療機関に伝え、つなぐ役割もあります。在宅介護を支える気概を忘れずにいたいものです。

チェックポイント ＼POINT／

- 身体介護と生活援助の違いはわかりましたか。
- 生活援助従事者の仕事内容を理解しましたか。
- 生活援助従事者として働く姿勢を理解しましたか。

第2章

介護における
尊厳の保持・自立支援

第2章 介護における尊厳の保持・自立支援

1 人権と尊厳を支える介護

\ POINT /
学習のポイント

- 介護が必要かどうかにかかわらず、誰もがもつ権利について学びましょう。
- 利用者の権利と尊厳を守るための基本的な考え方と方法について学びましょう。
- 実際の介護の場面で求められる利用者とかかわる姿勢について学びましょう。

 1 人権と尊厳の保持

個人としての尊重

　すべての人は生まれながらにして、人間らしく生きる権利をもっています。その権利を基本的人権といいます。基本的人権は、病気や障害があるなしにかかわらず、すべての人にとって、国や社会、ほかの人が侵すことのできない、守られるべき権利であると日本国憲法で保障されています。

> **日本国憲法第11条（基本的人権）**
> 国民は、すべての基本的人権の享有を妨げられない。この憲法が国民に保障する基本的人権は、侵すことのできない永久の権利として、現在及び将来の国民に与へられる。

　また、日本国憲法第13条では、すべての人が個人として尊重され、すべての人に生命の保持や自由、幸福を追求する権利があること、その権利は社会全体の共通の利益に反しない限り最大限に保障されていることが、述べられています。

> **日本国憲法第13条（国民の権利）**
> すべて国民は、個人として尊重される。生命、自由及び幸福追求に対する国民の権利については、公共の福祉に反しない限り、立法その他の国政の上で、最大の尊重を必要とする。

そして、日本国憲法第14条では、国民はどのような境遇におかれていても法律上は平等であり、その境遇によって基本的人権を侵害されたり、政治的、経済的、社会的に差別を受けたりすることがあってはならない、と述べています。

日本国憲法第14条（平等権）
すべて国民は、法の下に平等であつて、人種、信条、性別、社会的身分又は門地により、政治的、経済的又は社会的関係において、差別されない。

つまり、現在はさまざまな理由で介護を必要とする状態にある人たちも、当然ながら、基本的人権をもつ存在であることに変わりはないということです。

介護は、利用者が自立した日常生活を送れるように支援する仕事であり、いわば人権に深くかかわる仕事です。利用者の生活は、あくまで利用者自身が主人公です。介護職は、人権に深くかかわる仕事に携わる者の意識・心構えとして、人権の基本原則を改めて認識して介護に当たることがとても重要です。

また、日本国憲法第25条では、すべての人は「健康で文化的な生活」を送る権利をもつことを保障しています。これを「生存権」といいます。

日本国憲法第25条（生存権）
すべて国民は、健康で文化的な最低限度の生活を営む権利を有する。
②国は、すべての生活部面について、社会福祉、社会保障及び公衆衛生の向上及び増進に努めなければならない。

憲法のいう「健康で文化的な生活」とは、あくまでも国民すべてが人間として尊厳のある生活を送ることを意味します。この権利を保障するために、国は生活保護法や医療保険各法、介護保険法などさまざまな社会福祉や社会保障、保健医療関係の法制度を整備して、その権利を守ることに努めています。

利用者は、これら法制度に基づく各種サービスの利用を通じて、自立した日常生活を送り、自らの考える幸福な生活や人生を実現することが、人の権利として保障されているということができます。

アドボカシー

アドボカシー（advocacy）とは、あまり聞きなれない言葉ですが、一般に「代弁」「弁護」「権利擁護」などと訳されます。例えば、認知症や障害などによって、自分の想いを伝えることができない場合、その人の意思を尊重して、本人に代わって支援者が代弁することをいいます。

また、社会的弱者や少数派などの権利は制限されることがあります。難病を抱える患者のなかには、公的な支援を受けられずに経済的に苦しい思いをしている人もいます。病気や障害に理解が乏しいと偏見が生まれる場合があります。このような人たちの尊厳を守るために、支援者がその声を代弁するアドボカシーという考え方があるのです。

2種類のアドボカシー

アドボカシーには、大きく分けて「ケース・アドボカシー」と「クラス・アドボカシー」の2種類があります。

①ケース・アドボカシー
特定の個人や家族の権利を代弁することをいいます。個別性が高く、内容はそれぞれ異なります。
例えば、息子と暮らす要介護状態のAさん（女性、80歳）がいたとします。現在、在宅介護で介護保険サービスを利用していますが、認知症のため道に迷い、度々警察に保護されることがあります。そのため、さらに何らかの形でサポートが必要な場合に、Aさんと息子に相談のうえ、社会福祉協議会に見守りボランティアの派遣を働きかけるなどの支援を行います。

②クラス・アドボカシー
特定の個人に限定せず、同じ課題を抱えた不特定多数の人たちの権利を代弁することをいいます。
例えば、行政に対して、現在の制度の不備から不都合が生じている現状を訴え、制度を改善していったり、不足している社会資源の必要性を訴えて新たな資源を加えるための働きかけを行います。

アドボカシーは、犯罪被害や虐待などの重大な人権侵害への支援者による対応はもちろんですが、利用者本人が主体的に自分らしい生き方を決める権利を守っていくことを重大なテーマとしています。

エンパワメントの視点

介護保険サービスにおいて、どのようなサービスをどこでどの程度受けるのかを決めるのは、あくまでも利用者自身です。また、介護保険法は第1条の目的で、「自立した日常生活を営むことができるよう」に支援する、と述べています。

介護保険法第1条（目的）

この法律は、加齢に伴って生ずる心身の変化に起因する疾病等により要介護状態となり、入浴、排せつ、食事等の介護、機能訓練並びに看護及び療養上の管理その他の医療を要する者等について、これらの者が尊厳を保持し、その有する能力に応じ自立した日常生活を営むことができるよう、必要な保健医療サービス及び福祉サービスに係る給付を行うため、国民の共同連帯の理念に基づき介護保険制度を設け、その行う保険給付等に関して必要な事項を定め、もって国民の保健医療の向上及び福祉の増進を図ることを目的とする。

ここでいう「自立」とは、自分のことは自分でできるという「自立」ではなく、自分のことは自分で選択・決定するという「自己選択・自己決定」を意味します。介護保険制度は、「利用者主体」と「自立支援」を制度の大原則にしているのです。そうしたなかで、介護職は利用者自身が自己決定して自分らしいと思える日常生活を送る人生を支援していくことが大切です。そこで必要になるのが、エンパワメントという考え方です。

エンパワメントとは

エンパワメント（empowerment）とは、高齢者に限らず、何らかの問題をかかえて自分の意思を素直に表明・行動できない人が、自己決定により積極的に問題解決に取り組める力を高めていけるよう支援することをいいます。さらにわかりやすくいうと、その人自身の潜在的な力を引き出す働きかけのことです。

1960年代にアメリカの公民権運動（黒人差別に対する反対運動）において発達

した考え方であり、現在は日本でも、社会福祉の相談援助分野において重視されている支援の基本的な考え方です。

利用者の内なるストレングスに着目する

エンパワメントには、その根底に、利用者のストレングス（strength）に着目するという考えがあります。ここでいうストレングスとは、利用者がもっている能力や意欲、経験などの「強さ」のことをいいます。

単に「がんばって！」と介護職が励ますのとは違い、利用者の内なる力であるストレングスに焦点を合わせて働きかけることが、エンパワメントになります。

介護職はさまざまな支援の際、このストレングスの視点が抜け落ちていると、利用者本人の自立のチャンスを奪うだけでなく、利用者に残された能力（残存能力）の機能低下を招くおそれがあることを意識しましょう。

利用者のできることに対する可能性を見いだす

例えば、「利き手の右腕にまひがあるから、料理はできないだろう」と、利用者の制限されている能力だけに着目して利用者に働きかけることを諦めてしまうのではなく、「本人は意欲がある。何らかの道具を使うなど工夫して、できる方法はないだろうか」というように、介護職には利用者のできることに対する可能性を見いだそうとする姿勢が大切です。

具体的には、障害に応じて使いやすく工夫された自助具などの道具を取り入れる、浴室やトイレに手すりを設置するなどして住環境を整える、などです。そうした利用者の意思や可能性を尊重する姿勢は、利用者にも伝わり、本人が自信をもつことや自立への意欲につながります。

このように、介護職は利用者のストレングスを信じ、その力を尊重したうえで、利用者自身が描いている生活を実現・継続できるようにさまざまな環境を整えるための支援を行うことが重要です。

役割の実感

　アメリカの心理学者・マズロー（Maslow）は、1970年に、人間の欲求について「欲求の5段階説」を提唱しました。これは心理や介護の分野だけでなく、看護学や経営学などの広い分野で今も活用されている考え方です。

マズローの欲求段階説

⑤自己実現の欲求

④承認欲求
（他人からの尊敬・昇進など）

③所属・愛情欲求
（友情・人間関係など）

②安全欲求
（住居・衣服・貯蓄など）

①生理的欲求
（食事・睡眠・排せつなど）

出所：『介護職員初任者研修課程テキスト3』日本医療企画、2016年／F.ゴーブル著、小口忠彦監訳『マズローの心理学』産業能率大学出版、1972年をもとに作成

　人間の「欲求の5段階説」では、人間の欲求を、低いものから①生理的欲求、②安全欲求、③所属・愛情欲求、④承認欲求、⑤自己実現の欲求の5段階に分けています。①の生理的欲求が満たされると、②の安全欲求を求めるというように、欲求は①から段階的に上の段階の欲求に向けて動いていきます。5段階の欲求を満たすことで、人は人としての生きがいを感じる生活を送れると考えられています。

　人間にとって、衣食住が満たされている状態（①生理的欲求や②安全欲求が満たされていること）はもちろん大切です。しかし、この考え方を参考にした場合、それだけでは人はその人らしい生き生きとした生活や人生を過ごせるわけではないことがわかります。人間は、集団のなかで自分の居場所をみつける③所属・愛情欲求や、他人からの尊敬や感謝を感じられる④承認欲求が満たされることによって、もっとも高い欲求である⑤自己実現の欲求に到達するのです。

高齢期は役割を失う時期

高齢者の場合は特に、加齢により会社を退職したり、配偶者と死別したり、身体が不自由になってそれまでできていたことができなくなったりと、従来までの人間関係や役割を失うことが多い時期でもあります。

しかし、再び何らかの役割を実感することができれば、また生きがいを感じながら前を向いて生活できる可能性があるということです。

役割を見つける支援とは

介護職は、衣食住だけでなく、どうすれば利用者が自分らしくその居場所や役割を感じとることができるのか考え、そのための機会をつくることを心がけることも大切です。例えば、利用者とのふだんの会話に出てくる思い出話などにも、利用者の生きがいづくりにつながるヒントが隠されています。介護職は、そうした会話を大切にして、常にヒントを得る姿勢をもつようにしましょう。

尊厳のある暮らし

人の暮らしは、人それぞれの生活習慣や価値観に基づいて成り立っています。調理や掃除、洗濯、衣服の整え方、料理の種類はもちろんのこと、その料理を食べる順番まで人によってさまざまです。それは、その人が子どものときから現在に至るまでの長い生活のなかで得たものであり、誰ひとりとして同じ暮らし方はないのです。利用者それぞれの暮らし方を理解し肯定することは、利用者の「人生」を理解し肯定することになります。それは、利用者の権利と尊厳を守ることであるともいえるでしょう。

介護職の価値観を押し付けない

介護職が利用者に話す「〇〇したほうがいいですよ」という言葉は、たとえ言った本人は利用者を思ってのつもりであったとしても、そのアドバイスは利用者自身が求めている暮らし方に寄り添ったものでしょうか。この視点が抜け落ち

ていると、せっかくのアドバイスも、単なる一方的なおせっかいになってしまいます。そして、聞き入れない利用者に対しては「わがままな人」といった、間違った評価をもってしまう危険性があります。

人の価値観は一人ひとりさまざまです。そのため、介護職は自分自身のものの見方や考え方を客観的に見つめ直す必要があります。自分の価値感でことを運ぶことがないように常に意識し、利用者の暮らし方を尊重しながら支えることで、初めて利用者との信頼関係が生まれてくるのです。

利用者のプライバシー保護

プライバシーの保護とは、法律上では、個人の私生活について他人からみだりにあばかれたり、介入されたりしない権利のことをいいます。社会の価値観の多様化やマスコミの発達などにより認められるようになった比較的新しい人権で、日本国憲法第13条の幸福追求権の1つとされています。また、近年では「自己に関する情報をコントロールする権利」という解釈も加えられるようになりました。

介護職と利用者のプライバシー保護の関係

介護サービスの提供にあたっては、利用者の個人情報について生年月日や住所だけでなく、生活歴、病歴、家族関係などプライバシーに関することまで幅広く聞き取りを行います。そのため、利用者保護のためのプライバシー保護の考え方はとても重要です。介護サービス事業者は、利用者との契約時に「利用者の情報をむやみに第三者に口外しない」という、守秘義務についての約束を交わします。ここでの第三者とは、利用者の介護に直接かかわらない人間のことをいいます。

31

仕事上知り得たことを第三者に話してはいけない

　介護職は仕事上、知り得た利用者のプライバシーに関することがらを介護職同士でも他人が聞いている可能性のある場所では話さない、自分自身の家族や友人にも話さないなどは基本的なことです。介護職は、利用者の個人情報を利用者一人ひとりに寄り添った介護へと活かしていく姿勢こそが大切なのです。

利用者のプライバシーにかかわる介護職

　介護職の仕事は、利用者のプライバシーに触れる機会が少なくありません。例えば、訪問介護などの訪問サービスは、利用者のプライベート空間に大きく足を踏み入れることになります。利用者の自宅で行う調理や掃除、洗濯などの生活援助や、排せつや入浴など利用者のからだに触れる身体介護などでは、「恥ずかしい」「見られたくない」といった利用者の気持ちへの配慮がとても大切です。

プライベートな空間を守る

　利用者の日常生活の自由を保障する視点も必要です。例えば、施設介護でも１人になれる時間や空間の確保は大切です。利用者の部屋もプライベート空間です。勝手に入室される環境では、くつろぐことができません。利用者はどのようなことがプライバシーの侵害と感じるのか、利用者の様子を観察するとともに、自らの身に置き換えて想像するようにしましょう。

2 ICF（国際生活機能分類）

介護分野におけるICF

　ICF（国際生活機能分類）は、2001年にWHO（世界保健機関。国際連合の専門機関のひとつ）で採択された、人間の生活機能と障害の分類方法です。1980年に発表されたICIDH（国際障害分類）を改訂したものになります（p.202参照）。

　ICIDHでは、障害のマイナス面に焦点をあてて分類されていたのに対し、ICFでは障害ではなく、人が生きるために必要な生活機能というプラス面に目を向け、利用者の将来の生活機能などの向上を目指しています。また、環境と個人の相互作用を重視しており、相互作用モデルとも呼ばれます。

ICFの構成要素間の相互作用

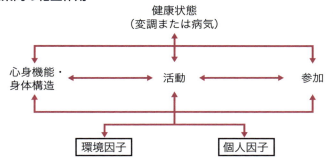

出所：厚生労働省「国際生活機能分類―国際障害分類改訂版―」をもとに作成

　ICFにおける生活機能は、「心身機能・身体構造」「活動」「参加」という3つの構成要素に分類されています。

生活機能レベルの分類
- 心身機能・身体構造：身体や精神の働き、または身体の一部分の構造
- 活動：身のまわりの行為や家事行為など
- 参加：仕事、家庭内での役割、地域の社会参加など

　この生活機能に影響を与える背景因子として、「環境因子」と「個人因子」の2つがあるとしています。

> **背景因子の分類**
> ・環境因子：制度、生活環境、人々の社会的態度など
> ・個人因子：年齢、性別、人種、ライフスタイル（個人の価値観）など

　ICFの視点では例えば、脳梗塞の後遺症によって外出が困難になったＡさんの外出を可能にするには、どのような支援が必要かということを分析的に考えることができます。

　ICFは、健康を取り巻くさまざまな分野において、健康や障害などに関する医療や介護関係者たちの共通言語としての役割を担っています。つまり、保健や医療、福祉、リハビリテーションなど異なる分野でICFが活用されることにより、関係者がより深い共通理解をもって、意見交換や具体的なサービス計画の作成といった取り組みが行えるようになるのです。

ICFと介護

　生活支援を行うにあたっては、ICFの分類の考え方に基づいた視点で、利用者をとらえることが重要です。特に生活機能の「活動」は、利用者の日常生活の支援に多くかかわる介護職にとって、重要な視点になります。活動は、①ふだんの生活のなかで実際に利用者が「している」生活行為と、②専門家などの周りの支援や環境の工夫があればそのときは「できる」生活行為、そして、①と②に該当しない③の「できない」生活行為の3つの視点で整理できます。

> **生活行為の3つの視点**
> ①できていること（している活動）
> ②支援や環境が整えばできそうなこと（できる活動）
> ③できないこと

　③の「できないこと」を介護するという視点ではなく、ICFが示す相互作用をよく理解し他職種と連携しながら、「している活動」「できる活動」を向上させることは、「活動」や「参加」を可能にし、「心身機能・身体構造」によい影響をもたらします。

3 QOL

QOLの考え方

　QOLとは、Quality of Lifeの頭文字をとった略語で、「生命の質」「生活の質」「人生の質」などと訳されます。単に物質やサービスなどの「物の豊かさ」ではなく、生活や人生に対する満足度や幸福感、生きがいなど、「こころの豊かさ」が重視されるようになるなかで生まれた考え方です。

介護現場におけるQOL

　介護の現場において、利用者の尊厳ある生活を支えていくためには、利用者ごとに計画を立てて実践していきます。その際に役立つものに、この「QOLの視点」があります。その特徴は、介護をする側ではなく、あくまでも介護を受ける側の視点で評価することを重視しています。

広がるQOLの考え方

　個人のさまざまな価値観や満足度を重視して、高めようとする流れが大きくなってきています。例えば、医療におけるインフォームド・コンセントや、より人間らしい死のあり方を求める尊厳死、そして福祉サービスにおける自己選択・自己決定、契約の考え方など、本人や家族による自由意思や自己選択を可能にする社会システムが整備されてきました。

　現在では、保健・医療・福祉のケアにおいて、QOLは患者や利用者本人の立場に立って支援するために欠かせない重要な考え方、視点となっています。

ADLによる評価

　ADLとは、Activities of Daily Livingの頭文字をとった略語で、「日常生活動作」「日常生活活動」などと訳されます。具体的には歩行、食事、排せつ、着替え、入浴といった日常生活の基本的な動作のことを指します。

従来は、病気が治ることや障害がなくなることが「健康」になることであり、これが医療関係者の支援の主な目的でした。例えば、医学的リハビリテーションの考え方では、患者の回復の程度は主にADLによって評価されていたのです。つまり、ADLの動作を自分一人でできるようになることが、患者の回復と考えられていました。

QOL重視の考え方へ

ところが、1970年代になると、ターミナル（終末期）ケアやアメリカで始まった障害者の自立生活運動のなかで、このADLを重視した考え方に対し、新たな考え方が主張されました。ADLの自立、すなわち健常者こそが望ましい姿ということになってしまうと、将来的にもADLの改善がほとんど見込めない重度障害のある人たちには、医療や介護の目的が失われてしまうことになりかねないからです。

自らの望む生活を送る

彼らにとってはむしろ、他者の介助を受けながら自らの望む生活を送ること、あるいは他者からの介助や支援を自ら調整し決定することこそが重要であるという主張でした。ここから、ADLを高めることだけがその人の回復ではなく、本人が自分の力でできることを増やしながら、やりたいという思いや希望を満たすことで、QOLを高められると考えられるようになりました。

QOLとADLの比較

名称	意味	具体例
QOL	生活の質、人生の質	自分らしい生活、自らの尊厳が守られる生活
ADL	日常生活動作	歩行、食事、排せつ、着替え、入浴などの動作

生活の質

介護保険サービスの対象者は、主に65歳以上の高齢者です。ここで、高齢者の心理の特徴を考えてみましょう。

個人差はありますが、老化の進行が否定できない時期になります。人との交流が徐々に減っていく傾向にあるほか、家族や友人の死など、大事な人やものを次々と失っていくことで喪失感を味わう機会も増えます。一方で、高齢者は長い

人生経験のなかで、苦難を乗り越えて達成したさまざまな経験値や生活の知恵、高度な技術などを身につけており、自信と自尊心をもっています。

QOLと介護職の役割

高齢期のケアにおいては、老化や病気によって起こる身体機能の低下を高齢者自身が受け入れ、環境の変化に伴って生きる目標を再設定するなど、心理的な支援も必要であると考えられます。

介護職は、身体的なケアだけでなく、日常生活のさまざまな援助を行います。利用者の個人的な社会活動や趣味、親交などにもかかわる機会が多く、その人のそれまでの人生の歴史や価値観を深く理解し、共感できる立場にもあります。利用者のケアには医療職などさまざまな人がかかわってきますが、介護職はケアチームの一員として、利用者のQOLの向上のために果たすべき重要な役割があるといえるでしょう。

QOL向上のためには

QOLの向上を介護の1つの目的とする理由は、本人の意思や希望を重視するという考え方にあります。それでは重度の認知症高齢者など、自らの意思や感情などを示すことが難しい人々のQOLの向上は、どのように考えればよいのでしょうか。その場合にはその人が望むその人らしい生活は何かを考え、その実現のための環境を整えることが支援とも考えられます。つまり、介護や医療分野のQOLの考え方では、いかに利用者が困難な状況においても「その人らしさ」を実現するという、ケアする側の支え方の姿勢が大切なのです。そのためには、その人のこれまで歩んできた道のりをていねいに理解していくことが求められるでしょう。

第2章 介護における尊厳の保持・自立支援

④ ノーマライゼーション

ノーマライゼーションの考え方

　ノーマライゼーション（normalization）とは、「normal（普通の）」という単語から生まれた言葉です。障害があっても、誰でも普通に暮らせる社会を目指すという理念です。デンマークのバンク・ミケルセン（N.E.Bank-Mikkelsen）が知的障害者の処遇改善に関する法律である「1959年法」で打ち出した考え方です。

ノーマライゼーションの提唱

　彼は若いころにナチスの強制収容所に収容された経験がありました。その後、知的障害者施策の行政官となりましたが、知的障害者たちがまるでナチスの強制収容所を思わせるような大規模施設で暮らし、非人間的な扱いを受けていることに大きな疑問を抱きました。そして、知的障害児の親の会とともに、この「ノーマライゼーション」を提唱しました。

ノーマライゼーションとは

　たとえどれだけ重い知的障害をもった人でも、ほかの人々と同様に、人間としての基本的な権利をもつ、平等な存在であることを訴えた理念です。バンク・ミケルセンによれば、「彼らを健常者に近づけるという意味ではなく、彼らを障害とともに受け入れ、彼らに平等な生活条件を提供すること」を意味しています。

　この理念は、スウェーデンで福祉行政に携わっていたベンクト・ニィリエ（Bengt Nirje）に引き継がれました。ニィリエは、1970年代にノーマライゼーションの8つの原則を掲げて、単なる理念に留まらない具体的な目標を示しました。

ニィリエによるノーマライゼーションの8原則

①ノーマルな一日のリズム　　　⑤ノーマルなニーズの尊重
②ノーマルな一週間のリズム　　⑥異性と暮らす権利
③ノーマルな一年のリズム　　　⑦ノーマルな経済水準の保障
④ノーマルなライフサイクル　　⑧ノーマルな環境基準

ノーマライゼーションの展開

　ノーマライゼーションの考え方は、バンク・ミケルセンから、ベンクト・ニィリエを介してヨーロッパ諸国、北米へと広がり世界規模で障害者施策・支援運動に影響を与えました。日本においても、1995（平成7）年に発表された「障害者プラン」の副題に「ノーマライゼーション7か年戦略」として採用されました。

　そこでは、「ライフステージの全ての段階において全人間的復権を目指すリハビリテーションの理念と、障害者が障害のない者と同等に生活し、活動する社会を目指すノーマライゼーションの理念……を踏まえつつ」と、基本姿勢が述べられています。これにより、ノーマライゼーションの理念をさまざまな施策に取り入れていくことが示されているのです。その後、日本でも障害者の雇用促進や差別解消のための法律が定められるなどしています。

コラム

高齢者グループホームとノーマライゼーション

　介護保険では、高齢者グループホームは正式には、認知症対応型共同生活介護と呼ばれます。認知症の高齢者が、少人数の家庭的な雰囲気のなかで暮らすことで症状の進行を遅らせ、できる限り自立した日常生活が送れるようになることを目指しています。グループホームは、以前は病院に併設されているものがほとんどでしたが、最近は住宅地で、一戸建てのものや集合住宅の一画を利用し、地域に溶け込んだ生活ができるものが一般的になっています。

　このしくみは、スウェーデンから導入されたものです。地域社会でさまざまな人々とかかわりながら、少人数で生活を送ることが、より「人間らしく」「その人らしく」生活することにつながるという、ノーマライゼーションの理念を現しているといえるでしょう。

ノーマライゼーションと介護

ノーマライゼーションは、介護の分野においては実際にどのような影響を与えているのでしょうか。

ノーマライゼーションのいう「ノーマルな（普通の）生活」とは、文字どおり特別なことではなく、住み慣れた地域で自分らしく生きることです。

病気や障害、高齢のために介護が必要になるということは、以前と比べて、自分1人でできることが減り、自由に行動がしにくくなることです。そのような状況のなかで、介護職は、利用者が「人間として」「その人らしく」生きるためにはどのような支え方ができるでしょうか。

まずは、健康面や安全面に配慮しながら、利用者本人の求める介護を理解することが考えられるでしょう。さらには、日常の介護を通して見えてくる本人がこれまでの人生で築き上げた生活習慣や価値観から、その人にとっての「ノーマルな生活」を理解することが、利用者一人ひとりを尊重した介護を行ううえで欠かせません。

ノーマルな生活を支える

このように、介護職は、個々の利用者にとっての「ノーマルな生活」を理解する一方で、ニィリエによるノーマライゼーションの8原則をもとに、ライフサイクルや経済水準などについて、日本の現代社会ではどのような生活が「ノーマルな生活」とされているのか知っておくことが必要です。つまり介護におけるノーマライゼーションとは、本人が暮らす社会（一般的なノーマルな生活）のなかで、その人らしい生活（本人にとってのノーマルな生活）を実現していく支援といえます。

1　人権と尊厳を支える介護

⑤ 虐待防止・身体拘束禁止

身体拘束禁止

　身体拘束とは、ベッドなどに縛りつけるなどして身体の自由を奪うことをいいます。過去には、医療・看護や福祉の現場において、手術後の患者、知的障害者、精神障害者、認知症高齢者などに対して、転倒・転落防止など安全確保の観点から、やむをえないものとして行われたことがありました。

　しかし、身体拘束は人権の尊重や尊厳の重視などの観点から問題となるだけではなく、身体の動きを制限することにより、筋力の低下や関節の可動範囲の低下など身体機能の低下を招くおそれもあります。また、家族や看護・介護職に与える罪悪感や後悔といった精神的な苦痛もあると問題視されています。

身体拘束の禁止

　2000（平成12）年の介護保険法施行に合わせて国は身体拘束を禁止する方向を打ち出し、2001（平成13）年に「身体拘束ゼロへの手引き」を提示しました。そこには、身体拘束禁止の対象となる具体的な行為例が示されています。

身体拘束禁止の具体的な行為例

・徘徊しないように、車いすやいす、ベッドに体幹や四肢をひもなどで縛る
・転落しないように、ベッドに体幹や四肢をひもなどで縛る
・自分でおりられないように、ベッドを柵（サイドレール）で囲む
・点滴、経管栄養などのチューブを抜かないよう四肢をひもなどで縛る
・上記と同様の理由、または皮膚をかきむしらないように、手指の機能を制限するミトン型の手袋などをつける
・車いすやいすからずり落ちたり、立ち上がったりしないように、Ｙ字型拘束帯や腰ベルト、車いすテーブルをつける
・立ち上がる能力のある人の立ち上がりを妨げるようないすを使用する
・脱衣やおむつはずしを制限するために、介護衣（つなぎ服）を着せる
・他人への迷惑行為を防ぐために、ベッドなどに体幹や四肢をひもなどで縛る
・行動を落ち着かせるために、向精神薬を過剰に服用させる
・自分の意思で開けることのできない居室などに隔離する

41

介護保険制度では、利用者またはほかの利用者などの生命または身体を守るために緊急やむを得ない場合には、例外的に身体拘束を認めています。しかし、身体拘束が安易に「緊急やむを得ない」ものとして行われないよう、身体拘束が認められる要件として、次の3つの要件を示しています。

身体拘束が認められる要件（3要件すべてを満たすことが必要）

①切迫性：利用者本人またはほかの利用者などの生命または身体が危険にさらされる可能性が著しく高いこと

②非代替性：身体拘束その他の行動制限を行う以外に代替する介護方法がないこと

③一時性：身体拘束その他の行動制限が一時的なものであること

※ 上記要件に該当すると判断する際のルールをあらかじめ決めておくこと
※ 身体拘束を行った際には、その記録をすること　など

高齢者虐待防止法

高齢者虐待防止法の成立

介護保険制度が広く社会に浸透する一方で、家庭や介護施設などで高齢者に対する虐待が表面化して深刻な社会問題となってきました。そこで、2005（平成17）年に「高齢者虐待の防止、高齢者の養護者に対する支援等に関する法律」（高齢者虐待防止法）が成立し、2006（平成18）年に施行されました。

高齢者虐待防止法は、高齢者の虐待を防止し、高齢者の権利と尊厳を守ることのほか、養護者（高齢者を養護する人で介護施設などの介護職以外の人。具体的には高齢者の世話をする家族、親族、同居人など）の支援の促進を主な目的としています。

高齢者虐待の種類

高齢者虐待防止法では、家族などの養護者と介護施設などで介護サービスを提供する「養介護施設等従事者」による高齢者虐待にあたる行為として、①身体的虐待、②介護・世話の放棄・放任（ネグレクト）、③心理的虐待、④性的虐待、⑤経済的虐待の5種類を挙げています。

高齢者虐待への対応

　介護職は、利用者の日常生活の支援にあたるため、虐待を発見しやすい立場にあるといえます。高齢者虐待防止法では、虐待を受けている高齢者を発見した場合には、介護職などは即座に市町村に通報することが求められています。この通報に関しては守秘義務が免除されており、虐待行為を通報したことによる解雇など事業者が通報者に対し不利益な取り扱いを行うことは法的に禁止されています。

　介護職は、虐待のサインを発見したら１人でかかえ込まず、また１人で安易に介入するなど自分だけの判断で行動せずに、関係者と協力しながら対策を講じていくことが大切です。

高齢者虐待にあたる５種類の行為と内容

種類	行為	具体的な内容
身体的虐待	高齢者の身体に外傷が生じ、または生じるおそれのある暴行を加えること	平手打ちをする、つねる、殴る、蹴る、食事を無理やり口に入れる、やけど・打撲させる、身体拘束・抑制をするなど
介護・世話の放棄・放任（ネグレクト）	高齢者を衰弱させるような著しい減食、長時間の放置、養護者以外の同居人による虐待行為の放置など、養護を著しく怠ること	入浴させない、水分や食事を適切に与えない、室内にごみを放置する、必要な介護・医療サービスを制限したり使わせたりしないなど
心理的虐待	高齢者に対する著しい暴言または著しく拒絶的な対応、その他の高齢者に著しい心理的外傷を与える言動を行うこと	排せつの失敗を嘲笑したり、それを人前で話したりするなどにより高齢者に恥をかかせる、ののしる、怒鳴る、侮辱を込めて子どものように扱う、意図的に無視するなど
性的虐待	高齢者にわいせつな行為をすること、高齢者にわいせつな行為をさせること	排せつの失敗に対して懲罰的に下半身を裸にして放置する、キス、性器への接触、セックスを強要するなど
経済的虐待	養護者または高齢者の親族が高齢者の財産を不当に処分すること、その他の高齢者から不当に財産上の利益を得ること	日常生活に必要な金銭を渡さない・使わせない、本人の自宅等を無断で売却する、年金や預貯金を本人の意思・利益に反して使用するなど

第2章　介護における尊厳の保持・自立支援

高齢者の養護者支援

養護者は、日常的に続く高齢者の介護でストレスをかかえがちです。高齢者虐待に関する調査からは、在宅介護では介護を担う身近な親族（配偶者、子、子の配偶者など）が虐待の加害者になるケースが多いことがわかります。

また家族関係がもともとよくなかった高齢者や、認知症または要介護度の高い高齢者などが虐待されやすい傾向にあります。虐待は養護者の介護疲れ、経済的困窮、人間関係のもつれなどさまざまな要因が複雑に絡み合って発生していると考えられます。

高齢者虐待防止法に定められた養護者支援

高齢者虐待防止法は、高齢者虐待の防止措置だけでなく、養護者が虐待の加害者にならないように支援する内容も盛り込まれています。

市町村は、養護者の負担軽減のために相談、指導、助言を行わなければならないことが定められています。そこには養護者に対する支援を適切に行うため、専門的に従事する職員を確保するよう努めることとされています。また、市町村は、虐待が行われている、または虐待が疑われるなど、高齢者を緊急に保護する必要があると認められる場合、短期間、養護を受けるために必要となる居室を確保する措置を講じなければなりません。

介護職は、養護者の様子から、虐待の兆候を察知し、必要とあれば市町村に通報することが義務づけられています。虐待行為では、直接の被害者である高齢者だけでなく、養護者も支援の対象であるという視点をもつことが大切です。

❻ 個人の権利を守る制度の概要

個人情報保護法

現代は、情報通信技術が急速に発展するなかで、個人情報を利用したさまざまなサービスが提供され、私たちの生活は大変便利なものとなりました。その一方で、個人情報が間違った取り扱いをされた場合、個人の生活や人権が経済的・社会的に大きなダメージを受ける危険性もかかえています。

そのような背景のなか、2003（平成15）年に、「個人情報の保護に関する法律」（個人情報保護法）が制定されました。この法律は、国民が安心して情報社会のメリットを受けられるように、民間事業者に対し個人情報の適切な取り扱いを求めたものです。

この法律において「個人情報」とは、以下のように定義されています。顧客情報だけでなく、従業員についての情報も個人情報に含まれます。

> 生存する個人に関する情報であって、当該情報に含まれる氏名、生年月日その他の記述等により特定の個人を識別することができるもの（他の情報と容易に照合することができ、それにより特定の個人を識別することができることとなるものを含む。）をいう。

介護職と個人情報

介護職は、利用者の個人情報に触れ、取り扱う機会の多い仕事です。仕事で知った個人情報を適切に取り扱い、漏えいを防止するためには、ふだんからの一人ひとりの心がけが欠かせません。個人情報は、「利用者からお預かりしている貴重品」という認識が大切です。本来の目的以外には利用できず、また勝手に第三者に渡したりしてはいけない、紛失も漏えいも許されないという認識をもちましょう。個人情報を適切に取り扱うことは、法律を守るとともに、介護職としての職業倫理が問われることでもあります。

成年後見制度

成年後見制度とは、認知症などにより判断能力が低下し意思決定が困難な人のために、その判断を後見人などが補う制度です。2000（平成12）年に、介護保険制度とともに発足しました。制度の対象者は、認知症やその他の精神障害、知的障害など、障害があるために判断力が不十分で、意思決定が困難な人たちです。後見人などの役割は大きく、その内容は、財産の管理や運営を代行する財産管理と、医療や介護サービスなどに関する契約手続きの代行を行う身上監護に分けられます。

成年後見制度には、法定後見制度と任意後見制度の2つの制度があります。

法定後見制度と任意後見制度の比較

名称	特徴
法定後見制度	本人、配偶者および4親等内の親族等の申立てにより、家庭裁判所が成年後見人などを選任する
任意後見制度	将来判断能力が不十分になったときのために、本人があらかじめ後見人を選任する

法定後見制度

法定後見制度には、支援の範囲が異なる「後見」「保佐」「補助」の3つの類型があります。対象となる本人の判断能力の程度など、さまざまな事情に応じて制度の類型を選ぶことができます。

法定後見制度の概要

類型	対象者	保護者	保護者の権限
後見類型	判断能力が欠けているのが通常の状態である人	成年後見人	・財産と身上監護に関する契約などの法律行為についての代理権・取消権をもつ ・居住用の不動産を処分する場合は、家庭裁判所の許可が必要
保佐類型	精神上の障害により判断能力が著しく不十分な人	保佐人	・重要な財産の処分など一定の行為について同意権をもつ ・本人の同意を得て家庭裁判所の審判を経たうえで、特定の法律行為について本人に代わって行う代理権・取消権が与えられる
補助類型	軽度の精神上の障害により判断能力が不十分な人	補助人	同意権・代理権ともに、本人の同意のもと家庭裁判所の審判を経て、その範囲が決められる

法定後見制度では、保護者として家庭裁判所によって「成年後見人」「保佐人」「補助人」が選ばれます。これら保護者は、家庭裁判所から与えられた「同意権」「取消権」「代理権」などの権利を使って、本人の権利を保護します。

法定後見の開始までの手続きの流れ

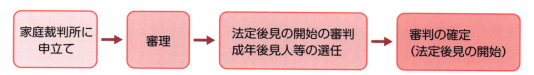

任意後見制度

任意後見制度は、現在は十分な判断能力があるが将来認知症になるなど判断能力が不十分になったときに備え、あらかじめ任意後見人と後見内容を定めておきたい人などが利用します。任意後見人は本人が制度の利用を決め、公正証書で任意後見人と任意後見契約を結びます。その後、本人の判断能力が不十分になった場合、家庭裁判所が「任意後見監督人」を選び、任意後見が開始されます。

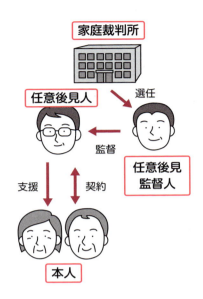

日常生活自立支援事業

日常生活自立支援事業も、成年後見制度と同様に、判断能力の不十分な人の権利を擁護する制度です。成年後見制度との大きな違いは、法律行為の代理・代行はできないことです。日常生活自立支援事業は、支援内容が日常的な金銭管理や福祉サービスの利用援助など、日常的なことがらの援助に関して行われます。

実施主体は社会福祉協議会

実施主体は都道府県・指定都市社会福祉協議会であり、窓口業務等は市町村社会福祉協議会が行います。相談からサービスの提供まで、社会福祉協議会で働く「専門員」や「生活支援員」が担当します。

POINT チェックポイント

- 介護という仕事における人権意識の大切さを理解しましたか。
- 利用者の権利や尊厳を守る法制度にどのようなものがあるか理解しましたか。
- 利用者本人だけでなく、養護者への支援の大切さも理解しましたか。

自立に向けた介護

> **＼POINT／ 学習のポイント**
> - 介護における利用者の「自立」とはどのようなものかを学びましょう。
> - 自立支援にかかわる介護職の役割を学びましょう。
> - 介護予防の考え方について学びましょう。

1 自立支援

自立と自律

　自立には、「自立（Independence）」と「自律（Autonomy）」という2つの面があります。日本語では同じ発音のため混同されがちですが、「自立」は「自分のことを自分でできること」、「自律」は「自分のことを自分の意思で決めること」ということができるでしょう。

　社会福祉の目的は、利用者の日常生活を送るうえでの自立や経済的な自立を中心とした「自立」支援から、利用者が自分自身の生活について意思決定をして生きられるように支援する「自律」支援へと変化してきました。さらに最近では、「社会参加」という新しい視点も加わっています。

　現在、社会福祉で使われる「自立」には、次のページの囲みにあるような要素が含まれています。

介護における自立と支援

　介護職は、利用者を支援する際、常に利用者の自立を考えた支援とは何かについて考える必要があります。例えば、本人が望むのであれば、障害のある人が自分の力だけで2時間かけて服を着ようとするのではなく、誰かの力を借りても、15分で着替えをして、散歩に出かけたり、仕事をしたりするほうが、生活の質は高くなると考えられるでしょう。

自立とは

・自己決定に基づいて主体的な生活を営むこと
・障害をもっていてもその能力を活用して社会活動に参加すること

自立支援とは

・本人が自らの責任で営むことを基本としつつ、それだけでは生活が維持できない場合に必要な援助を行うこと

　介護において、利用者が何もかもを自分の力でやっていく力がある状態が自立というわけではありません。また、寝たきりの状態にあって、すべてにおいて介助を必要とする状態がただ依存するだけの状態というわけでもありません。自立と支援の状態が利用者一人ひとりのなかにさまざまなバランスで同時に存在しているのです。そこでは、介護職は、利用者にとっての自立と支援の最適なバランスを常に考えることが大切になってきます。

　例えば、なんらかの重い障害があるからといって、すべてのことについて介護職が手助けをすることが望ましい介護のあり方ではありません。まずは、利用者の身体状況や心理的状況、置かれた環境などをもとに、それらを少しでもよい状態にしていこうとする介護職の働きかけが大切です。そして、介護における自立と支援の適度なバランスのあり方について、利用者が自分で決定していける力を引き出すことが大切だと考えられます。

自立と自己決定

　人は「今日は何時に起きるか」「お昼に何を食べるか」「どこに出かけるか」「誰に会うか」など、さまざまな自己決定を毎日繰り返しながら生活を送っています。その人らしい暮らしとは、「自分のことを自分の意思で決める『自律』」の積み重ねによって形作られたものなのです。つまり、人は日常生活のなかで自己決定が尊重されることで、「自立」した日常生活を送ることができるのです。

　しかし、年齢を重ねることで心身の変化や障害・病気などにより、それまでできていたことができなくなり、自分の力だけではそれらが実現できなくなります。

第2章 介護における尊厳の保持・自立支援

介護職は、そうした利用者の日常生活に寄り添い、利用者自身が自分らしい暮らしとして、どのような姿を望むのかを聞き、または感じて、それらを引き出す支援を行うことが大切です。そうした自己決定を支援する介護が、利用者の自立支援につながっていくのです。

もっている力の活用

もっている力とは、介護の現場においては、できないことではなく、できることやできるであろう可能性のことをいいます。

残存能力ともいいますが、これは、利用者一人ひとり、その内容や程度はさまざまです。実際の介護では、例えば福祉用具を活用したり、住環境の条件を整えたりすることなどで可能になることもあります。介護職は、利用者本人がもっている力を活かすことができるように適切に支援することが求められます。それには、介護職がそれぞれの利用者の状況をしっかりと把握する必要があります。

自立支援をさまたげないために

介護は、「利用者ができないことを助けることが基本」と考えられがちです。例えば、食事介助と入浴介助、排せつ介助はいわゆる「三大介護」といわれ、それらをてきぱきと手際よく行っていくことがよい介護であるかのようにとらえられている場面が見受けられます。しかし、介護職が何もかも利用者の代わりにやってしまったり、効率性だけを追求してしまうことで、利用者のもっている力の活用や利用者の自立の機会までを奪ってしまうことがあるのです。

ここで大切なことは、「できるだけ利用者が自らできるように支援すること」です。つまり、利用者それぞれの現在の状態や可能性から、「できる限りの自立とは何か」を常に考えて支援を行うことです。

このように、専門職としての介護サービスとは、利用者の心身の健康と安全に十分な配慮をしつつ、その人のもっている力や意欲の活用を図りつつ、その人らしい生活を新たに築いていくことを目指して行うものなのです。

動機と欲求

　人間の行動は、一般に、最初になんらかの動機があることから欲求が生まれ、最終的に具体的な行動に移されます。例えば、「空腹だから食事をしたい」「気分を変えたいから外出したい」など、人間の行動にはまず動機が存在し、その動機をもとにして「食事をしたい」「外出したい」などという欲求が生まれます。

意欲と行動の理解

　自分の欲求に対して、それを行う意欲が生じてきて、その結果として具体的な行動が表れることになります。

　実際の行動が、自分の能力でできるかどうかが明らかでなくても、その動機が強いものであり、欲求や意欲が高ければ行動に移すことを試みるのです。

意欲を高める支援

　人間は、自らの行動の結果が期待どおりにいかず、欲求が満たされなかったときは失望し、自信を失いがちです。こうした欲求が満たされない経験を繰り返すと、生活全体に対して意欲が乏しくなることにもつながります。すると、やがては身体機能の低下をも招き、要介護度が高い人のなかには、寝たきりの状態につながる可能性さえもあります。

　一方、自らの行動の結果、期待どおりに欲求が満たされると、人は達成感や自信を得て、新たな行動への挑戦の意欲が生まれます。このときに隣で、それを共に喜んでくれる存在として介護職がいることは、利用者の承認欲求を満たし、さらなる意欲の向上につながることになります。

利用者の真の欲求と意欲を知る

　人の行動は、動機から生じた欲求と、それを満たそうとする意欲を前提とします。そこで大切なのは、利用者自身の欲求と意欲を理解することです。

　「もう何もしたくない」という消極的な欲求を口にする利用者に対しても、ていねいに会話を重ねると、利用者自身も気づいていないような真の欲求と意欲を知ることがあります。

　利用者の消極的な欲求は、身体の衰えによる自信の喪失からくる愚痴や、介護職や家族への遠慮から出てきたものが多いのです。

意欲を引き出す支援

　利用者本人に意欲がないままに自立支援を行うことは、介護者の自己満足に陥り、ともすると自立の強要にもなりかねません。自立支援においては、まず本人が行動を行おうとする意欲を高めるための支援を行うことが重要です。

　それでは、利用者の意欲を引き出すための支援とは、どのように考えればよいのでしょうか。例えば、入浴を面倒に思っている利用者の入浴支援の際、ただ単に「きちんとお風呂に入りましょう」と言うだけでは、介護職の言葉にいやいや従うかたちになってしまうことがあります。

　この場合、「あしたはお孫さんとお出かけですね」などと、介護職はその人にとっての「お風呂に入る意味」を考え、働きかけていくことが効果的です。

また、達成可能な目標設定も重要です。例えば、手にまひのある人がボタンがたくさんついている服を脱いだり、着たりするのは、本人の着替えの意欲を減らしてしまう可能性があります。本人の選択をできるだけ尊重しながら、本人の身体状況や生活状況に適した洋服を選んでもらうようアドバイスすることが、本人の意欲を高めることにつながります。

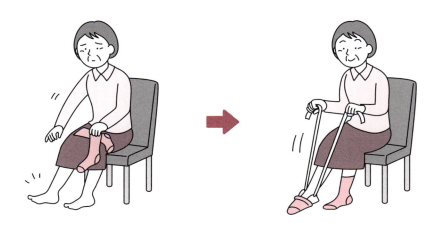

　さらには、利用者の意欲を引き出す支援では待ったり、見守りをするといった態度が必要となることもあります。介護職には、意欲とは本人の内側からわき上がってくるものという考え方をもち、本人のペースを見極めながら、長い視点で支えていく姿勢が求められます。

個別性と個別ケア

利用者一人ひとりを個別に理解・支援する

　高齢者への支援を考えていく際には、一人ひとりの利用者に人生の長い歴史があり、誇りや大切な思い出、あるいは生活習慣やこだわりにも本人にとっての意味があることに十分な注意を払う必要があります。また、家族との関係などもそれぞれが異なっていて当たり前です。

　利用者一人ひとりに合わせた個別的な支援を行うためには、利用者の一面だけを見るのではなく、利用者の生活の多様性や個別性を理解し、一人ひとりにとって異なる「より望ましい生活」を支援する姿勢が求められます。

第2章　介護における尊厳の保持・自立支援

個別性の重要性（同じ団地に住む一人暮らしの男性Aさんと女性Bさん）

同じ団地に住む一人暮らしのAさん（男性82歳）とBさん（女性82歳）は、最近2人とも耳が遠くなり、家に閉じこもりがちになっています。また、もの忘れも進んでいるようです。親族も近くに住んでいません。

- ・耳が遠くなった　　・団地での一人暮らし　　・閉じこもりがち
- ・もの忘れ　　・親族が近くにいない

【Aさん】 　　【Bさん】

| これまでの生活は？ | 生活に対する思いは？ |

- ・仕事が大好きな会社員だった
- ・ずっと独身で家事もこなす
- ・本を読むのが好き
- ・人づきあいが苦手で近所づきあいもない
- ・退職後は閉じこもりがちであるが、特別、苦には感じていない

- ・結婚後はずっと専業主婦だった
- ・社交的で近所づきあいも多かった
- ・お花が趣味で教室に通っていた
- ・夫を亡くしてから閉じこもりがちになった
- ・以前のように外出をし、近所づきあいもしたい

男性Aさんと女性Bさん、それぞれ背景が異なり、ニーズも異なる

介護職に求められる自己覚知と個性の尊重

　個別ケアにとって、利用者のもつ多様な価値観を介護職の善し悪しの尺度で評価することなく、まずは利用者のありようをあるがままに受容することは欠かせない姿勢です。しかし、介護職も実際は戸惑いや迷いを感じる場面もあると思います。そこで、身につけておきたいのが「自己覚知」です。自己覚知とは、介護職が自分自身のもつ価値観や先入観、感情、行動、性格などの傾向を理解することをいいます。

　自己覚知ができていることで、利用者の支援を介護職自身の先入観等で判断してしまうことや、利用者に不信感を与えることを防ぎ、信頼関係を築くことにつながります。また、介護職自身が自らの内面を深く理解し、自らを認めてあげることでありのままの利用者も受容し、尊重できることにつながるのです。

重度化防止

　1989（平成元）年に策定された「高齢者保健福祉推進十カ年戦略（ゴールドプラン）」では、「寝たきり老人ゼロ戦略」が提唱され、「寝たきりは寝かせきりからつくられる」というスローガンが発表されました。

　当時の介護や医療の考え方は、高齢者はなるべく安静にしているほうがよいというものだったため、安静状態を続けることで筋力の低下が進み、さらに心身機能の低下を招くこととなり、多くの高齢者が寝たきりになっていったのです。

現在の重度化の問題

　現在は、医療・介護現場の考え方は変わりましたが、例えば、一人暮らしの高齢者が風邪で寝込んだことをきっかけに、外出することが面倒になり、家に引きこもりがちになることで、筋力が落ち、心身機能の全般的な低下を招くということがあります。

動かない→動けない

　人は心身の機能を使わなければどんどん衰えていきます。からだを動かさないことで筋力が落ち、筋力が落ちたことでからだを動かしにくくなるという悪循環に陥ってしまうのです。

第2章 介護における尊厳の保持・自立支援

介護職による重度化の防止と自立支援

要介護状態の重度化を防止するためには、日頃から地域の人たちとコミュニケーションをとったり、軽い運動をしたりすることは大切なことです。

介護職は「早期発見、早期対応」の観点から、身体機能が弱くなっている高齢者に早く気づき、適切に働きかける必要があります。心身の健康を保ち、重度化しないために利用者が興味のある創作活動をしたり、軽い運動をしたりするサービスもあります。

ふだんから利用者の心身の状況を観察することで重度化を防止することはもちろんのこと、本人の意思による自立支援になっているか、過剰な介護になっていないかを確認することが必要となります。

2 介護予防

介護予防の考え方

介護予防とは、介護が必要な状態になるのをできるだけ防ぐ、または遅らせることをいいます。また、介護が必要な状態になった場合でも悪化をできるだけ防ぎ、軽減を目指すことを指します。

介護予防は、単に高齢者の運動機能や栄養状態といった個々の機能や状態の改善だけを目指すものではありません。むしろ、これら心身機能の改善や置かれた環境の調整などを通じて、一人ひとりの高齢者の生きがいや自己実現の取り組みを支援し、QOLの向上を目指すものです。

介護保険制度における介護予防

2016（平成28）年の厚生労働省「国民生活基礎調査」によると、65歳以上の高齢者が介護が必要な状態になる原因は次のようになります。

高齢者が介護が必要な状態になる原因
第1位　認知症（18.0%）
第2位　脳血管疾患（16.6%）
第3位　高齢による衰弱（13.3%）

　これらの結果から、高齢者ができるだけ要介護状態にならないようにするには、脳血管疾患などの原因となっている生活習慣病の予防と、生活機能の低下への予防対策が重要であることがわかります。

介護予防における一次・二次・三次予防

　高齢者の健康寿命を延ばし、生活の質を高めていくには、生活習慣病予防と介護予防を地域で総合的に行っていくことが大切です。そこで生活習慣病予防と介護予防は、次のように、一次予防、二次予防、三次予防の3段階に整理できます。

生活習慣病予防および介護予防の「予防」段階

※一般的なイメージであって、疾病の特性などに応じて該当しない場合がある。
出所：厚生労働省「介護予防マニュアル　改訂版（平成24年3月）」

生活習慣病予防

一次予防	健康な者を対象に、発病そのものを予防する取り組み
二次予防	すでに疾病を保有する者を対象に、症状が出現する前の時点で早期発見し、早期治療する取り組み
三次予防	症状が出現した者を対象に、重度化の防止、合併症の発症や後遺症を予防する取り組み

介護予防

一次予防	主として活動的な状態にある高齢者を対象に生活機能維持・向上に向けた取り組み
二次予防	要支援・要介護状態に陥るリスクの高い高齢者を早期発見し、早期に対応することにより状態を改善し、要介護状態となることを遅らせる取り組み
三次予防	要支援・要介護状態にある高齢者を対象に要介護状態の改善や重度化を予防する取り組み

介護予防・日常生活支援総合事業の創設

　2005（平成17）年の介護保険法改正により、予防重視型システムへの転換の柱として、地域支援事業が生まれました。そして、2011（平成23）年の法改正で、よりいっそうの充実に向けて大幅に制度が見直されました。

　さらに2014（平成26）年の改正により、予防給付から介護予防訪問介護と介護予防通所介護が地域支援事業に移行され、介護予防・日常生活支援総合事業に再編されました。

　これは、従来までは、介護予防事業対象者に提供できるサービスが少なく、介護予防に向けた取り組みがあまり進まなかったことから、市町村の判断により総合的に実施できる制度として導入されたものです。介護予防サービスに加えて、配食や見守りなどの生活支援サービスを一体的・総合的に提供できる事業となっています。

　介護予防は、高齢者が主体的に地域の住民主体の活動や地域支援事業を活用するなどして、生きがいのある自分らしい生活を送ることができることを目指す取り組みです。地域で高齢者の介護予防にかかわる介護職や看護職は、互いに協力をしながらそれぞれの役割を果たすことが求められています。

介護予防・生活支援サービス事業のサービス類型と対象者

　要介護認定で「非該当」と判定されると、介護保険の給付対象とはなりませんが、市町村が実施する介護予防・日常生活支援総合事業によるサービスを受けることができます。総合事業は、介護保険の給付対象とならない高齢者を対象として心身の機能の維持・改善、介護予防を目指したものです。

　介護予防・日常生活支援総合事業は、すべての高齢者が対象となる一般介護予防事業と、要支援認定を受けた人と、基本チェックリストで該当すると判断された人が対象となる介護予防・生活支援サービス事業に分けられます。

介護予防・日常生活支援総合事業の概要と対象者

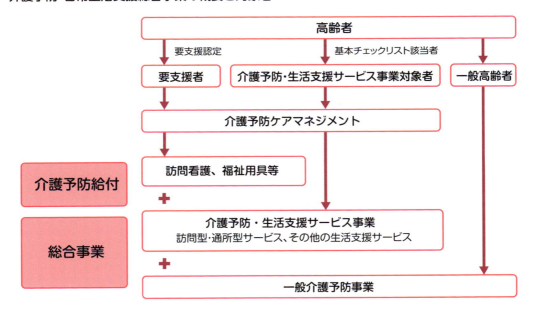

出所：厚生労働省「介護予防・日常生活支援総合事業の基本的な考え方」をもとに作成

　介護予防・日常生活支援総合事業の介護予防・生活支援サービス事業には、さらに訪問型サービス、通所型サービス、その他の生活支援サービス、介護予防ケアマネジメントに分けられます。訪問型サービスは、掃除、洗濯などの日常生活の支援を、通所型サービスでは機能訓練、その他の生活支援サービスは栄養改善を目的とした配食や見守りなどを提供します。

第2章 介護における尊厳の保持・自立支援

介護予防・日常生活支援総合事業の構成

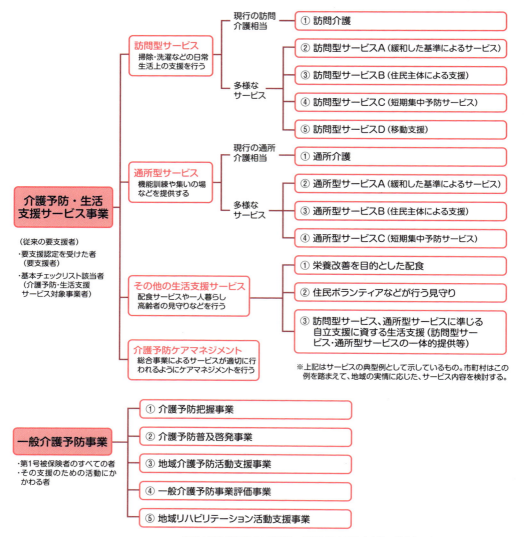

出所：厚生労働省「介護予防・日常生活支援総合事業の基本的な考え方」をもとに作成

\POINT/ チェックポイント

- 介護における「自立」と「自律」の違いを理解しましたか。
- 動機と欲求のしくみを理解し、意欲を高める支援のポイントを理解しましたか。
- 介護予防の大切さについて理解しましたか。

第3章

介護の基本

第3章 介護の基本

1 介護職の役割、専門性と多職種との連携

\POINT/
学習のポイント
- 現在および将来に向けた高齢者を取り巻く介護環境を学びましょう。
- 介護の専門性とチームにおける役割を理解しましょう。

1 介護環境の特徴の理解

地域包括ケアの方向性

　わが国の高齢化は、2025年にピークを迎え、65歳以上の高齢者は約3,600万人となり、人口の30％を占めるようになると見込まれています。そのうち、5人に1人が介護が必要な状態になるといわれています。

　それに伴い、介護保険費用の大幅な増加も予測されています。さらには、世帯構成の変化から、高齢単身世帯や高齢夫婦世帯が増え、自宅で介護を受けながら生活を続けることがますます難しい状況になっていくと予想されています。

高齢者が住み慣れた場所で自分らしく日常生活を送る

　こうした社会的背景のもと、高齢者が住み慣れた場所で自分らしく日常生活が続けられるように、地域でさまざまな資源を活用しながら切れ目のないケアを包括的に提供するシステムが考えられました。これが「地域包括ケアシステム」です。

　具体的には、安全・安心・健康な生活を送るための医療・介護・予防・住まい・生活支援のサービスなどが日常生活圏内で、24時間365日提供されるしくみをつくることです。

地域包括ケアシステムのイメージ

62

2 介護の専門性

重度化防止・遅延化の視点

利用者の生活を支えるため、介護職には次の2つの基本的な視点が求められます。

重度化を防止する

1つ目は、重度化の防止です。介護保険法第4条第1項では、「要介護状態となった場合においても、進んでリハビリテーションその他の適切な保健医療サービス及び福祉サービスを利用することにより、その有する能力の維持向上に努めるものとする」と規定しています。

年齢を重ねることによる心身機能の低下は、意欲の減退や生活の不活発を招きやすく、重度化の要因となります。

利用者に残された能力まで低下させてしまわないよう、積極的なリハビリテーションの実施と効果的なサービス利用のための工夫が必要になります。

要介護状態になるのを遅くする

2つ目は、要介護状態の遅延化です。前述の介護保険法第4条第1項には、「自ら要介護状態となることを予防するため、加齢に伴って生ずる心身の変化を自覚して常に健康の保持増進に努めるものとする」とあります。

健康を維持し、介護を必要としない生活を続けるには、日頃の体調管理ともっている力の維持が重要です。

介護職が意識しておくこと

介護職は、利用者の重度化防止と要介護状態の遅延化を支援するために、以下の点を意識しておくことが必要です。

- 高齢者の身体的な特性を知り、体調変化の早期発見に努める。
- 利用者のもっている力を引き出し、日常生活が続けられるよう働きかける。
- 利用者の気持ちに配慮した支援を行う。

利用者主体の支援姿勢

　利用者の生活や人生の価値は本来、介護が必要になったかどうかで変化するものではありません。たとえ、生活に支援が必要になったとしても、生活の主体は利用者自身であることを、介護職は常に意識しておくことが大切です。

　年齢を重ねることに伴う心身機能の低下は、意欲や主体性を低下させる大きな要因です。これまでできていたことができなくなったり、担っていた役割から遠ざかったりすることで、自分の存在が小さくなったように感じがちです。生きる姿勢が消極的になっていくなかで、主体性が損なわれてしまうことがあります。

介護職は利用者の生活の伴走者

　介護職は、利用者の生活の伴走者として、利用者の要望を引き出しながら、質の高い豊かな人生が送れるような支援を目指します。

　利用者主体の支援を行ううえでは、以下のような姿勢が求められます。

個別性への配慮

　成育歴や疾病、障害の状態、家族構成など、似た状況の利用者に接することがあると、経験や先入観で個人を分類してしまうことがあります。たとえ、同じ環境で生活している人であっても、かかえている課題は千差万別です。介護職は常に一人ひとりの個別性に配慮し、支援を行っていくことが基本です。

利用者の意向を尊重する

　生活の主体は、利用者自身です。介護が必要な状態になったからといって、長い生活の中で根づいた生活習慣や本人なりの工夫を他人に変えられることは、本人にとって決して望ましいことではありません。信頼関係を築くうえでも、利用者の意向を尊重した働きかけを行うことが大切です。

介護職の価値観を押しつけない

　介護職がよかれと思って行うことが必ずしも利用者の思いにかなうわけではありません。逆に、意向を無視され、管理されていると受け取られることもあります。介護職は、利用者に対する自分のかかわりが価値観や社会通念の押しつけになっていないか、常に振り返る冷静さが求められます。

自立した日常生活を支えるための援助

　介護保険制度では、利用者の〈自立〉または〈自立支援〉を基本理念の１つとして重視しており、介護実践の原則にも挙げられています。

　介護における〈自立〉とは、自分のことは自分で行うという、いわゆる「身辺自立」だけを指した狭い意味ではありません。「自分のことは自分で考え、選択する」という、主体的な生き方を示した言葉として使われています（p.48 〜 49）。支援が必要な生活の場面では、介護サービスを受ける選択も自立した生活のあり方といえます。

介護保険法第１条〈目的〉の抜粋

　この法律は、加齢に伴って生ずる心身の変化に起因する疾病等により要介護状態となり…（中略）…、これらの者が尊厳を保持し、その有する能力に応じ自立した日常生活を営むことができるよう、必要な保健医療サービス及び福祉サービスに係る給付を行う…（後略）

利用者ができることは自分で行う

　また、介護が必要な状態にあってもすべてを人に委ねるのではなく、できることは自分で行うという意味から、「その有する能力に応じ」という言葉が使われています。一見、自立支援に基づかない対応の方が専門性が高く見えるかもしれませんが、本人がもっている力を奪わない援助が専門職としてのかかわり方です。

脳梗塞などの後遺症で右半身まひと失語症があるＳさんの調理・食事の支援例

	自立支援に基づく対応	自立支援に基づかない対応
献立	Ｓさんが選びやすいメニュー表などを作成し希望を聞き取る	介護職がＳさんが食べやすいだろうと考えるメニューを選ぶ
調理	下ごしらえや味つけなど、Ｓさんができるところを行ってもらう	介護職が食べやすいと考える大きさに食材を刻み、介護職がすべてつくる
食事	できるだけ自分で食べてもらい、食べこぼしの片づけなど必要な手助けをしながら見守る	誤嚥や食べこぼしがないよう全部介助する

根拠のある介護

　専門職として提供される介護の仕事には、それを実践するための明確な根拠、確かな技術が求められます。単なる善意や観念的な理解、かかわりでは不十分です。

　それは、介護が利用者の生活や人生に深くかかわり、利用者の生活や人生の質に大きく影響を及ぼす仕事だからです。

根拠のある介護を提供するために

　専門職として利用者に根拠のある介護を提供するためには、以下のような情報を収集し、支援の要否や程度を検討していく必要があります。

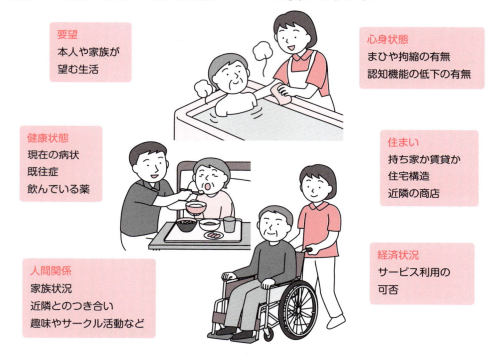

要望
本人や家族が望む生活

心身状態
まひや拘縮の有無
認知機能の低下の有無

健康状態
現在の病状
既往症
飲んでいる薬

住まい
持ち家か賃貸か
住宅構造
近隣の商店

人間関係
家族状況
近隣とのつき合い
趣味やサークル活動など

経済状況
サービス利用の可否

通院介助を行う根拠の例

　こうした複数の情報から、利用者の望むその人らしい生活を実現するために、介護職が提供すべき介護の内容が検討されていきます。

　例）通院介助を行う根拠　→　・本人がついてきてほしいと言っている（専門的な根拠なし）。
　　　　　　　　　　　　　　・転倒を予防し安全な通院を継続することで、病状の安定が図れ、不安のない在宅生活が続けられる（専門的な根拠あり）。

チームケアの重要性・事業所内のチーム

利用者がその人らしく生きていくためのニーズはさまざまです。多くの場合、1つの専門職だけのかかわりで、充足させていくことは困難です。また、24時間365日、切れ目のない支援を行うためには、複数の事業者がかかわることも必要です。

介護におけるチームは、一人ひとりが自分自身の役割を理解し、共通の目標に向かって専門性を発揮することで、利用者や家族の望む生活の実現に近づけていくことを目指しています。

保健・医療・福祉の専門職が協力する

利用者の生活は多くの場合、生活支援と医療的な管理の両面からのサポートが必要です。そのため、保健・医療・福祉の専門職が密接に連携を図りながら、安全な生活を支えていくことになります。

事業所内のチームにおける情報共有の大切さ

介護職は、チームの中で利用者の生活にもっとも身近な専門職として日々の変化や状況を他職種に発信していく重要な役割を担っています。介護職同士は、支援手順の統一や、体調の変化、家族の状況など日頃から情報の共有に努め、サービスレベルの均一化を図ることが大切です。また、同じ職員が同じ利用者にかかわり続けられるわけではないことを自覚し、担当者が変わっても同じ質のサービスを利用者が安心して受けられるよう、事業所内で情報の共有を図ることが大切です。

③ 介護にかかわる職種

異なる専門性をもつ多職種の理解

チーム内で正しく連携を行い、それぞれの専門性を発揮するために、他の職種がどのような仕事をしているのか知っておくことが大切です。

第3章 介護の基本

福祉専門職と仕事内容

社会福祉士	権利擁護や自立支援の視点から、相談や助言、情報提供を行う対人援助職。働く場によってケースワーカーや医療ソーシャルワーカーなど名称が異なる
介護福祉士	自立支援の視点から、利用者の心身の状況に応じた介護などを行う。福祉サービスの充実・向上の中心的役割を担う
精神保健福祉士	精神保健福祉の分野に特化した対人援助職。精神科病院や保健センターなどで精神障害者の社会復帰支援などを行う
福祉用具専門相談員	利用者の身体機能の状態に合わせた福祉用具の提案や、使用環境に合わせた調整などを行う

保健・医療専門職と仕事内容

医師・歯科医師	検査や診断、治療などを通し、医療行為を行う
看護師	医師の指示のもと、療養上の世話や診療の補助を行う
保健師	看護師と同様、療養上の世話や診療の補助を行うほか、地域住民の健康増進や疾病予防、保健情報の提供などを行う
理学療法士	医師の指示のもと、基本的な日常生活動作能力の回復に向け、運動療法や訓練指導などを行う
作業療法士	医師の指示のもと、手芸や工作などを通じて応用動作の訓練や社会適応能力の回復指導などを行う
言語聴覚士	発声や聞こえの障害、食べることや飲み込むことに障害がある人に検査や機能の評価を行い、訓練指導などを行う
薬剤師	病院や薬局などで薬の調剤や服薬上の指導を行う
管理栄養士	高齢者や病弱者など、栄養を考慮する必要がある人の献立作成や調理、衛生管理、栄養指導などを行う

ケアマネジャー・サービス提供責任者

　チームにおけるケアマネジャー（介護支援専門員）と、訪問介護事業所のサービス提供責任者の立場は異なりますが、役割や機能は類似点が多い職種といえます。

ケアマネジャーの役割と仕事

　ケアマネジャーは、利用者や家族の生活の課題を明らかにし、それらの解決に向けてサービスを手配するなど必要な社会資源を調整する役割を担っています。

具体的な仕事としては、ケアプラン（居宅介護サービス計画）の作成や事業所の調整、サービス担当者会議の開催などがあります。また、サービスの利用状況や支援の効果などを継続的に確認し、介護保険サービスが円滑に利用できるよう全体をマネジメントします。

サービス提供責任者の役割と仕事

サービス提供責任者は、介護保険法に定められた訪問介護事業所が配置しなくてはならない役職で、訪問介護サービスをコーディネートする介護職のことです。介護サービスの安定的な供給と質の確保が大きな役割といえます。

具体的な仕事としては、利用申し込みの調整やケアマネジャーが作成したケアプランをもとに訪問介護に関する個別の支援計画（訪問介護計画）を作成します。支援計画をもとに、実際にサービスにかかわる訪問介護員に利用者情報を伝え、具体的な支援の目標や内容を指示します。

また、訪問介護員の業務の実施状況の把握や、本人の能力や希望を踏まえた技術指導といった管理業務があります。

訪問介護員の質は、利用者の生活の質に大きな影響を及ぼします。ケアプランの目標に対し、効果を発揮するための重要な要素です。

\POINT/ チェックポイント

- 高齢者を取り巻く介護環境の変化と特徴について理解できましたか。
- 介護の仕事の専門性と多職種によるチームケアの重要性を理解できましたか。

第3章 介護の基本

2 介護職の職業倫理

\ POINT /
学習のポイント

- 介護の専門職として、職業倫理の重要性を理解しましょう。
- 介護職に求められる職業倫理を学びましょう。

 職業倫理

専門職の倫理の意義・介護の倫理

「倫理」とは、道徳や社会規範に則り、守らなくてはならないルールであり、社会から期待されている姿を示したものといえます。特に専門職に課された倫理は、その職業の社会的な評価や信頼にもつながる重要な意義があることを、一人ひとりの専門職は自覚し、行動することが求められています。

高齢者や障害者など、支援が必要な人々の生活に深くかかわる介護職には、法律や専門職団体の規程などを通して、さまざまな倫理が示されています。

「社会福祉士及び介護福祉士法」の倫理規定

利用者の尊厳の保持と自立支援のため、誠実に職務を行わなくてはならないとする「誠実義務」が規定されています。また、社会的な信用を傷つけるような行為をしてはならないとする「信用失墜行為の禁止」が述べられています。さらには、業務に関し知り得た利用者や家族の秘密を漏らしてはならないとする「秘密保持義務」などが規定されています。

日本介護福祉士会の倫理綱領

また、介護福祉士の職能団体である日本介護福祉士会が定める倫理綱領には、介護福祉士に限らず、介護に携わる従事者が常に行動の規範とすべき倫理が明文化されています。社会から期待される介護専門職の姿を客観的に評価するうえで大切な指標となるため、折りに触れて目を通す機会をもつようにしましょう。

日本介護福祉士会倫理綱領
(1995年　日本介護福祉士会)

前文
　私たち介護福祉士は、介護福祉ニーズを有するすべての人々が、住み慣れた地域において安心して老いることができ、そして暮らし続けていくことのできる社会の実現を願っています。
　そのため、私たち日本介護福祉士会は、一人ひとりの心豊かな暮らしを支える介護福祉の専門職として、ここに倫理綱領を定め、自らの専門的知識・技術及び倫理的自覚をもって最善の介護福祉サービスの提供に努めます。

1.利用者本位、自立支援
　介護福祉士はすべての人々の基本的人権を擁護し、一人ひとりの住民が心豊かな暮らしと老後が送れるよう利用者本位の立場から自己決定を最大限尊重し、自立に向けた介護福祉サービスを提供していきます。

2.専門的サービスの提供
　介護福祉士は、常に専門的知識・技術の研鑽に励むとともに、豊かな感性と的確な判断力を培い、深い洞察力をもって専門的サービスの提供に努めます。
　また、介護福祉士は、介護福祉サービスの質的向上に努め、自己の実施した介護福祉サービスについては、常に専門職としての責任を負います。

3.プライバシーの保護
　介護福祉士は、プライバシーを保護するため、職務上知り得た個人の情報を守ります。

4.総合的サービスの提供と積極的な連携、協力
　介護福祉士は、利用者に最適なサービスを総合的に提供していくため、福祉、医療、保健その他関連する業務に従事する者と積極的な連携を図り、協力して行動します。

5.利用者ニーズの代弁
　介護福祉士は、暮らしを支える視点から利用者の真のニーズを受けとめ、それを代弁していくことも重要な役割であると確認したうえで、考え、行動します。

6.地域福祉の推進
　介護福祉士は、地域において生じる介護問題を解決していくために、専門職として常に積極的な態度で住民と接し、介護問題に対する深い理解が得られるよう努めるとともに、その介護力の強化に協力していきます。

7.後継者の育成
　介護福祉士は、すべての人々が将来にわたり安心して質の高い介護を受ける権利を享受できるよう、介護福祉士に関する教育水準の向上と後継者の育成に力を注ぎます。

介護職としての社会的責任

　日本の介護保険サービスは、加齢や疾病（病気）によって生活に支援が必要になれば、誰もが利用する可能性のある社会的な資源です。介護保険サービスの法的な根拠である介護保険制度は、社会保険方式で運用されています。その公益性は高く、国民すべてが安心して利用できることが当然期待されています。

介護職に対する社会的な期待は大きい

　また、介護職に対しても、生活に困難がある人に寄り添い、高齢化社会を下支えする高潔で、良識ある職業人として期待されています。そのためか、事件や事故の中心人物として報道される場合、その肩書は、「議員」や「弁護士」、「教師」と同じく、介護職の場合は、「元介護職員」や「元介護施設職員」とされることが多いようです。このことからも介護職が社会から特別な信頼を寄せられていることが推測されます。介護職一人ひとりが担う仕事への社会からの期待と責任は大きいといえます。

利用者の代弁者としての役割

　さらに、介護職には、利用者とのかかわりのなかで発見したさまざまな課題を、専門的立場から社会に発信していく、代弁者としての役割も求められています。

　例えば、認知症の人が安全に在宅生活が続けられるアイデアや、障害者の社会参加を広げるためのネットワークづくり、障害者のかかえる問題などを、地域や専門機関の取り組みにつなげることができれば、より暮らしやすい社会の実現に近づきます。さらには現在、社会的な問題として取り上げられている虐待や高齢者の消費者トラブルなども、介護職が早期に発見することで、問題の解決につなげることができます。介護職の社会的責任として何ができるのかを考え、関係機関との情報共有や予防対策のための啓発活動を行うことが大切です。

プライバシーの保護・尊重

　「個人情報」と「プライバシー情報」は、混同して扱われていることが多く、重なる部分もありますが、厳密には異なるものです。

　利用者や家族の生活、人生に深くかかわっていくことになる介護の仕事では、

個人情報とプライバシー情報との関係

個人情報	プライバシー情報
氏名や住所など生存する個人を特定する情報	・個人の私生活上の情報 ・まわりに知られていない情報 ・まわりに知られることを望まない情報、など

　いずれの情報も把握していく必要があり、その取り扱いには慎重さが求められます。特にプライバシーは、個人の安心と自尊心にかかわる権利であることから、利用者にとって何がプライバシーにあたるのか、どのように対応することがプライバシーを守ることになるのか、十分に理解したうえで支援にあたることが必要です。

介護職が配慮すべきプライバシーの例

　配慮が必要なプライバシーには、次のようなものがあります。

・情報収集はサービス提供に必要な範囲にとどめ、むやみに踏み込まない。
・利用者のプライバシーにかかわる話を第三者にしない。
・話の内容によっては場所を変えたり、声のボリュームを下げる。
・利用者の物に無断で触らない、動かさない。
・部屋に入るときには、ノックや声かけを忘れない。
・排せつや入浴の介助などでは、羞恥心に配慮する、など。

私人ではなく専門職として判断する

　利用者とのかかわりの中で、「あなただけに話すので、みんなには言わないで」と前置きされ、重要な情報が開示されることがあります。対応は、「私人」としての感情ではなく、「専門職」としての倫理で判断することが大切です。

\ POINT /
チェックポイント

● 介護の専門職の職業倫理の重要性について理解できましたか。
● 介護職に求められる職業倫理について理解できましたか。

第3章 介護の基本

3 介護における安全の確保とリスクマネジメント

> \POINT/ 学習のポイント
> - 介護現場における事故発生の可能性について考えましょう。
> - 事故のリスクと安全対策について理解しましょう。

1 介護における安全の確保

事故に結びつく要因を探り対応していく技術

　心身機能の低下した高齢者や障害者を対象とした介護の仕事では、あらゆるところに事故の芽があり、その芽を早期に見つけることが事故防止の基本です。

「ハインリッヒの法則」

　「ハインリッヒの法則」という、労働災害分野での事故発生確率に関する考え方があります。

　それによると、1件の重大な事故の背後には29件の軽微な事故があり、さらにその背後には300件の「ヒヤリハット」が存在しているといわれます。

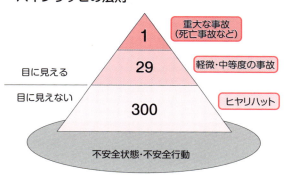

ハインリッヒの法則

「ヒヤリハット」

　「ヒヤリハット」とは、事故に至らないものの、そのまま作業を続けたら事故発生につながる「ヒヤリ」としたり「ハッ」とした出来事を指します。ヒヤリハット事例は、蓄積することで事故のパターンや起こりやすい環境、正しい支援の仕方などを導きだす情報にすることができます。なお、ヒヤリハット対応策の検討では、ヒヤリハット情報とともに、利用者に関する次の視点をもつことが重要です。

利用者の心身状況や生活習慣、生活環境

利用者の運動機能や認知機能の低下は、事故のもとになりやすいので、利用者の生活習慣の理解は、危険な行動を予測するのに役立ちます。

また、利用者が暮らす住まいの間取りや広さ、段差の有無・程度、家具の配置など、生活環境が事故を引き起こしていることがあります。

「ハザード」と「リスク」

介護現場における安全確保を考える場合、危険因子の特定と発生予防の観点が重要です。そこで理解しておくべき要素が、「ハザード」と「リスク」です。

「ハザード」とは事故の可能性

「ハザード」とは、危ないもの、有害なものなど、事故をもたらす可能性を指します。介護の現場では、心身機能の低下した利用者、技術が未熟な介護職、段差の多い環境などが、これにあたります。

ただし、ハザードが存在するだけでは、事故は起こりません。

「リスク」とは事故が起こる可能性

一方、「リスク」とは、ハザードに近づき、ハザードと重なった結果、事故が起きる可能性や事故そのものを指します。段差というハザードに対するリスクとしては、「転倒」や「転落」などが考えられるでしょう。

ハザードとリスクの例

【ハザード】

事故をもたらすもの：段差の多い環境・未熟な介護職・足が悪い利用者

【リスク】

事故（が起きる可能性）：未熟な介護職がトイレに誘導していて、利用者が段差で転倒

事故を予防するには、ハザードが何かを見極めたうえで事前に遠ざけることが必要とされます。

　しかし、介護現場では、支援対象の利用者自身がハザードになることがあるため、遠ざけるという考え方自体が成立しません。そうした場合、あらかじめリスクを想定し、さらに一歩進んだ対応方法を検討しておくことが必要です。

> 例) 転倒しても骨折しない対応
> 　転倒による衝撃を和らげるためプロテクターやサポーターを利用する、など

身体介護の技術をもたない人が介助するリスク

　介護現場における安全管理には、介護職の技術レベルが大きく影響します。身体介護の技術レベルの低い職員が介助を行う際は、次のようなリスクがあります。

事故が起こりやすくなる

　身体機能の低下した利用者の動作介助を行うには、専門的な知識と技術が必要になります。正しい手順に沿って行わない動作は、事故のもとになります。

リスクの予知ができない

　利用者の状態は日々変化し、その場の様子・状況に合わせた介助が求められます。相手をしっかりと見ない画一的な介助は、リスクを招く要因になります。

からだに負担がかかる

　身体介護の技術は、安全で円滑な動作のために、運動力学など科学的な根拠に基づき考えられています。

　見よう見まねや力任せの介助では、利用者のからだに負担をかけることはもちろんのこと、介助者のからだを傷める原因にもなります。

利用者の不安・不信を招く

　家族による介護は、資格の有無にかかわらず行えるものですが、介護職は専門家としての技術を提供しているからこそ、安心と信頼のもとに利用料が支払われているのです。十分な技術がなく、利用者を不安にさせるようなことがあれば、

介護職に対する不信を招くことになります。

❷ 事故予防・安全対策

リスクマネジメント

　リスクマネジメントとは、起こり得る事故や危険、またはそこから生じる損害を管理するという意味です。

　主に、事故や危険を起こさないための取り組み（予防対策）のことを指します。

　事故は不安全状態と不安全行動の組み合わせで起こります。このどちらか、または両方を排除することで未然に防ぐことができます。

転倒事故を防ぐ例

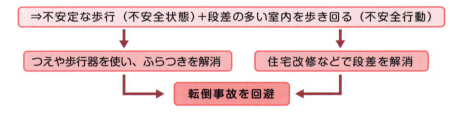

危機管理

　事故や危険が発生してしまい、そこから派生する損害や被害などをできるだけ小さくするための取り組み（事後対策）を「危機管理」といいます。

転倒・骨折を原因とした寝たきりを防ぐ例

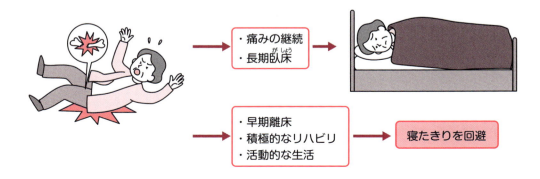

第3章　介護の基本

　なお、家族への報告などを危機管理とする考え方もあります。ただし、サービス利用中に起こるトラブルを家族と円満に解決するためには、日頃のかかわり方が重要です。そうした意味からは、リスクマネジメントに含まれるといえます。

分析の手法と視点

　リスクマネジメントを行ううえで、事例から学ぶことは有効な分析方法です。

　介護事業所には、日々の業務で発生した「事故」や「ヒヤリハット」「苦情」など事例情報の蓄積があります。いずれもゼロを目指す体制づくりは必要ですが、人を相手にする仕事では立場や価値観、見解の相違から、意見の対立は避けられない部分があります。どのようにリスクをとらえ管理していくのかを検討します。

事故事例から分析する

　事故には、「転倒・転落」「誤嚥・異食」「溺水」「感染」など、さまざまな種類があります。事故の種類が同じでも、それぞれのリスクは異なります。事故を防ぐには、個別のケアを見直し、リスクに合わせた対応が必要です。

誤嚥事故のリスクの例

事例A	事例B
脳梗塞などの後遺症で嚥下障害がある	入れ歯が合わず、かまずに飲み込んでいる

ヒヤリハット体験から分析する

　ヒヤリハット体験では、「どのような行動」が、「どのような事故」を招く可能性があったのかを分析します。「そのまま行動を続けていたら、○○になっていた」と、その後のリスクを想像できなければ、今後の事故防止にはつながりません。これまでの事例から起こりうるリスクが導き出せるよう、分析力を磨きましょう。

苦情報告から分析する

　苦情は、利用者や家族が不利益や不自由などを感じたことで起こるものです。利用者の意思や決定に基づかない行為の結果ともいえます。何が苦情につながったのか、経過を分析し、対応を見直すことが信頼関係の回復には不可欠です。

　リスク分析は事業所全体として定期的に行い、意識を共有することが重要です。

事故に至った経緯の報告（家族への報告、市町村への報告等）

　事故の再発防止対策で、重要な資料になるのが事故報告です。同じような事故を二度と起こさないためにも、事故が起こった経緯を事業所内やチーム内で共有し問題点を検証します。情報共有の方法としては「事故報告書」が用いられます。

事故報告書の内容

　事故報告書には、事故が発生した日時、場所、事故当事者、概要（経過）、利用者の心身状況、原因、対応、今後の見通し、再発防止対策など、できるだけ迅速かつ簡潔に記載するようにします。なお、報告書は事故発生時と経過報告または最終報告に分けて作成されることもあります。

事故報告の義務づけ

　介護保険制度では、各サービス事業者に事故発生時の対応として、保険者（市町村）、利用者家族などへの報告を義務づけています。

　併せて、事業所内で管理者に報告するしくみの整備も求めています。そのため、多くの事業所が「事故発生時の対応の流れ（フロー図）」などを作成し、指示命令系統や報告手順を明らかにしています。

　事故報告の留意点は次の通りです。

> ・事実確認を速やかに行い、報告は事実に基づいて行う。
> ・責任者への報告、家族への報告、保険者（市町村）への報告は、対応に合わせて迅速に行う。
> ・事故発生の第一報を除き、原則として報告は書面で行う。
> ・家族への報告は必ず責任者が行い、事故発生について誠意をもって謝罪する。
> ・損害の賠償が必要な場合は、加入している保険者にも報告を行う。
> ・職員に対しても事故の経過を報告し、再発防止策の周知徹底を図る。

情報の共有

　事故が起きた場合には、口頭や文書などによって、事故発生の経緯とその後の対応などを組織的に共有するしくみが必要です。1つの事故を情報共有し、組織全体で受け止める姿勢そのものがリスクマネジメントといえます。

3 感染症対策

　感染症とは、病原体（ウイルスや細菌）が体内に入り、一定以上増えたことで起こる諸症状をいいます。感染のもととなる病原体には、健康な人には無害なものから、強い感染力をもち生命を脅かすほど重い症状につながるものまであります。

感染の原因と経路

　ウイルスや細菌などの微生物は、常に身のまわりにあります。毎日の生活の中で触れていますが、すべての人が感染症にかかるわけではありません。

　人が感染し発症するには、以下の3つの要素が揃う必要があります。そのため、それぞれの予防対策が必要になります。

感染症が発生するための3つの要素

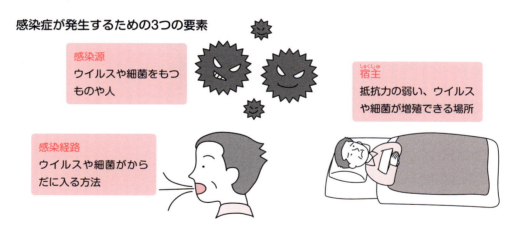

感染源：ウイルスや細菌をもつものや人
宿主（しゅくしゅ）：抵抗力の弱い、ウイルスや細菌が増殖できる場所
感染経路：ウイルスや細菌がからだに入る方法

　感染源になる可能性のあるものとしては、便や尿などの排せつ物、嘔吐物（おうと）、血液や体液、医療処置に使用した器具や注射針、また、これらに触れた手で扱った食器や食品などがあります。これらは、利用者の身のまわりの支援を行ううえで頻繁に接触する機会も多いため、取り扱いには十分な注意が必要です。

　ウイルスや細菌の種類によって、感染経路は異なります。日頃からすべての経路を断つよう心がけた対策が必要です。

感染経路

飛沫感染	せきやくしゃみなどで飛んできた病原体が口や鼻の粘膜に付着することで感染
空気感染	空気中に浮遊している病原体を吸い込むことで感染
接触感染	皮膚や粘膜、傷口などに病原体が触れることで感染
血液感染	輸血や針刺し事故などで血液を媒介にすることで感染
経口感染	食中毒など、食品や手指などを介して病原体が口から入り感染

感染に対する正しい知識

　介護が必要な高齢者は、抵抗力や免疫力の低い感受性宿主であることが多く、感染症への正しい知識が必要です。

高齢者に多く見られる感染症

感染症	症状・対応
肺炎	マイコプラズマ、肺炎球菌、レジオネラ菌などによる飛沫感染。病原体により症状が異なるが、一般に呼吸器症状や発熱などが見られる。高齢者では誤嚥をきっかけに起こる誤嚥性肺炎も多い。手洗いうがいを励行し、重症者は個室で対応する
結核	結核菌による空気感染。呼吸器症状と寝汗や微熱、倦怠感などの全身症状が見られる。咳や喀血などで菌の排出がある場合は専門医療機関で入院・治療する
インフルエンザ	インフルエンザウイルスによる飛沫感染。38℃以上の高熱や関節痛、筋肉痛などが見られる。免疫力の弱い高齢者では重症化しやすい。予防接種が有効
感染性胃腸炎	ノロウイルスによる経口感染。激しい嘔吐と下痢が見られる。感染力が強く感染者の便や嘔吐物に含まれ、空気中に飛び散ったウイルスによる空気感染もある。手洗い、うがいを励行し、汚物処理には次亜塩素酸ナトリウムを使用する
疥癬	ヒゼンダニの皮膚への寄生による接触感染。腹部や胸部、太ももの内側などに激しいかゆみが見られる。重症の疥癬では、集団感染を引き起こすこともある。熱に弱く50℃・10分間の熱処理で死滅する

POINT チェックポイント

- 介護現場における事故発生の可能性と主な要因について理解できましたか。
- 事故の予防と安全対策、感染症対策について理解できましたか。

第3章 介護の基本

4 介護職の安全

＼POINT／
学習のポイント
- 介護職が気をつけるべき健康管理について学びましょう。
- ストレスマネジメントの重要性を理解しましょう。

1 介護職の心身の健康管理

介護職の健康管理が介護の質に影響

　介護の仕事は、加齢や疾患によって生活に支援が必要となった人を支える仕事です。急速に高齢化が進むわが国では、なくてはならない職業の1つです。介護を必要とする人が増え、働くなかで得られる使命感ややりがいも大きくなっています。

　一方、心身ともに負担も多い仕事といえます。利用者に安全で快適なサービスを提供するためには、介護職員自身の健康を維持することが不可欠です。日頃から体調管理に努め、精神的にもゆとりある生活を送るよう心がけましょう。

　また、介護者が病原体の媒介者になって利用者に感染させる可能性があります。定期健康診断や予防接種、免疫力を上げる健康管理などが求められます。

腰痛対策

　移乗の介助や入浴、排せつなどの身体介護では、膝や腰などに負担がかかりやすくなります。腰痛を原因としたやむを得ない離職も少なくない状況です。国が定めた「労働災害防止計画」にも、介護施設での腰痛予防対策への積極的な取り組みが盛り込まれています。

　介護を行うときには、からだに負担がかからないよう、正しい作業姿勢で正しい動作を行うことが大切です。また、スライディングシートやスライディングボードなどの福祉用具を活用することで、腰痛を予防・軽減することができます。

ボディメカニクスを活用する

腰痛は、利用者の介助中に起こると転倒や事故につながります。ボディメカニクス（からだの動きのメカニズムを活用した介護技術）などを活用し、腰痛を起こしにくい姿勢を意識しましょう。

ストレスマネジメント

介護の仕事は「感情労働」の割合が多い職業です。感情労働とは、仕事をするうえで常に自分の感情をコントロールすることが求められる仕事のことです。介護職はさまざまな人間関係の中で仕事を行い、相手に合わせた言葉や態度で対応することが求められるため、ストレスが蓄積しやすい職業です。

ケア・ハラスメント

また、介護現場に特有のストレス要因として「ケア・ハラスメント」があります。これは、利用者や家族から制度上できない行為を強要されたり、他職種の関係者から威圧的な態度で見下される、精神的に追い込まれることなどを指します。

ストレスマネジメント

介護職自身の健康はサービスの質に直結するため、自身のストレスマネジメントを身につけることが大切です。以下のようなストレスマネジメントの方法があります。また、個人だけではなく、事業所の取り組みも求められています。

- 規則正しい生活を送る。
- ストレスを自覚し、気分転換の機会をもつ。
- 自分に合うリラックス法を見つけ実践する。
- 相談できる相手をつくる。

手洗い・うがいの励行

感染症対策では、手洗い・うがいはもっとも基本的な予防策です。簡単なことですが、多くの病原体は正しい手洗いとうがいで落とすことができます。仕事を始める前や帰宅するとき、利用者への援助の前後には必ず行うようにしましょう。

一行為（ケア）一手洗いを実践する

感染を防ぐためには病原体を「もち込まない」「広げない」「もちださない」ことが重要です。感染者のなかには、症状が表に現れていない人や、症状がわかりにくい人などもいます。利用者が現在、感染症にかかっているかどうかにかかわらず、1つのケアごとに1回手洗いをする「一行為（ケア）一手洗い」を必ず実践するようにしましょう。

手洗いの注意点

- 手洗いの際には、時計や指輪を外す
- 爪は短く切っておく
- 洗い残しが多い部分も丁寧に洗う
  例）爪の先、爪と指の間、指の間、親指、しわの間など
- 使い捨てのペーパータオルなどを使う
- 水道栓は洗った手で直接閉めず、手を拭いたペーパータオルなどを使う
- 手は完全に乾かす

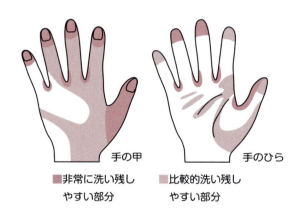

手の甲　　手のひら
■非常に洗い残しやすい部分　■比較的洗い残しやすい部分

手袋は利用者ごと、一行為（ケア）ごとに取り換える

血液や体液、排せつ物などを処理する場合や傷、患部に触れる場合、手指を汚染から守るのが手袋です。医療や介護現場では、ラテックスやプラスチック製の使い捨てのものが使われます。手袋は利用者ごと、一行為（ケア）ごとに取り換え、使用後は速やかに外します。その際、表裏が逆になるように外し、使用した面には触れないようにします。手袋使用後はせっけんと流水で必ず手洗いをします。

うがいをこまめに行う

口も手と同じように、病原体がつきやすく感染の入り口になる部位です。また、

誤嚥性肺炎などでは、口の中で繁殖した細菌を繰り返し飲み込むことで、発症の原因になります。そのため、利用者にもこまめにうがいを行い、口の中を常に清潔に保ってもらうことは感染予防に有効な対策です。

うがいの仕方
- 水とうがい薬を用意し、口の中の消毒（1回）とのどの消毒（2回）に分けてうがいを行う。
- うがい薬は、濃いほど効果があるわけではなく、使用方法にしたがい、決められた濃度に薄めて使用する。
- 60cc程度の水に薬を薄め、口の中の消毒とのどの消毒を分けてうがいを行う。
口の中の消毒⇒うがい薬を口に含み、口を閉じた状態で汚れを落とすようにブクブクとすすぐ（15〜30秒が目安）。
のどの消毒⇒うがい薬を口に含み、上を向いてのどの奥でガラガラと薬を回して（15〜30秒が目安）吐き出す。これを2回繰り返す。

マスクを着用する

　血液や体液、嘔吐物などの飛び散りや空気中の病原体などが、口や鼻から侵入するのを防ぐのがマスクです。不織布などでつくられた使い捨てマスクが一般的です。着用する場合は、口と鼻がきちんと覆われるよう蛇腹をしっかり伸ばします。

　使用後は、使用済みのマスクの表面には触れないように捨て、せっけんと流水による手洗いを必ず行います。

手洗いの基本

　日常生活でいろいろなところに触れる手は、見た目以上に感染症の原因となる病原体が付着しています。利用者の健康を守る援助者として、正しい手洗いを身

第3章 介護の基本

につけ、感染対策に努めることが大切です。

手洗いの手順

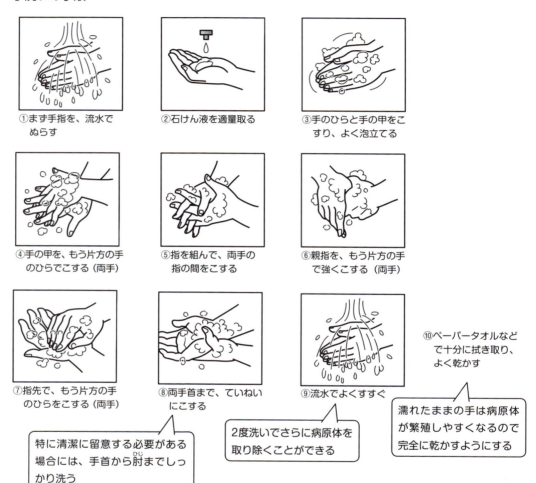

出典：『介護職員初任者研修課程テキスト1』日本医療企画、2016年／『医療コミュニケーターテキスト』日本医療企画、2010年

> **POINT** チェックポイント
> - 介護職の健康対策の重要性と実際の方策について理解できましたか。
> - 介護職のストレス対策の重要性と実際の方策について理解できましたか。

第4章

介護・福祉サービスの理解と
医療との連携

第4章 介護・福祉サービスの理解と医療との連携

1 介護保険制度

> **\POINT/ 学習のポイント**
> - 介護保険制度が誕生した背景や目的について学びましょう。
> - 介護保険制度の基本的なしくみについて学びましょう。
> - 介護保険制度の財源や事業者について学びましょう。

1 介護保険制度の背景および目的、動向

介護保険制度の背景

　介護保険制度は、2000（平成12）年に誕生しました。その大きな背景には、わが国の人口の急激な高齢化がありました。

　高齢者が増えることは、介護が必要な人も増えるということです。それまでの日本では、高齢者の介護は主に家族の役割でした。

　しかし、高齢者の増加の一方で、介護を担う現役世代の人数が減少し、核家族化や単身世帯の増加、女性の社会進出などの影響があり、家族だけでは高齢者の介護を支えきれなくなってきました。

　そこで、社会全体で高齢者とその家族を支える必要性が高まりました。そうしたしくみとして誕生したのが介護保険制度なのです。

社会保険としての介護保険

　2000年以前の高齢者介護は、弱者救済の視点から行政がサービスの必要性を判断し、サービスの内容を決め提供していました（措置制度）。

　一方、介護保険は医療保険や雇用保険と同じように社会保険制度の1つです。国民が生活するうえでのリスクに備えて、全員が加入し、リスクが発生したら、自分の意思によってサービスを選択し、現金や現物給付により生活を支えるしくみになっています。

ケアマネジメント

　介護保険制度の根底にある理念は、自立支援および利用者本位です。それらを具現化していくための手法として、介護保険制度に伴い導入されたのがケアマネジメントです。

ケアマネジメントとは

　ケアマネジメントとは、次の一連の流れの業務全体をいいます。

　まずは、①介護を必要としている人の介護ニーズを把握（アセスメント）し、②そのニーズに適切にこたえる介護サービス計画（ケアプラン）を作成し、③その計画に沿ってサービス内容やサービス事業者を調整し、④その後、サービス利用状況や効果などを把握・検討（モニタリング）して、⑤必要であれば、改善点などを検討する（再アセスメント）、ことをいいます。

ケアマネジメントの流れ

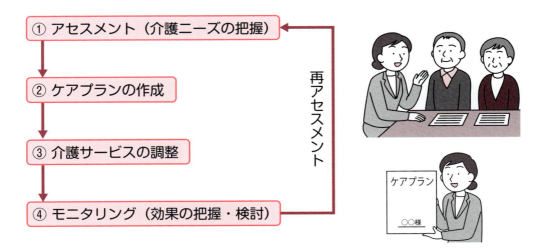

予防重視型システムへの転換

　介護保険制度が誕生してから5年間の調査で、軽度者（要支援や要介護1の認定を受けた人）の数が著しく増加しており、要介護認定者全体の約半数を占めることがわかりました。これら軽度者の重度化防止のため、2006（平成18）年の改正で、次のような予防重視型システムへの転換が図られました。

第4章　介護・福祉サービスの理解と医療との連携

新たな予防給付の創設

　軽度者（要支援・要介護１）が急増している一方、軽度者に対するサービスによる状態改善への効果があまり出ていない実態が見られました。そうしたことから、軽度者を対象とする、要介護状態の軽減・悪化防止に効果的な新たな予防給付（「新予防給付」）が創設されました。

　また、「要支援」を「要支援１」と「要支援２」に分け、従来、要介護１と要支援に該当していた人のうち、新予防給付の効果が期待できる人を、要支援２に移行しました。これにより、要介護状態区分が、要支援、要介護１〜５の６段階から、要支援１・２、要介護１〜５の７段階になりました。

地域支援事業の創設

　市町村が行う事業として「地域支援事業」が創設されました。全体は「介護予防・日常生活支援総合事業」「包括的支援事業」「任意事業」から構成されました。

　要介護状態または要支援状態となることを予防し、要介護状態になった場合も住み慣れた地域で自立した日常生活を営みつつ、社会にも参加することができるよう支援することが目的とされました。

地域包括支援センターの設置

　地域包括支援センターは、2006（平成18）年の介護保険法改正で創設されました。このセンターが、予防重視型システムへの転換の柱となり、また、市町村が実施する地域支援事業の中核機関となって、介護予防ケアマネジメントの役割を担います。

　人口２〜３万人の中学校区規模に１か所程度を目標に、市町村自ら、または社会福祉法人などに委託して設置されます。社会福祉士、保健師、主任ケアマネジャー（主任介護支援専門員）、あるいはそれに準ずる者をそれぞれ１人置かなければならないとされています。地域の医療・保健・福祉の関係者、サービス事業者、学識経験者、被保険者などをメンバーとする地域包括支援センター運営協議会を開催し、連携を図っています。

地域包括支援センターの業務

地域包括支援センターは、以下の業務を担います。

・総合相談支援業務：相談受付、訪問による実態の把握など。
・権利擁護業務：虐待の早期発見や防止など。
・包括的・継続的ケアマネジメント支援業務：地域の多様な社会資源を活用した
　ケアマネジメント体制の構築支援。
・介護予防ケアマネジメント：介護予防事業や予防給付のケアマネジメント。

地域包括ケアシステムの推進

2012（平成24）年の介護保険法改正では、地域包括ケアシステムの実現が重視されました。

その背景には次のようなことがあります。

これまでの状況
・一人暮らしの高齢者の増加　　　・施設入所を希望し空きを待つ人の増加
・医療の必要性の高い利用者の増加　・介護の必要性の高い利用者の増加

今後の予測
・2025年には、いわゆる団塊の世代が後期高齢者になる
・介護サービスの需要が増大し、サービスの供給が不足する
・介護費用が増えすぎて、制度の維持が難しくなる

地域包括ケアシステムとは

行政だけでなく、地域のさまざまな組織や人々が「自助、互助、共助、公助」の役割分担をしながら、一体的に支援を提供することを地域包括ケアシステムといいます。高齢者の生活を支援するには、介護保険や医療・保健サービスなどの専門的サービスだけでなく、住民同士の助け合いやボランティアなどを適切に組み合わせた、多様で総合的な支援のあり方が重要であるということです。

次ページの図のように、医療、介護、介護予防、住まい、生活支援のサービスを地域で切れ目なく提供できる体制の構築を目指しています。

第4章 介護・福祉サービスの理解と医療との連携

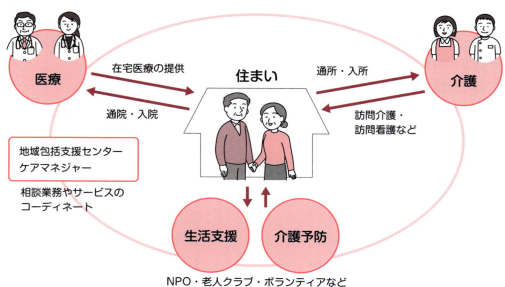

② 介護保険制度のしくみの基礎的理解

保険制度としての基本的しくみ

　介護保険は社会保険の1つです。社会保険は、一定条件を満たす人は必ず加入しなければなりません。社会保険には、ほかに医療保険、年金保険、雇用保険、労働者災害補償保険があります。

　介護保険は、日本に住む40歳以上の人が加入して被保険者となり、保険料を支払います。被保険者は、介護が必要な状態になった場合、介護保険サービスを利用することができます。

保険者と被保険者

　介護保険制度を運営するのは、市町村および特別区（以下、市町村）です（保険者）。国や都道府県は、市町村をサポートします。

　被保険者には、次の2種類があります。第1号被保険者は、市町村の区域内に住所がある65歳以上の人です。また第2号被保険者は、市町村の区域内に住所がある40歳以上65歳未満の医療保険に加入している人です。

> **保険料と利用者負担**

保険料の徴収方法は、以下のとおりです。

・第1号被保険者の場合（第1号保険料）：年金額が年額18万円以上であれば、年金から天引き、年金額18万円未満であれば自分で納める。
・第2号被保険者の場合（第2号保険料）：加入している医療保険から、医療保険料と一緒に徴収。

サービスを利用した場合、利用料の原則1割を自己負担します。収入によっては、2割負担、3割負担になります。残りは、介護保険から給付されます。

> **介護保険サービス利用までの流れ**

介護保険サービス利用までの流れは、おおまかに以下のようになります。

①被保険者は、介護が必要になったとき市町村に要介護認定を申請する。
②市町村は、調査を行い、要介護認定を行う。
③要介護・要支援認定を受けた人は、事業者と契約し、介護保険サービスを利用することができる。

介護給付とサービスの種類

介護保険における給付とは、訪問介護をはじめとするさまざまな介護保険サービスにかかった費用の支給を受けることを意味します。

介護給付は、要介護1から要介護5の認定を受けた人に対する給付です。介護給付が支給されるサービスは、居宅サービス、地域密着型サービス、施設サービスの3つに分類できます。それ以外に、居宅介護支援（ケアプラン作成などのケアマネジメント）、住宅改修などがあります。

居宅サービス
・居宅介護支援
・訪問：訪問介護、訪問入浴介護、訪問看護、訪問リハビリテーション、居宅療養管理指導
・通所：通所介護、通所リハビリテーション

第4章 介護・福祉サービスの理解と医療との連携

・短期入所：短期入所生活介護、短期入所療養介護

・入居：特定施設入居者生活介護

・福祉用具：福祉用具貸与、特定福祉用具販売（購入）

・住宅改修

地域密着型サービス

・夜間対応型訪問介護

・定期巡回・随時対応型訪問介護看護

・地域密着型通所介護（療養通所介護を含む）

・認知症対応型通所介護

・認知症対応型共同生活介護（高齢者グループホーム）

・地域密着型特定施設入居者生活介護

・地域密着型介護老人福祉施設入所者生活介護

・小規模多機能型居宅介護

・看護小規模多機能型居宅介護（複合型サービス）

施設サービス

・介護老人福祉施設（新規入所は原則、要介護度３以上の人に限定される）

・介護老人保健施設

・介護療養型医療施設（2024年３月末までに廃止予定）

・介護医療院

予防給付

　予防給付は、要支援１・２の認定を受けた人に対する給付です。介護給付より利用できるサービスの数が少なくなります。施設サービスは利用できません。

介護予防サービス

・介護予防支援

・訪問：介護予防訪問入浴介護、介護予防訪問看護、介護予防訪問リハビリテーション、介護予防居宅療養管理指導

・通所：介護予防通所リハビリテーション

- 入居：介護予防特定施設入居者生活介護
- 短期入所：介護予防短期入所生活介護、介護予防短期入所療養介護
- 福祉用具：介護予防福祉用具貸与、特定介護予防福祉用具販売（購入）
- 介護予防住宅改修

地域密着型介護予防サービス
- 介護予防認知症対応型通所介護
- 介護予防小規模多機能型居宅介護
- 介護予防認知症対応型共同生活介護（高齢者グループホーム）

　介護予防支援とは、要支援者に対するケアマネジメントサービスのことです。地域包括支援センターの職員などが介護予防サービス計画（介護予防ケアプラン）を作成し、サービス事業者との連絡や調整を行います。

要介護認定の手順

　介護保険サービスを利用するには、保険者である市町村から要介護（要支援）認定を受ける必要があります。それぞれの定義は、次のようになります。

要介護状態	身体上または精神上の障害があるために、一定期間継続して、入浴や排せつ、食事などの日常生活の基本的な動作について、常に介護を必要と見込まれる状態。要介護1～5に分類される
要支援状態	要介護度の軽減や悪化の防止に特に資する支援を要すると見込まれる状態、または身体上もしくは精神上の障害があるために、一定期間継続して日常生活を営むのに支障があると見込まれる状態。要支援1、2に分類される

なお、第2号被保険者の認定には、要介護状態の原因が特定疾病であることが必要です。特定疾病は、加齢が原因で生じる病気で関節リウマチや初老期における認知症など、16疾病が指定されています。

要介護認定の流れ

要介護（要支援）認定の申請は、利用者本人または代理人が、市町村の担当窓口で行います。代理で申請することができるのは家族のほか、民生委員や社会保険労務士、地域包括支援センター、居宅介護支援事業者や介護保険施設などです。

要介護（要支援）認定には、一次判定と二次判定があります。申請から要介護認定までの流れは次のとおりです。

申請から要介護認定の流れ

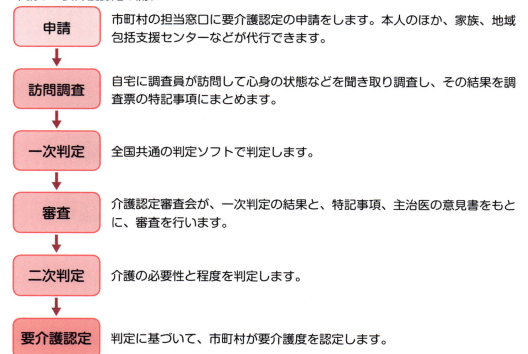

主治医の意見書は、医師が病気や症状、必要な医療処置、認知症の症状の有無などについて記入するもので、要介護認定の参考資料として使われます。主治医がいない場合は、市町村に相談すれば意見書を依頼できる医師を紹介してもらえます。

3 制度を支える財源、組織・団体の機能と役割

財政負担

　介護保険制度は、利用者が受けた介護サービス費用を利用者の所得に応じて1割または2割または3割支払い、残りを保険料と公費でまかなっています。

　保険料と公費の財政負担の割合は、それぞれ50％ずつに分けられています。

　保険料の50％分は、第1号保険料が23％、第2号保険料が27％で構成されています（2018〜2020年度）。この割合は、それぞれの人口比によって決まり、3年に1度見直されます。

　公費は、国・都道府県・市町村で分担していて、その分担割合は施設サービス以外（居宅給付）と施設サービス（施設等給付）で異なります。

介護保険の財政負担構造（2018〜2020年度）

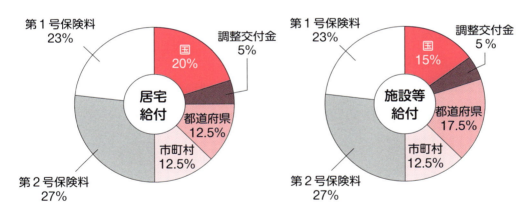

保険料と公費の負担割合は半々

指定介護サービス事業者の指定

サービス事業者が介護報酬を受けて介護保険サービスを提供するには、その種別に応じて都道府県知事または市町村長に申請を行い、指定を受けなければなりません。

サービス事業者の指定権限

都道府県知事が指定 （または許可）	・居宅サービス事業者 ・介護保険施設（介護老人保健施設と介護医療院は許可※） ・介護予防サービス事業者
市町村長が指定	・地域密着型サービス事業者 ・地域密着型介護予防サービス事業者 ・介護予防支援事業者 ・居宅介護支援事業者

※ もともと医療法によって開設許可を受けている医療機関の場合は、介護保険の規定に基づいて指定を受けることを許可という

サービス事業者の指定はサービスごと・事業所ごとに行う

サービス事業者の指定は、サービスの種類ごとに、また事業所ごとに受けなければなりません。

例えば、訪問介護と訪問入浴介護の2つのサービスを提供しようとする居宅サービス事業所の場合、訪問介護事業者としての指定と、訪問入浴介護事業者としての指定を、それぞれ受けなければなりません。

POINT チェックポイント

- 介護保険制度ができた背景や目的を理解しましたか。
- 介護保険制度のサービス内容、申請から認定までの流れを理解しましたか。
- 介護保険制度を支える財源や事業者の指定のしくみについて理解しましたか。

2 医療との連携とリハビリテーション

\ POINT / 学習のポイント

● 医療との連携、訪問看護の概要について学びましょう。
● 訪問リハビリテーションについて学びましょう。

利用者のなかには、医療サービスを自宅で受けている人も多くいます。訪問介護ではそうした医療サービスを提供する人々と連携していくことが求められます。

訪問看護

訪問看護とは、医師の指示のもと、病気や障害をもつ利用者の居宅を看護師などが訪問し、療養上の世話や診療の補助を行うサービスです。

訪問看護サービスの主な内容

病状の観察と情報収集　　診療の補助

療養上の世話（食事援助、排せつ援助、清潔、移動、衣服の交換）

リハビリテーション　　精神的支援

在宅での看取りの支援　　家族の相談や支援　　療養指導

※訪問看護は、医療保険と介護保険の2つの制度から提供される。原則として介護保険が医療保険よりも優先される。

訪問看護と訪問介護の連携

介護保険給付で提供される居宅サービスのなかでも、訪問看護と訪問介護は互いに連携し、利用者の状況を共有することが求められます。利用者の状態で変わったことなどに気づいた場合は、所属する事業所を通じてケアマネジャー（介護支援専門員）などに情報を提供します。

各サービス担当者間の連絡調整は、ケアマネジャーが中心となって行います。

訪問リハビリテーション

訪問リハビリテーションは、理学療法士、作業療法士、言語聴覚士が利用者の自宅を訪問し、生活機能の維持・向上を図るための機能訓練を、医師の指示に基づいて提供するサービスです。

訪問リハビリテーションの主な内容

立ち上がりや歩行など基本動作の訓練	関節を動かすなど、関節が変形したり固まったり（拘縮）すること、また筋力の低下を予防し改善する	トイレ動作や入浴動作、着替えなど日常生活動作（ADL）の訓練
食事の飲み込みを改善する訓練や食事内容の指導	寝返りなどの体位変換や介助方法の指導	手すりや車いすなど、福祉用具・住宅改修の提案と指導

訪問リハビリテーションでは、利用者本人に訓練や指導を行うだけでなく、家族の介護負担に配慮することが必要とされています。

訪問リハビリテーションと訪問介護の連携

訪問介護の介護職が、利用者の自立支援を目指して介護することが求められています。ところが、訪問リハビリテーションと訪問介護の連携が不十分で、理学療法士などがもっている自立支援を促すための技術が、訪問介護のスタッフに伝わっていないことが多いと指摘されています。訪問介護の介護職への技術指導も、訪問リハビリテーションの重要な役割の1つです[※]。

Aさんの立ち上がりを介助するときは……

※身体介護についての指導は、生活援助従事者は受けません。

POINT チェックポイント

- 訪問看護サービスの主な内容を理解しましたか。
- 医療と連携することの大切さがわかりましたか。
- 訪問リハビリテーションの主な内容を理解しましたか。

3 障害福祉制度およびその他制度

＼ POINT ／
学習のポイント

- 障害福祉制度整備の背景と理念について学びましょう。
- 障害者総合支援法の介護給付・訓練等給付の申請手順について学びましょう。
- 障害者個人の権利を守る制度について学びましょう。

1 障害福祉制度の理念

　障害福祉制度は、障害がある人が地域でふつうに暮らし、社会の一員として生活できるようにするための制度です。障害がある人は、さまざまな生活課題をもっています。それを解決するために、障害福祉制度やその他の制度が設けられているのです。

障害福祉制度整備の背景

　日本で生活保護法、児童福祉法など福祉に関する法律が制定されたのは、第2次世界大戦後のことです。世界では、1980年代に「完全と平等」をテーマにした国際障害者年などの取り組みが実施され、ノーマライゼーションの理念が広がりました。その影響を受けて日本では、障害者基本法（旧・心身障害者対策基本法）が制定されました（1993〈平成5〉年）。障害者基本法はその後2004（平成16）年に改正され、「障害者への差別をしてはならない」と明記されました。

サービスの受け方の変化

　日本では、戦後長い間、障害福祉サービスは、行政がサービスの必要性を判断し、提供するサービスの内容を決めていました（措置制度）。

　2003（平成15）年からは、利用者がサービスを選択し、事業者と契約して利用する制度に変わりました（支援費制度）。この制度では、利用したサービスの量

に応じて、利用料の原則1割を利用者が負担しなければならず（応益負担）、生活の苦しい障害者や家族からの批判が集まりました。

そこで利用者負担の見直しがされ、2010（平成22）年から所得に応じた負担（応能負担）が原則となりました。

日本は、国連の障害者権利条約の批准にむけて、2011（平成23）年に障害者基本法を改正しました。第1条には、障害福祉の理念を次のように定めています。

> **障害者基本法　第1章　総則　（目的）　第1条**
> 　この法律は、全ての国民が、障害の有無にかかわらず、等しく基本的人権を享有するかけがえのない個人として尊重されるものであるとの理念にのつとり、全ての国民が、障害の有無によつて分け隔てられることなく、相互に人格と個性を尊重し合いながら共生する社会を実現するため、障害者の自立及び社会参加の支援等のための施策に関し、基本原則を定め、及び国、地方公共団体等の責務を明らかにするとともに、障害者の自立及び社会参加の支援等のための施策の基本となる事項を定めること等により、障害者の自立及び社会参加の支援等のための施策を総合的かつ計画的に推進することを目的とする。

障害の概念

障害者基本法では、障害者を「身体障害、知的障害、精神障害（発達障害を含む。）その他の心身の機能の障害がある者であつて、障害及び社会的障壁により継続的に日常生活又は社会生活に相当な制限を受ける状態にあるものをいう」と定義しています。つまり、「心身機能の障害」があるうえに社会的障壁により生活上の制限が継続的に現れている人を障害者としています。さらに、障害者総合支援法において、障害者の範囲に「難病」が加えられています。

ICF

障害は、さまざまな要素が重なって起こるものです。これらの要素が互いに作用し合いながら、障害者一人ひとりの状態が形成されます。

ICFの考え方に沿って、それぞれの要素の相互作用を考えることで、障害をより深く理解することができます（ICFについては、p.33、p.202を参照）。

2 障害福祉制度のしくみの基礎的理解

介護給付・訓練等給付の申請から支給決定まで

　障害者を対象とする制度は、主に障害者総合支援法に定められています。

　障害者総合支援法で提供されるサービスは、自立支援給付と地域生活支援事業の2種類に分けられます。

自立支援給付の利用までの流れ

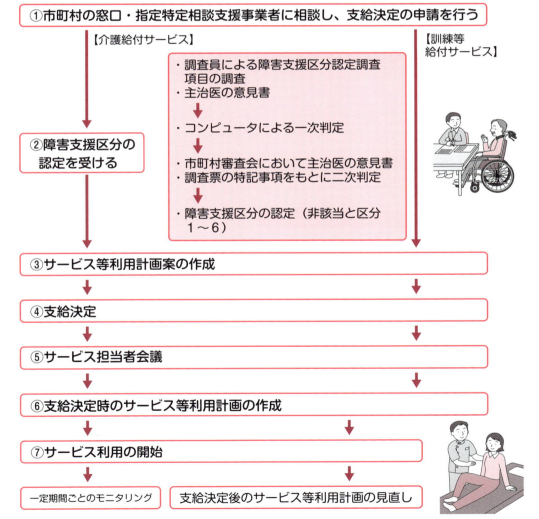

資料：全国社会福祉協議会「平成27年4月版障害福祉サービスの利用について」を改変

第4章　介護・福祉サービスの理解と医療との連携

自立支援給付

　自立支援給付は、介護給付費、訓練等給付費、補装具費、自立支援医療費などがあります。国がサービスの内容や提供に関する基準を細かく定めています。介護給付サービスや訓練等給付サービスを利用する場合、申請は原則として、障害者本人が行います。

地域生活支援事業

　地域生活支援事業は、各地域の特性をいかしたサービスを提供することを目的としています。その運用は、都道府県や市町村などの各自治体にゆだねられています。

③　個人の権利を守る制度の概要

個人情報保護法

　2003（平成15）年に「個人情報の保護に関する法律」（個人情報保護法）が制定されました（p.44参照）。この法律における個人情報とは、生存する個人の情報で、特定の個人を識別できるものをいいます。

個人情報は利用目的を通知または公表する

　個人情報を取り扱う事業者は、個人情報を取得した際は、速やかに本人に利用目的を通知または公表しなければなりません。

個人情報の漏えい、紛失を防止する

　また、個人情報の漏えいや紛失を防止するため、適切な措置を講じなければなりません。

　本来の目的以外に個人情報を利用したり、本人の同意を得ないで第三者に個人情報を提供したりすることは禁止されています。

成年後見制度・日常生活自立支援事業

成年後見制度

　成年後見制度とは、判断能力が不十分な人（知的障害者、精神障害者、認知症

104

高齢者など）を保護するための制度です（p.45参照）。

「法定後見制度」と「任意後見制度」の２つの制度があります。

高齢者や障害者の権利と自己決定を支援する

　従来まで、民法には同種の制度として「禁治産制度」がありましたが、改善の必要があると指摘されていました。2000（平成12）年の介護保険制度の施行に合わせてこの民法も改正され、高齢者や障害者の権利と自己決定を支援する新しい成年後見制度が発足しました。

　現在、民法において成年後見制度は、次のように規定されています。

民法第７条
　精神上の障害により事理を弁識する能力を欠く常況にある者については、家庭裁判所は、本人、配偶者、四親等内の親族、未成年後見人、未成年後見監督人、保佐人、保佐監督人、補助人、補助監督人または検察官の請求により、後見開始の審判をすることができる。

日常生活自立支援事業

　日常生活自立支援事業も、成年後見制度と同様に、判断能力の不十分な人を保護する制度です（p.47参照）。

　2007（平成19）年に、地域福祉権利擁護事業から改称されました。この事業による援助の内容は、次のようなものです。

日常生活自立支援事業の援助内容
①福祉サービスの利用に関し、情報の提供、助言、手続きの代行などの援助。
②苦情解決制度の利用援助。
③福祉サービスの適切な利用のために必要な住宅の改造、賃借、日常生活上の消費契約および住民票の届出などの行政手続きに関する援助など。
④預貯金の払い戻し、預け入れ、料金の支払いなどの日常的金銭管理。
⑤定期的な訪問による生活変化の察知など。

法律行為の代理・代行はできない

成年後見制度との大きな違いは、法律行為の代理・代行はできないことです。日常生活自立支援事業は、前述のように日常的なことの援助だけでよいときに利用されます。

支援までの流れは、以下のとおりです。

日常生活自立支援事業の利用までの流れ

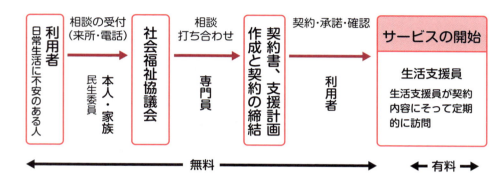

生活支援員が支援にあたる

実施主体は都道府県・指定都市社会福祉協議会で、窓口業務は委託された市町村社会福祉協議会などが行います。

実際に支援にあたるのは、生活支援員です。

> **POINT チェックポイント**
> - 障害福祉の理念について理解しましたか。
> - 障害者総合支援法の介護給付・訓練等給付の申請について理解しましたか。
> - 障害者の権利を守るための法制度にどのようなものがあるか理解しましたか。

第5章

介護における
コミュニケーション技術

第5章 介護におけるコミュニケーション技術

介護におけるコミュニケーション

> **POINT**
> 学習のポイント
> - 「共感」「受容」「傾聴的態度」などコミュニケーションの技法を学びましょう。
> - 家族が抱きやすい感情と、介護職がもつべき視点を理解しましょう。
> - 障害や認知症など利用者の状態に応じたコミュニケーションを学びましょう。

1 コミュニケーションの意義・目的・役割

相手のコミュニケーション能力に対する理解や配慮

　人は、相手とコミュニケーション（意思疎通・交流）をとることで、相手とかかわることができます。コミュニケーションの語源は、ラテン語の「communis（コムーニス）」です。「共有すること」「分かち合うこと」を意味しています。

　コミュニケーションがとれるとは、単に相手の言葉を受け取るだけでなく、相手が伝えようとしていることを感じ取り、その意味を共有することです。

 介護職の方から近づく

　人は年齢を重ねることにより聴力や集中力などが弱くなると、自分の意思や要求を思うように伝えられなくなります。また、利用者と介護職は生きてきた時代が違うため、環境や文化、価値観、考え方にギャップがあります。

　しかし、介護職の職務には、利用者のニーズを引き出したり、利用者・家族・多職種と意思疎通を図ったりすることが含まれます。信頼関係を築いてこそできる仕事といえるでしょう。ですから介護の現場では、介護職の側が利用者のコミュニケーション能力に配慮し、こころの内側に近づいていこうとする姿勢が求められます。

高齢者は「〜できる」存在

　人は歳をとっても学ぶことができ、責任をもつことができる存在です。介護職はそのことをしっかりと心得ておきましょう。

108

介護職と利用者とのコミュニケーションの意義

	介護する側にとっては	利用者にとっては
1	利用者の変化に気づくことができる	気持ちや体調をわかってもらえた
2	何を支援すべきかがわかる	何をしてほしいかが伝わった
3	してほしくないことがわかる	何をしてほしくないかをわかってくれた
4	介護職の役割を知ってもらう	介護職は自分の味方
5	利用者の思いを受け止められる	苦しさや楽しさをわかってもらえた
6	つながり合っている実感をもつ	胸のうちを話せて楽になった
7	利用者の存在意義を実感できる	自分はここにいていい、長生きしていいんだ！
8	人生の価値を知ることができる	将来への希望が見えた！
9	仕事の意味を実感できる	頼りになる人が身近にいてくれて安心
10	介護職自身の人間性が深まる	安心して介護を任せられる！

傾聴

　介護において相手を理解するために大切なのは、「傾聴」です。傾聴とは、相手の気持ちや考え方をわかろうとして相手の話に真剣に耳を傾けることです。

「聞く」と「傾聴」の違い

	聞く	傾聴
イメージ	自分では意識しなくても、どこからか曲が流れたり、音がしたりして自然に聞こえる	からだや感性、直観までも研ぎ澄まして、全身全霊で聴く ・集中力を高めて聴く ・気持ちや感情を聴く ・沈黙や間を聴く
意味	聞こえてくる 耳に入る	耳を傾ける こころと耳、すべてを傾ける
姿勢	伝えようとしている意味を把握しない	伝えようとする意味を把握し、理解しようとする積極的な姿勢

　単に、意識せずに耳に入ってきた相手の言葉や声を「聞く」のではなく、相手の感情（思い）や価値観（視点）、経験、行動を理解しながら真剣にこころを傾け

て「聴く」ことです。傾聴することで介護職と利用者との間で互いの理解が深まり、信頼関係が生まれます。相手をしっかり理解できることで、介護者自身の気持ちが整理され、適切にアドバイスができるようになります。

自分の価値観で判断せず、相手のペースに合わせてうなずきながら傾聴します。

共感の応答

人は、相手がうわべだけで話を聞いているのか、親身に聞こうとしているのかを繊細に感じ取るものです。相手が親身になって話を聞いていると感じたとき、利用者はこころを開き、介護職とこころのつながりを感じます。そのためには「共感的に応答する」ことが大切です。

共感と同情の違い

「共感」とは、相手の感情を理解することです。「同情」と似ていますが、かなり違います。共感は、冷静に相手の気持ちを受け止めて理解しようとします。相手のことをわかろうとする気持ちがあって、初めて共感ができるのです。

同情は、相手の問題を自分の問題として引き受けてしまいます。そのため、「かわいそうな人」と決めつけてしまったり、「あなたは自分で問題を解決する力がない」というメッセージを送ってしまう側面があります。

介護職にとって、利用者の立場に立って感情や考え方を理解し、理解したことを伝える共感は、欠かせない姿勢です。

共感と同情

	共感	同情
意味	相手が感じていることをありのまま受け入れ、相手の立場になって感じ、伝える	これまでの自分の経験や価値観から相手の感情を判断する。理解しているつもりになる
目線	対等・水平な高さ。目を見る	見下ろす。優位に立つ
関係性	相手本位	自分本位
効果や影響	穏やかな落ち着き、情緒の安定が図られる。自分の力を信じ、前向きな気持ちになる	見下された気持ちになることで、自尊心が守られず、傷つく

② コミュニケーションの技法、道具を用いた言語的コミュニケーション

言語的コミュニケーションの特徴

　言葉によるコミュニケーションを「言語的コミュニケーション」といいます。会話のほか、手紙、電話、電子メールなども言語的コミュニケーションに含まれます。

　介護の現場でも、「うれしい」「ありがとう」「ごめんなさい」などといった感情を言葉にして伝えることで、自分の思いと、それがどの程度のものなのかを伝え合うことができます。

非言語的コミュニケーションの特徴

　表情やジェスチャー、態度やしぐさ、視線、身体的接触など、言葉以外のものによるコミュニケーションを「非言語的コミュニケーション」といいます。

　「目は口ほどにものを言う」といいます。言葉よりも顔の表情や視線、身振り・手振りなどがコミュニケーションの重要な役割を担う場合もあります。特に怒りや恐怖、喜びや感動などの感情は、無意識に表情や身体表現に現れます。

非言語的コミュニケーションで言葉を補完する

　私たちはふだん、入念に言葉を選んだり、正しい文脈などを考えないまま、何気なく話しています。表情やジェスチャーはそれを補完するためのもので、また、言葉では伝わり切らないニュアンスを伝えることができます。

　介護の際のコミュニケーションでも、言葉と、言葉以外のコミュニケーション手段を活用して、こちらの思いや感情を利用者に伝えることが大切です。

利用者の非言語的な情報に着目する

　このように、利用者と接するときには言葉だけに頼るのではなく、非言語的な情報にも意識を向けてコミュニケーションをとるようにします。

　例えば、「昨日はご飯が食べられたおかげで、今日は元気です」など、利用者が自分の体調について発言したときは、表情や声のトーンなど非言語的な要素もよ

く観察し、言葉と重ね合わせて心身の状態をつかむようにします。気になることがあれば、さらにコミュニケーションをとりながら核心に近づくように心がけます。

非言語的コミュニケーションの具体例

病気の後遺症や失語症などから、言語障害のある人とコミュニケーションをとるときも、相手の表情や身振り手振り、視線やしぐさから、伝えたいことを理解することが重要です。声が出ないからといってコミュニケーションがとれないわけではありません。

右ページの表は、非言語的コミュニケーションの具体例と介護をするうえでの注意点を示したものです。それぞれがどんな意味をもつのかを考え、利用者のこころの声を理解しようと努める姿勢が大切です。

利用者の言葉と感情が必ずしも一致しない場合がある

1 介護におけるコミュニケーション

非言語的コミュニケーション

種類	具体例	介護職が変化に気づく視点
表情	無表情、緊張、険しい、こわばっている、ゆがんでいる、不安、恐れ、混乱、動揺、怒り、嫌悪、笑顔、穏やか、元気がある・ない	感情は言葉よりも表情に出やすい。表情を見逃さないようにする。視線にも注目して見る
態度	閉じている・開いている、退屈そう、はつらつとしている、慎重、落ち着きがない、ゆったりしている	聞き入れようとするときは相手の方を向く。不満や拒否的なときは顔やからだを反らす、動きが緩慢になる
身振り・手振り	指、手、足、からだを動かす	動きが大きいときは、訴えたいことがあるのに言えないと考えて、聞き出すようにする
姿勢	からだの構え、向き、傾き、足の方向、前かがみ、腰がひけている、背筋が伸びている	傾聴するときは姿勢にも注目する
しぐさ	足を組む、腕を組む、後ろに反り返る、頬杖をつく、髪の毛をさわる、貧乏ゆすり、立つ、座る、口に手をあてる、手で顔を覆う	傾聴するときはしぐさにも注目する
髪型・服装・メイクなど	明るい色・暗い色、色使い、におい、香り、髪の毛・爪の手入れの様子	色使いが明るく、清潔な様子であれば、快適に感じていると考えられる。逆の場合は、不快に感じていると考える
視線	方向…上目づかい、うつむき加減、目を見て話す、目をそらす、キョロキョロする 強弱…目の輝き、まなざしの穏やかさ、焦点が合っているか、瞳孔の広がり	人とのかかわりの程度に関連する。相手に関心があるときは視線を合わせる
身体的な接触	触れる、さする、握る、マッサージ、肩をたたく 触れたときの様子（リラックス、緊張、感度の強弱）	触れることでからだ周りの個人の空間（パーソナルスペース）に入り込むと不快に思う人もいる。同意を得てから行う
間・沈黙	話のリズムをくずす、集中する、感情にひたる、話を理解できない、体調が悪い、抵抗	あせらずに待ちながら、沈黙の意味を考える
位置取り・距離	近い、遠い、座るときや移動するときの距離	距離が近い場合、親密さを感じている
生理的な現象	呼吸、肌艶、顔色、唇の色、目がうるむ、手・からだ・まぶたの震え	いつもと違うときは、機嫌、感情、体調に注意する
声	トーン（高低・調子）、強弱、話すスピード	言語的コミュニケーションを補完するので注意して聞く

道具を用いたコミュニケーション

なんらかの障害により、言語的コミュニケーションがうまくとれない利用者とのやりとりを補う用具があります。利用者の障害に見合った用具を選んで、相手とのコミュニケーションに役立てましょう。

会話を助ける用具

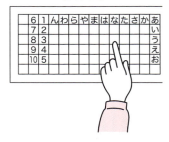

【文字盤】

五十音や数字、感情を表現している顔のイラストなどが印刷されたボード。指をさしながらコミュニケーションをとる

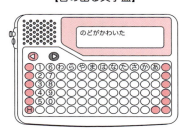

【音の出る文字盤】

文字を入力すると読み上げる。指先やまぶたの動きなどで操作できるもの、持ち運びができる携帯用の会話補助装置もある。

聞くことを助ける用具・補聴器

【ポケット型】

【耳かけ型】

【耳あな型】

難聴により会話に支障が出ている場合は、補聴器を使う。ポケット型、耳かけ型、耳あな型がある。耳鼻科医のもとで調整して使用する。

読むことを助ける用具

【拡大読書器】

文字を3～50倍まで拡大することが可能。視覚障害のある人とのコミュニケーションや視覚障害のある人が仕事をするときに使う。

3 利用者・家族とのコミュニケーションの実際

利用者の思いを把握する

　利用者の気持ちや考え方をつかむことは、介護におけるコミュニケーションの第一歩です。そのためには、利用者に本当の気持ちを語ってもらう必要があります。利用者に尋ねたことへの返答が本音とは限らないのが難しいところです。

　これまでのかかわりから、介護職にはわかってもらえないと諦めている場合はますます本音を話してくれないでしょう。相手が遠慮したり、プライドが邪魔をしたりすることなく本当の気持ちを語ってもらうには、信頼関係が重要となります。思いに触れたいという気持ちが届くよう、根気よくかかわっていきましょう。

これまで生きてきた背景を知ることも大切

　利用者の言葉や表情、態度だけで、例えばその相手を気難しい人、わがままな人などと決めつけてしまうことはよくありません。人格は人生の積み重ねでつくられます。利用者の思いをつかむためには、これまでどんな人生を歩み、どんな価値観をもっているのかを知ることが大切です。

　利用者はこれまでの長い人生で、ポジティブな体験もネガティブな体験もしているはずです。仕事からのリタイア、配偶者との死別、病気などの健康不安などといった喪失体験と、達成感や充実感を得た体験が、その人の人格にどう影響しているかを知ることで、利用者の思いに近づくことができるでしょう。

　これまで生きてきた時代や社会の影響も受けているはずです。どんな教育を受け、どんな時代をどう生き抜いてきたかは、その人の価値観や生き方に大きく影響します。利用者のパーソナリティに関心をもって対話してみましょう。

家族との関係性にも着目する

　家族が利用者とは違うことを望んでいるような場合、利用者は本音を言えない

場合があります。介護職は中立的な立場に立って、場合によっては、家族と利用者、それぞれに話を聞く機会をつくることも必要です。

意欲の低下の要因を考える

高齢になると、何かしらの持病をかかえている人も多く、ときとして疲れや不安から意欲が低下することがあります。

意欲の低下が長引くと、無気力や閉塞感が押し寄せ、自発的に何かをしてみようという気持ちが起こらなくなってしまうものです。

意欲が低下すると自分のことや生活に関心がもてなくなるため、下図のような言動が現れることがあります。利用者とのコミュニケーションを通じてこのような兆候がないかに注意し、早期に意欲低下に気づくことが大切です。

意欲が低下したときに見られる言動

希望を表に出さなくなる

人と会おうとしなくなる

身なりに気をつかわなくなる

人とあまり会話しなくなる

自分でできることでも人に頼ろうとする

利用者のなかには、人との交流を好まない人もいます。それがその人のふだんの姿なら一人静かに過ごしていても意欲が低下しているとはいえません。見逃したくないのは「変化」です。利用者を連続した日常生活のなかでとらえ、言語的・非言語的メッセージに注意しながらいつもと違う言動に気づくことが大切です。

意欲が低下する要因

利用者の意欲が低下する要因には、次の表のようなことがあります。このような要因で利用者は不安やおびえ、悲しみや苦しみ、戸惑いや喪失感を感じます。それらが意欲低下につながっているかもしれません。つらい体験に立ち向かっている利用者のこころに配慮しながら、共感の姿勢をもって働きかけます。

意欲低下の要因

環境の変化	入院、入所、転居など
家族の状況の変化	配偶者との死別、主に介護を担当する家族が変わるなど
健康状態の変化	病気や運動障害、からだの痛み、もの忘れや失禁など

言葉に込められたメッセージを考える

利用者が「やりたくない」「死にたい」など、ネガティブな言葉を口に出すこともあるでしょう。しかし、それが利用者の真意とはかぎりません。

本当はやりたいのだけれど、気力がないのかもしれません。また、「死にたい」という本当は口に出したくない言葉を発することで、かろうじてこころのバランスをとっていることもあります。言葉に込められたメッセージは何かを考え、利用者の内心の声を理解する努力が必要です。

高齢者のストレングスに敬意を払う

高齢者の多くは、年齢による衰えや死を身近に感じながら、不安やおそれに対して常に忍耐強く立ち向かっています。意欲が減退した姿だけに目を向けるのではなく、人生経験でつちかった理解力や洞察力、思慮深さといった「ストレングス」(潜在的な強み)に敬意を払いながら向き合っていくことが大切です。

利用者自身がストレングスに気づくとき、自信と自尊心を取り戻し、その人らしさを発揮してくれるでしょう。

利用者の感情に共感する

「共感」は利用者の気持ちに寄り添い、冷静に受け止めて理解することです。共感は介護職の基本的な態度であり、介護における大切なコミュニケーション技法の１つでもあります。

利用者が肯定的な感情を抱くようなかかわり

利用者とのかかわりを示す基本動作にSOLER（ソーラー）と名づけられたものがあります。第一印象は特に大切です。身だしなみも整えて信頼感を高めるようにします。

かかわりを示す基本動作

SOLER	介護職が示す動作・姿勢
SQUARELY	利用者とまっすぐ向かい合う
OPEN	開いた姿勢、積極的傾聴。閉じられた姿勢は腕組み・足組み
LEAN	少し前かがみになって相手に関心を示す
EYE CONTACT	利用者と同じ高さで、適切に視線を合わせる
RELAXED	緊張を与えない、節度のある態度

挨拶

挨拶はよりよい関係づくりに欠かせない、コミュニケーションの第一歩です。笑顔と元気な挨拶はその場の雰囲気を明るくします。視線を合わせて、自分から積極的に挨拶することが大切です。

会話

こちらから自己紹介を行い、「○○さん」と名字で呼び、敬語で話しかけます。自然や季節のこと、最近の出来事などを織り交ぜながら、信頼関係を築いていきます。まずは相手に信頼してもらえるように努め、少しずつ距離を縮めていくようにします。

利用者との会話では、聴き手としての役割が重要です。その際には、ただ聞くのではなく、うなずいたり、あいづちを打ったりして、「あなたの話を聴いています」ということを伝えます。

沈黙や表情にも意味があるので、介護職のペースではなく、利用者の様子をう

かがったり、観察しながら、返事を促すのではなく、待つことも大切です。

利用者の気持ちや思いを傾聴する

　相手のこころに寄り添い、十分に関心を向ける姿勢そのものが「傾聴」です。介護職は感性を駆使して、利用者の言葉とともに、こころの声にも耳を傾けましょう。

コラム

クローズドクエスチョンとオープンクエスチョン

　質問には、閉じられた質問（クローズドクエスチョン）と開かれた質問（オープンクエスチョン）があります。それぞれの特徴を知り、使い分けることが重要とされています。

　クローズドクエスチョンは、「はい」「いいえ」または2～3語の短い単語で答えられる質問のことです。例えば「暑いですか？」「おやつを食べますか？」などの質問です。明確な答えが必要な場合などに便利に使えます。認知症などの利用者も答えやすいといえます。多用すると、利用者の意思を制限しやすい、介護職主導になりやすいなどのこともあるので、注意が必要です。

　オープンクエスチョンは、相手が自由に語ることができる質問です。例えば「〇〇についてどのようにお考えですか？」などの質問です。予想外の答えが返ってきて利用者への理解が進みます。答えるのがめんどうと受けとられ答えを得られないこともあります。

第5章　介護におけるコミュニケーション技術

家族の心理的理解

　介護職が介護を行ううえで、利用者の家族とよい関係性をもつことはとても大切です。利用者の生活は、周囲の人々、特に家族との関係性のなかで成り立っています。どんなときも、利用者を含めた家族を対象とする「家族介護の視点」を忘れないようにしましょう。

家族の心理は複雑

　介護職が、利用者の家族とよい関係性をもつには、家族の気持ちを理解することが重要です。家族は24時間体制で介護が必要な親・配偶者など利用者の身の回りの世話を行っています。介護によってそれまでの生活スタイルを変えざるをえなくなる人も多く、要介護者がいることで、家族間の関係が変化することもあります。

　頑張りすぎから介護疲れを起こしたり、思うように利用者とかかわれないといって自信をなくす人もいます。なかには介護職に支援してもらうことに負い目を感じる人もいます。家族の心理は介護によって複雑な状態に置かれています。

本音を語ってくれる関係性をつくる

　家族の心理を理解するには、家族の関係性を観察し、傾聴する（p.109参照）ことが大切です。共感や、クローズドクエスチョン、オープンクエスチョンの方法（p.119参照）も用いながら、家族がその思いやこころの内側を語ってくれるように努めましょう。

利用者と家族の意向が異なるとき

　利用者の思いと家族の思いが一致していない場合は、利用者と家族の関係がぎくしゃくしているように感じられるものです。そうした場合、互いの思いがすれ違って、コミュニケーションがうまくとれなくなっていることが多くあります。それぞれが思いを語れる場をつくることが大切です。困ることがあれば介護職は1人でかかえこまずに、上司や所属する事業所の管理職などに相談しましょう。

利用者と家族の意向が異なる背景

　利用者と家族の意向が違っていても、家族が利用者のことを大切に思っていないと決めつけるのはよくありません。まずは、両者の意向が食い違ってしまった

背景に目を向けてみましょう。例えば、次のような背景が考えられます。

意向が異なる背景

家族が利用者の状態や状況を正しく理解していない	・親の老いを受け入れるのは容易ではない ・現実を直視できず、自分の希望を加えて認識してしまうことがある
家族の価値観で利用者のことを考えている	・家族が利用者のことを思って考えたことが、利用者の思いと異なることがある ・「どうにかしてあげなければ」という保護的な考えが優先されると、思いが食い違いやすい 例）利用者：家にいながらゆっくり治療したい ⇔ 家族：入院が最適
家族の気持ちを優先している	・「このまま介護と仕事を続けていたら共倒れになるので、利用者を施設に預けたい」というように、家族が自分の都合を優先する ・これまでの利用者と家族の関係性から、要介護者となった家族の思いに寄り添えない場合がある

　介護職は、自分の価値観で家族をどちらがいい、悪いなどと判断することがないよう注意します。ケアマネジャー（介護支援専門員）や事業所の管理職などに家族についての情報提供を求められた場合も、自分の価値観で判断したことではなく、会話の内容やそのときの表情など、見聞きした事実を伝えるようにします。

家族へのいたわりと励まし

　介護する人が健全でなければ、利用者は安心して療養することができません。介護生活で、家族のからだとこころには大きな負担がかかっています。

　「いつまで続くのだろう」「自分だけが背負いこまされている」という気持ちに陥ることもあるでしょう。そのつど体力、気力を回復できればよいのですが、介護世代の中心は40〜50歳代で、自身の健康にも気をつかい始める年齢です。疲れが積み重なって余裕がなくなると暴言を吐いたり、無視したり、虐待に及ぶケースもあります。

介護を続ける家族をねぎらう

　介護職は、家族にとって身近なコミュニケーション相手の1人です。利用者と家族間の気持ちは複雑ですが、介護職はプロであり他人であるからこそ、冷静に接することができます。

介護職は、介護を続ける家族に対して、ねぎらいの言葉をかけるようにしましょう。第三者に認められることで家族は救われ励まされます。家族が迷ったり、困ったりしていることはないかに気を配り、傾聴の姿勢をもつようにしましょう。

信頼関係の形成

相手が必要と思われるものは与えるものの、相手に選択の自由も責任ももたせない関係性のことを「パターナリズム」（保護的・支配的な関係性）といいます。かつては医療の現場では医師によるパターナリズムが一般的でした。最近は、いくつかの選択肢から患者が治療法を選ぶ、「患者中心の医療」が目標とされています。

介護におけるコミュニケーションでも、「利用者中心の介護」が原則です。介護を受ける側の自己決定権を尊重し、介護職が自分の価値観で利用者や家族の意向に優劣をつけることはタブーです。

ラポールの関係

自分の価値観に縛られないようにするためには、まず、自分を知ることが重要です。コミュニケーションを通じて利用者や家族を理解していく際に、同時に自分自身を理解していくように努めましょう。両者の理解が深まることで、利用者・家族・介護職のあいだに、「どんなことでも打ち明けられる」「言ったことが十分に理解される」「こころが通い合っている」と実感できる信頼関係が形成されていきます。これを専門用語では「ラポール」といいます。

要望から希望へ

ラポールは、人が前を向いて生きるきっかけになります。

ラポールに基づいたコミュニケーションをとることで、「～してほしい」という要望が、「～したい」という欲求になり、「～できるかもしれない」という希望に変化していきます。介護職は専門知識や技術をもって介護にあたりながら、利用者の要望が希望へと変化していくように努めましょう。

自分の価値観で家族の意向を判断し非難しない

「社会福祉士及び介護福祉士法」には、介護福祉士が「利用者や家族に介護の指導を行うこと」が明記されています。専門的な知識や技術に基づいて正しい方法を教えたり、アドバイスすることが専門職の重要な役割です。

バイステックの7原則が基本

アメリカの社会福祉研究者であるバイステック（Felix Paul Biestek）が唱えた「バイステックの7原則」は、相談援助のための基本的な考え方として有名です。これらは介護の専門職が守るべき行動の原則でもあり、価値観を押しつけない態度、否定しない態度などが示されています。

バイステックの7原則

①個別化の原則	利用者の個別性を理解する
②意図的な感情表出の原則	利用者が自由に感情を出せるよう意図的にかかわる
③統制された情緒的関与の原則	援助者は自覚をもって自分の感情をコントロールし、利用者にかかわる
④受容の原則	利用者の「あるがまま」を受け入れる
⑤非審判的態度の原則	援助者の価値観によって利用者を非難しない
⑥自己決定の原則	利用者の自己決定を尊重する
⑦秘密保持の原則	利用者に関する情報を他人に漏らさない

家族の考えを尊重しながらよりよい方法を見いだす

家族がよかれと思って行っていることを、介護職が「それは間違っています」とか、「このようにやってください」と頭ごなしに言うと、相手はそれが正しいとわかっていても責められているように感じるものです。「この人にはもう相談したくない」とこころを閉ざし信頼関係が崩れることにもなりかねません。

家族に指導や助言するときは、自分の価値観ですぐに否定したり、訂正したりせずに、家族がその方法をとる理由、とるにいたった経緯を考えてみます。家族の考えを尊重しながら、よりよい方法を見いだすようにコミュニケーションをとることが大切です。

アセスメントの手法とニーズ・デマンドの違い

　利用者とコミュニケーションをとるなかで得られた情報は、利用者のニーズ（生活するうえで利用者に必要とされるもの）としてアセスメント（分析・評価）され、介護サービス計画を立てるときの根拠になります。

　介護におけるアセスメントは、利用者・家族が自分の訴えや意向を自由に語ることができる環境があってこそ、より正確に行うことができます。例えば、利用者から「眠れない」という訴えがあったとき、「いつから」「どのように」「それによってからだの不調はあるか」などを細かく話してもらう必要があります。

一般的なアセスメントの項目
①利用者の訴え　　②支援についての利用者・家族の意向　　③生活歴
④病歴　　⑤受療歴　　⑥心身の状況　　⑦生活自立度　　⑧家族関係の状況
⑨社会資源（各種施設や支援制度）の活用状況

デマンド（要求）をニーズに近づける

　デマンド（要求・要望）には「限られた情報のなかでの一時的な思いつき」という意味があります。利用者からデマンドがあったときは、どのような状況や情報に基づいてそれが出てきたものなのか、その背景を考えます。

　正確なアセスメントのためには、利用者のニーズを明らかにする必要があります。介護職は、デマンドの裏にある本心を受け止め、利用者が納得して意思決定ができるように支援します。傾聴と共感のコミュニケーションによって、利用者との信頼関係を築いたうえで、適当な情報を伝えたり、専門職としての評価を加えたりしながら、デマンドがニーズに近づくように支援していくことが求められます。

1　介護におけるコミュニケーション

④ 利用者の状況・状態に応じたコミュニケーション技術の実際

聴覚の障害に応じたコミュニケーション

　聴覚の障害の場合、聴力の程度や、補聴器が適切に使われているかなどによって生活のしやすさが違います。目に見える障害ではないので理解されにくく、人間関係で苦い思いをすることもあります。高齢者の聴覚障害で多いのが、感音性難聴（老人性難聴）です。年齢を重ねることによって起こる難聴で、音がくぐもって聞こえ、特に高音域が聞こえにくくなります。

コミュニケーションの方法と注意点

　聴覚障害の人とのコミュニケーションには、次の点に注意しましょう。

・聞こえ方や、適したコミュニケーションの方法（手話、口話、指文字、筆談など）を確認する。
・静かな環境で話しかける。
・できるだけ正面から話しかける。
・左右で聞こえに差があるときは、聞こえやすい方から話しかける。
・そっと肩をたたくなど、合図をしてから話し始める。
・口の動きははっきりと、ゆっくりしたスピードで、重要な言葉は繰り返したり、メモで書き示す。
・身振り・手振りを加えるなど、非言語的コミュニケーションを駆使する。
・一度話して通じないときは、別の言葉に置き換えて話してみる。

補聴器をしている利用者への声のかけ方

　聴覚障害のある人は、話す人の口元を参考にして何を話しているかを推測しています。ゆっくり、はっきり、口を大きく動かして話すようにしましょう。補聴器を装着している人の場合には、補聴器が雑音も拾ってしまうため、できるだけ静かなところでゆっくり、はっきり話すように心がけましょう。

第5章　介護におけるコミュニケーション技術

視覚の障害に応じたコミュニケーション

　視覚の障害の症状は、全盲、弱視、視野狭窄、白内障などの障害の種類によって異なります。生活のしづらさや悩みなども、先天性や中途障害、進行性の障害かなどによってさまざまです。視力が低い、視野が狭い、光をまぶしく感じる、色がわかりづらいなど、見えにくさも多様です。

　全盲の場合は視覚から情報を入れられないので、文字による意思疎通はできません。必要に応じて、読み上げ機能つきの電話など視覚補助具が使われます。

コミュニケーションの方法と注意点

　視覚障害の人とのコミュニケーションには、次の点に注意しましょう。

・交流や行動範囲が狭まる傾向にあるので、積極的に声をかける。
・名前で呼びかけ、自分の名前を告げてから話をする。
・「これ」「あれ」「むこうの～」など、あいまいに場所を示す言葉、指をさす表現は避け、「○○さんの左側にありますよ」「左側に進みましょう」など、わかりやすく具体的に伝える。
・会話を終えるときはそれがわかるようにはっきりと伝え、ひと言かけてから立ち去る。戻ってきたときもひと声かける。
・毎日使うものは定位置に置き、歩数で距離をつかむなど、一緒に安全性を確認しながら自立を支援する。
・嗅覚・触覚・聴覚など視覚以外の感覚を活用する（手に触れてもらうなど）。
・手をとって何かに触れてもらうときは、触れることに抵抗がある利用者もいるので注意。驚かせないようにひと声かけてから触れてもらう。

白内障の場合

　白内障は、水晶体が濁る病気です。80歳を超えるとほとんどの人が白内障の症状をもっているといわれています。視界が白く濁り、ぼんやりとかすんで見えるので、白い皿の上の白いものは見えにくくなります。色のコントラストを考えるなど生活環境を工夫しわかりやすく具体的に伝えるようにしましょう。

失語症に応じたコミュニケーション

　失語症は、脳出血、脳梗塞などによって会話や読み書きをつかさどる言語中枢がダメージを受けて、言葉の理解や話すことが難しくなる障害です。話すことだけでなく、「聞く」「読む」「書く」ことも困難になります。

　脳が傷ついた場所や大きさによって、できることと苦手なことがかなり違うので、それを理解しておくことが大切です。身振り・手振り、ジェスチャーなど非言語的コミュニケーションを積極的に取り入れましょう。

代表的な失語症の種類と特徴

ブローカ失語 （運動性失語）	話を理解できても、スムーズに話すことが困難。右片まひを合併していることが多い
ウェルニッケ失語 （感覚性失語）	身近な物や人の名前が出てこなかったり、言い間違いが多いが、比較的スムーズに話すことができる。聞いて理解する力が低下しているため、言葉のキャッチボールが苦手。右視野の障害を合併することが多い
全失語	「話す」「聞く」「読む」「書く」のすべてに支障がある。意味のある言葉を話すことは難しいが、その場の状況を理解する力はある。右片まひを伴うことが多い
健忘失語	最も軽度の失語症。聞いて理解する力があり、話もなめらかにできる。物や人の名前が出てこないことがあるため、回りくどくなる印象がある

コミュニケーションの方法と注意点

　失語症の人とのコミュニケーションでは、次の点に注意しましょう。

- 相手が伝えようとしているときは、ゆっくりと待つ。
- ゆっくりとわかりやすい言葉で話しかける。
- 話すことを強要したり、急がせたりしない。
- 使い慣れた言葉で、繰り返し伝える（大声で言う必要はない）。
- 言葉が出にくいときは、「はい」「いいえ」で答えられるよう尋ねる。
- 伝わりにくいときは、実物を指さしたり、写真を見せたり、身振り・手振りを活用する。大事なことは書いて知らせる（漢字の方が理解しやすい）。
- 苦痛などを訴えるときのサインをよく観察しておく。

第5章　介護におけるコミュニケーション技術

構音障害に応じたコミュニケーション

　構音とは、発音のことです。構音障害の症状には、声が出ない、はっきりと発音できない、タ行・ラ行など特定の音が出ない、舌がもつれるなどがあります。このような症状は、言葉を話すことにかかわる唇、舌、声帯、のどなどの発声・発語器官のどこかがダメージを受けることで起こります。原因となる病気には、脳梗塞などのほか、パーキンソン病、筋萎縮性側索硬化症などがあります。

　うまく話せない点は失語症に似ていますが、失語症は言語中枢、構音障害は発声・発語器官と、主にダメージを受けるところが違っています。脳梗塞などの後遺症で、失語症と構音障害の両方が起こることもあります。

　構音障害は、言葉の理解はできるのに、ろれつが回らず声が出にくい状態です。言いたいことが相手に伝わらなくてストレスを感じたり、人とのかかわりに消極的になる人もいます。介護職は、構音障害特有の発声や発音に慣れ、聞き手になる姿勢をもつことが大切です。

コミュニケーションの方法と注意点

　構音障害の人とのコミュニケーションでは、次の点に注意しましょう。

・急かさず、言葉を短く区切ってゆっくりと、身振り・手振りを加えながら話す。
・「はい」「いいえ」で答えられる質問を取り入れる。
・緊張するとますます言葉が出にくくなるため、雑音の少ない場所で話すなど、意思を伝える意欲を引き出す。
・利用者の発声や発音に慣れるようにする。
・話し言葉だけでのコミュニケーションが難しい場合は、筆談やコミュニケーションボード、スマートフォンなどのツールを使う。
・聞き取りにくいときはわかったふりをしないで、もう一度伝えてもらう。

認知症に応じたコミュニケーション

認知症の人は、脳の働きの低下が原因となって起こる記憶障害や、情報処理能力の低下、見当識障害などによってつらい体験をしています。認知症の人とコミュニケーションをとる際はそれらに目を向け、大らかな気持ちで接することが大切です。認知症が進んで記憶があやふやになっても、こころは残っています。その人らしさに注目し、尊厳を守って接することを忘れずにいましょう。

コミュニケーションの方法と注意点

認知症の人とのコミュニケーションには、次の点に注意しましょう。

- **近づいて話す**：テーブルやベッドなどを隔てて話すのではなく、近づいて目を見て話す。会話をしながら、肩をさするなど、からだに触れると安心してもらえることもある。
- **シンプルに話す**：複雑な話や抽象的な表現は避けて、できるだけ少ない言葉でゆっくりと話す。一度に2つ以上のことは話さない。
- **よき話し相手になる**：「そうですね」と、親身になって話を聴く。思い出の品や写真を会話のきっかけにしたり、最もよい時代のエピソードを覚えておき、話題にするのもよい。
- **表情の変化をとらえる**：表情の変化をとらえ、会話のきっかけとなる言葉を投げかける。
- **同じことの繰り返しも受け入れる**：本人は初めて言っているつもりなので、初めて聞いたときのように受け応えをする。

- **否定しない**：事実に反したことや理解できないことがあっても、その世界に寄り添いながら受け入れる。「そうですね」「そういうこともありますね」など、思いを受け止める。
- **一緒に楽しむ**：利用者が何かを楽しんでいるときは、介護職も一緒に楽しんでみる。共感を積み重ねていくことで、徐々にこころを開いてくれる。
- **安心して過ごせる環境をつくる**：利用者が驚くことがないようにゆっくり近づいて、相手が気づいてから話を始める。明るい雰囲気づくりができるよう笑いやユーモアを取り入れる。地域の言葉や方言を使うのもあり。
- **感情を想像する**：間違ったことを言われた場合でも、その言葉の裏にある感情を想像して、感情のキャッチボールをする。
- **非言語的コミュニケーションを意識する**：利用者の非言語的コミュニケーションを観察するだけでなく、介護職自身の態度や目の合わせ方、視線、口調などが利用者を不快にさせていないかを常に意識しながら行動する。
- **ときには頼ったり、教えてもらったりする**：利用者が得意なことをお願いしたり、教えてもらったりして、利用者に自信をもってもらう。

POINT チェックポイント

- 「共感」「受容」「傾聴的態度」「言語的・非言語的コミュニケーション」などコミュニケーションの技法を理解しましたか。
- 家族とのコミュニケーションのとり方を理解しましたか。
- 障害や認知症など、利用者の状態に応じたコミュニケーションの方法を理解しましたか。

2 介護におけるチームの コミュニケーションの実際

\ POINT /
学習のポイント

● 介護記録の意義と目的を知り、記録するときのポイントを学びます。
● 報告・連絡・相談（ホウレンソウ）の意義と方法を学びます。
● 会議の目的と種類、会議にのぞむ姿勢を学びます。

1 記録における情報の共有化

介護における記録の意義・目的

　介護における記録は、介護職がよりよいサービスを提供し、利用者・家族の信頼を得るために欠かせないものです。

情報を共有する

　介護職だからこそ知り得た現場の情報は、ケアマネジャーがケアプランを立てる際に役立つなど、ケアチームのメンバーにとって貴重な情報となります。記録が質の高いサービスの提供につながり、経過観察の内容を引き継ぐ際にも役立ちます。家族との情報の共有にも有効です。

支援・サービス内容を検証する

　個々の介護職が行った介護の内容は、ケアチーム全体にとってはどのような意味があったのか、「介護の見える化」にも役立ちます。介護記録をもとに、効果的で適切な支援・サービスができているか、利用者・家族に満足してもらっているかなどを職員同士で検証します。

サービスの証拠になる

　記録によって、介護の仕事内容を第三者に証明することができます。万一、介護事故が発生した際、サービスが適切であったかを証明する根拠ともなります。また、介護報酬を請求するときにも必要になります。

スキルアップにつながる

介護職が行った介護サービスのよい点と課題を見つけ、自己を振り返ることで介護技術の向上につながります。ケアチーム全体で適切で安全なサービスを行うための話し合いの資料となります。

苦情対応の資料となる

もし問題や苦情が起きた場合、原因を分析・検討するための資料になり、再発防止につなげていくことができます。

利用者の状態を踏まえた観察と記録

介護職は、自らが行ったサービスの内容を介護経過記録に記録します。

介護経過記録に記入すること
- 実施したサービスの内容。
- 予定していて実施できなかったサービスの内容とその理由。
- 予定外に実施したサービスの内容とその理由。
- 個別援助計画書（個別介護計画書）に記載された目標の達成状況。進展や後退など。
- 利用者の心身の状況の変化。それに対して介護職が対応したこと。
- 利用者の健康状態や家庭環境の変化。
- その他、今後のサービスに影響を与えると思われる事項。

こんなところにも目を向けて
【例】
- 訪問時の様子…顔色、声の調子、訪ねたとき何をしていたかなど。前回から今回までの変化の確認
- 前後の様子…例えば食事なら、食べた量や食べ方だけでなく、食欲は感じていたか、食事を楽しみにしているか、食後に満腹感は感じているか、消化不良などの症状は出ていないかなどを見る
- 働きかけと反応…介護職が意図的に働きかけたこと（行動や会話）に対する利用者の反応を観察
- 流れ…「職員がうながすと、ようやく食べ始めた」など流れをとらえる
- できたこと…自立支援の観点から、できたことに目を向ける

介護に関する記録の種類

介護サービスを提供するにあたっては、次の2つの流れがあります。

①ケアプラン作成（主にケアマネジャーが作成。利用者や家族が作成する場合もある）およびケアマネジメント（介護に関する相談、手続き、調整などのサポートを行う）
②介護職による介護サービスの提供

以下は、主に②の過程で必要とされる、介護書類・記録です（①と同じ書類を使うこともあります）。

介護の過程で必要となる主な書類

フェイスシート（利用者台帳）	氏名、年齢、性別、家族構成、健康状態などの基本データをまとめた用紙。介護記録の最初のページにある
アセスメントシート	利用者がどのような人で、生活を送るうえでどのような問題点があるかを記録する
個別援助計画書	目標達成のために必要な支援を計画・立案したことを記す（p.134参照）
会議の記録	職場内ミーティングやサービス担当者会議（p.140参照）などの議事録
介護経過記録	介護の経過について詳細に記録する
実施評価表（モニタリング表）	介護計画は適切だったか、支援が計画に基づいて適切に実施されたかなどについて、利用者の反応から評価して記入する
日常介護チェック表	バイタルチェック表、排せつチェック表、入浴チェック表、食事チェック表、水分摂取チェック表などがある。実施時刻や状態などを記入する
業務日誌	施設の場合なら年月日や曜日、天気、利用者の在籍状況、職員シフト、体調の悪い利用者の様子、面会者の氏名、行事、申し送り事項、特記事項などを記入する
事故報告書・ヒヤリハット報告書	介護保険制度では、介護サービス提供中の事故やけがについては、市町村と利用者家族への報告が義務づけられている（p.79参照）。大事故になりかねないミスはヒヤリハット報告書に記載し、事故予防に役立てる（p.78、135参照）

個別援助計画書（個別介護計画書）

個別援助計画書は、ケアマネジャーが作成したケアプランに基づいて、利用者の長期目標、短期目標、目標を達成するためにどのようにサービスを提供するのかなどを詳しく記すものです。個別援助計画書は、作成が義務づけられており、それぞれのサービスごとに作成します。つまり、訪問介護、通所介護、福祉用具貸与サービスでも、それぞれ訪問介護計画書、通所介護計画書、福祉用具貸与計画書を作成します。

個別援助計画書はケアの指針

個別援助計画書は、ケアチーム全員がケアを行う意味を理解し、それぞれが同じ目標を目指してサービスを行うための指針となります。保健・医療・福祉サービスの多職種と連携をとらなければならないこともあります。

ケアチーム全員が利用者の希望に沿ったケアを行えるようにするため、いつ、誰が、どこで、何を、どのように行うかについて、具体的に明記することが必要です。

日常介護チェック表

日常的な介護チェック表には、バイタルチェック表、排せつチェック表、入浴チェック表、食事チェック表、水分摂取チェック表などがあります。介護職は日常的な業務として介護を行った際に、その日時とともに、利用者の状態や、量、数値を記載します。特に規定の様式はなく、それぞれの施設や事業所で決めたものを使用しています。

業務日誌

業務日誌は、年月日、曜日、天気、誰が勤務したのか、業務の内容、利用者の様子、特記すべき事柄、申し送り事項などについて記載します。

特に規定の様式はなく、それぞれの施設や事業所で決めたものを使用します。

ヒヤリハット報告書

ヒヤリハットとは、事故にはいたらない「ヒヤリ」「ハッ」としたミスのことをいいます（p.74参照）。市町村への報告義務はありませんが、事故防止のために重要です。

ヒヤリハット報告書を書く目的

ヒヤリハット事例を全員で共有し、ヒヤリハットの再発防止をするのが目的です。実際に起こった大きな事故の背景には多くのヒヤリハット事例があるものです。ヒヤリハットの防止が重大な事故を未然に防ぐことにつながります。

ヒヤリハット報告書に事実が書かれていなければ、事故防止に生かされません。そのため、「ヒヤリハットを報告した者は、その責任を問われない」というルールをつくる必要があります。

ヒヤリハット報告書に記載する内容

1　報告者
2　ヒヤリハットが発生した日時と場所
3　ヒヤリハットの具体的な内容
4　その後の対応
5　ヒヤリハットが起きた理由
6　予防策

ヒヤリハット報告書を書くときのポイント

ヒヤリハット報告書は、次のようなことに気をつけて作成します。

・できるだけ具体的に書く。時間や量など数字で表せるものは書き添える。
・ミスが起きた原因、ミスを避けるためにはどうすべきだったのかを書くと、介護の仕方が誤っていたのか、避けられない結果として発生したのかが明確になる。
・業務に無理がなかったかどうかを書く。ヒヤリハットが不慣れや未熟さから起こったのか、不注意によって起こったのかで対策が変わる。
・報告者の見解を書く。思いもよらない原因が見つかることもある。報告を受ける側にとって再発防止の貴重な情報である。

介護記録と5W1H

介護記録をさまざまな人が読んで情報を共有することになります。書くときは、難しい言葉を使う必要はありません。誰が読んでもわかるように書きましょう。また、ケアチームの一員であることを自覚し、責任をもって書きます。記録した後に署名・捺印するのは、記録の責任の所在を明らかにするためです。

5W1Hを書く

介護の記録は、主語と述語、5W1Hをはっきりさせて書きます。

①いつ（When）：時間　　②どこで（Where）：場所
③誰が（Who）：主体となる人　　④なぜ（Why）：原因
⑤何を（What）：対象　　⑥どのように（How）：状態

事実を書く

原則として、客観的な事実を正確に書きます。「○○だと思う」「○○と考えられる」ということは、主観（感じたこと）です。

原因がはっきりしないことや事実関係が不明なことは、やむを得ず推測して書くこともあるため、「〜のようだ」「〜だろう」「〜かもしれない」といった表現を使います。主観で書いたことと、客観的な事実との区別がはっきりつくように書きましょう。

必要なことだけ書く

だらだらと何でも書くのではなく、必要な情報だけを書きます。最も伝えたいことを的確に伝えるためには結論から書くとよいでしょう。

記録の書き方
① 読む人を意識して簡潔にわかりやすく書く。
② 主語と述語を必ず書く。
③ 5W1Hを必ず書く。
④ 事実を客観的に書く。
⑤ 結論から先に書く。

② 報告・連絡・相談（ホウレンソウ）

報告の留意点

　利用者に提供したサービス内容、仕事をするなかで介護職が知った事柄をスタッフや家族、関係者に伝えることは、介護職の義務です。

　報告には、定期的に行う報告と、利用者の状態に変化やトラブルがあったときに行う報告とがあります。報告までが1つの仕事であり、報告が終わってから次の仕事に進むようにします。長期間にわたる仕事では、途中で随時、進行状況を報告するようにしましょう。

報告の実際

　報告をする際は、その内容や性質によって口頭や文書など、適切な方法を考えます。報告後に上司などから指示や命令を受けた場合は、ケアチームのメンバーや関係者で情報を共有するために、報告内容と指示や命令を知らせましょう。

　サービス担当者会議などの会議では、介護職からのサービスの現状報告はとても重要です。毎日の業務報告をていねいに積み重ねていくことで、利用者の変化やケアプランに対する利用者の反応を、適切に伝えることができます。

報告するときのポイント

・伝える内容を事前に整理する。

・主語、述語を明確にする。

・5W1Hを念頭に、情報が正確に伝わるようにする。

・相手に伝わったかどうかを確認する。

・利用者の状態については小さな変化も伝える。

・よいことだけでなく、ミスも正直に伝える。

・事故や苦情はすぐに伝える。

・自分ならどうするか、どう考えるかも準備して伝える。

・その後の経過を伝える。

・直接会う、電話、電子メールなど、最もふさわしい手段で伝える。

・第三者にもれるおそれがないように、報告する場所や手段も考える。

連絡の留意点

連絡は、仕事をスムーズに進めるために行います。誠実にこまめに連絡をとり合うことで連携がとれ、ケアチーム内の信頼関係が深まってよりよいサービスにつながります。

報告は主に過ぎ去った出来事を伝えますが、連絡は今起こっていることを伝えます。また、次のケアチームメンバーへの引き継ぎ、これからの仕事の予定などを伝えることもあります。

連絡の実際

連絡は素早く行い、時間帯や状況によって電話、文書など適切な連絡手段を考えます。また、連絡をとることで得た情報は、相手の反応も含めてメモや記録に残しておきましょう。

利用者や家族、関係者からの問い合わせに対して介護職が連絡をとったり、逆に介護職から利用者や家族、関係機関に連絡をとることがあります。

> **連絡するときのポイント**
> ・内容のもれがないように、5W1Hを頭に入れて伝える。
> ・相手の身になってわかりやすく伝わるようにこころ配りをする。
> ・相手に伝わったかどうかを確認する。
> ・問い合わせに対する返答の連絡は、素早く行う。
> ・自分の携帯電話は使わない。事業所の電話・携帯電話を使う。

相談の留意点

判断に迷ったり、疑問に思ったり、助言を求めたいとき、仕事上の悩みがあるときなどには、内容によって、同僚や先輩、事業所の責任者に相談すると解決することができます。

また、医療スタッフやリハビリテーション専門職などに対し、介護の方針に合ったサービスができているか、利用者の状態についてどのように考えるべきかを相談することも、よりよい介護を行うためには必要です。相談することで疑問が解決したり、必要な情報を得たりすることができます。

相談の実際

自分の思い込みで仕事を進めると間違った方向に向かうことがあります。不安や疑問点は、かかえ込まずに相談しましょう。そして、相談した結果や経過は上司に報告します。それがケアチーム全体として1つの方向性をもって仕事を進めることにつながります。

相談するときのポイント
- 相談の内容によって、誰に相談すべきかを考える。
- 相談の目的を明確にしてから、これまでの経過もふまえて相談する。
- 内容によっては、相談する前に資料などを準備する。
- 自分なりの考えや解決方法を頭に描きながら相談する。
- アドバイスや意見は、メモをとりながら聞く。

報連相(ホウレンソウ)のポイント

報告・連絡・相談は、情報共有や信頼関係の構築だけでなく、トラブルや苦情を未然に防ぐことにもつながる

【報告】
- 正しく簡潔に
- 結論を先に言い、経過を説明する
- トラブル、事故、苦情などは小さいことでも即報告

【連絡】
- 素早く、こまめに
- わかりやすく
- 伝わったかどうかも確認

【相談】
- 早め早めに、余裕をもって
- 相談内容を整理
- 結果の報告は必ずする

第5章 介護におけるコミュニケーション技術

 3 コミュニケーションを促す環境づくり

会議の目的と意義

　会議には、①情報交換しながら、それらを共有し、目標を共にする、②もち寄った課題を議論することで、問題の本質を明確にし、解決の方法を導き出す、という目的があります。

　会議は、参加者が直接意見を交換する場なので、同じ土俵に上がって議論を交わし、情報を交換したり、問題を理解することができます。わからないことについては、その場で確認し合えるのも会議のメリットです。

　介護現場における会議の種類には、次のようなものがあります。

職場内チームカンファレンス

　職場内チームカンファレンスは、情報共有の場として、またケアチーム内での自分の役割を認識する場として意味をもちます。実際には、ケアチームのミーティング、主任ミーティングなどのほか、業務改善委員会など、目的ごとにつくられた委員会の会議などがあります。名称は、職場によってさまざまです。

サービス担当者会議

　サービス担当者会議は、ケアマネジャー（介護支援専門員）が開催し、居宅サービス事業所の担当者が集まって行う会議です。介護保険制度ではケアプランを作成・変更する際、要介護認定の更新や区分を変更する際、継続して福祉用具を利用する場合などに、サービス担当者会議を行うことが義務づけられています。

サービス担当者会議の重要性

　サービス担当者会議では、利用者や家族の意向を確認しながら、設定した目標やケアプランの内容について、参加者が専門性に基づいた観点から意見を述べ、ケアプランの内容を検討します。

　関係者が顔を合わせることで目標や現状、課題などについて共通の理解を図り、利用者・家族の不安や疑問を解決し、連携をスムーズにすることが重要です。

情報共有の場

　職場内チームカンファレンスは、質の高い介護の実践方法を統一していくための、職場内の情報を共有して問題を解決していく場として活用できます。

　例えば、ケアプラン作成時と利用者の状況が違ってきた場合や、最良と思われるケアの仕方がケアチームメンバーで意見が食い違うような場合に、チームカンファレンスで現在の状況を確認します。専門性に基づいて意見を出し合うことで、再度意思統一を図ることができます。

　たとえ意見が食い違ったとしても、それが問題解決の糸口になることもあります。他の参加者の意見を否定・批判したり、自分の意見を無理やり通すようなことはせず、公平な視点で知恵を出し合うようにします。

会議の留意点

- 何のために開き、何を決める会議なのかを明確にする。
- 会議の目的の達成に必要なメンバーを選ぶ。
- 日時・会場・終了時間を決める。
- 司会と記録係を決める。
- 議題を周知し、考えをまとめてきてもらう。
  あらかじめ議題を列記したレジュメなどを作成し、参加メンバーに配布しておく。事前に準備してほしいことがあれば、それも伝えておく。
- 資料を用意する。
  議論をスムーズに進め、話し合いを深めるために資料を準備する。必要に応じて事前に配布する。

役割の認識の場

　職場内チームカンファレンスは、各自の問題を解決する場としても有用です。専門性や立場（管理者、責任者、主任、リーダー、新人など）の異なる人が顔を合わせることで、自分に求められていること、自分のよい部分や足りない部分などが見えてきます。ケアチームのなかで、自分は何をすべきなのかが明確になり、スキルアップの意欲も生まれてきます。

　介護では、利用者の個別性を尊重しますが、介護職自身もそれぞれの個別性を意識し、自分に求められていることは何か、自分は何をすればよいのかといった、ケアチームにおけるそれぞれの役割を認識することができます。

ケアチームの中での介護職の専門性と役割とは
1　利用者や家族にとって最も身近な存在である。
2　最も利用者の心身の変化に気づきやすい。
3　最も家族介護者の心身の変化に気づきやすい。
4　利用者の生活を支えている。
5　利用者や家族が悩みを打ち明けやすい。

サービス担当者会議の重要性

　居宅サービスにおけるサービス担当者会議は、ケアマネジャーが呼びかけ、居宅サービス事業所の担当者や家族、利用者本人が集まって行う会議のことをいいます。サービス担当者会議は、介護サービスのスタート地点ともいえる大切な場です。各専門職は、サービス担当者会議で確認し合った内容をもとに、それぞれの仕事の場で役割を果たしていきます。

各専門職が互いの役割を自覚する機会

　利用者の介護にあたる専門職には、介護職、看護職、リハビリテーション専門職、ケアマネジャーや、訪問介護事業所、通所介護事業所、ショートステイを行う施設、福祉用具事業所などの事業所があります。

　サービス担当者会議は、ふだん互いの仕事の場面を直接目にすることのない各専門職が、互いにどれだけ多くの役割を担っているのかがわかる、貴重な機会でもあります。

サービス担当者会議参加者（例）

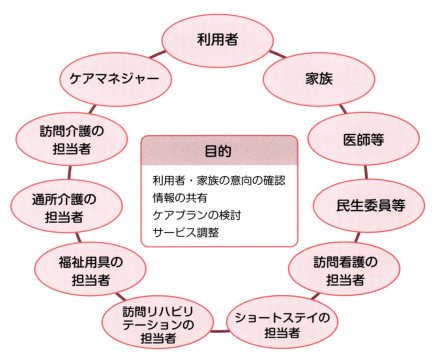

第5章 介護におけるコミュニケーション技術

訪問介護職の専門性、役割に気づく場

　さらには、訪問介護職にとっては、自分が誰よりも利用者や家族の近くにいて、頻繁に接する職種であることを認識する機会にもなります。介護職は利用者や家族の心身の変化にいち早く気づくことができ、生活そのものを支える職種であり、悩みなどを語ってもらえる存在です。

　介護職が利用者や利用者家族と日々築いている人間関係のなかから、ちょっとした気づきを生かし、介護サービスの改善につなげていくことができます。

　広い視野をもち、自分の存在に意義をもってサービスにあたることは、チームケアの力を高め、ひいては利用者の自立とQOLの向上につながっていくでしょう。

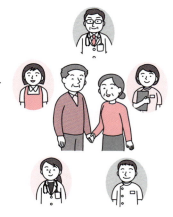

Aさん、先月風邪をひいてから、あまり外出しなくなっています。

POINT チェックポイント

- 記録の意義と目的、記録するときのポイントを理解しましたか。
- 報告・連絡・相談の大切さと、行うときのポイントがわかりましたか。
- 会議の目的と種類、会議にのぞむ姿勢を理解しましたか。

第6章

老化と認知症の理解

第6章 老化と認知症の理解

1 老化に伴うこころとからだの変化と日常

\ POINT /
学習のポイント

- 老化に伴うこころとからだの変化の特徴を理解しましょう。
- 老化に伴うからだの変化が、日常生活に及ぼす影響を理解しましょう。

1 老年期の発達と老化に伴う心身の変化の特徴

防衛反応の変化（感覚機能の低下）

　年齢を重ねるとともに、こころとからだは変化し、さまざまな機能や働きが低下していきます。すべての機能や働きが衰えるわけではありませんが、こうした老化による変化の特徴を理解しておくことは、介護を行ううえでとても大切です。

視力や聴力などの感覚機能が低下する

　人は、40歳ごろから視力が低下し、小さな文字が見えにくくなる「老眼」が始まります。高齢になると、眼のレンズ（水晶体）が濁る白内障という病気にもかかりやすくなります。また、耳の聞こえ方（聴力）も低下し、老人性難聴になる人も増えていきます。

自分の身を守る反射の働きも低下する

　人は、外からの情報を取り入れたり、感じたりする眼や耳など感覚機能の働きが衰えてくると、とっさの際に自分の身を守る動作など、からだの反射的な働き（防衛反応）が低下していきます。

　次のページの上のグラフは、年齢を重ねることで、どのくらい運動機能が低下するかを示したものです。20歳代を100％として、年齢とともに筋力などが低下するだけでなく、反応時間など反射の働きも低下していくことがわかります。

老化には個人差が大きい

　老化による変化のもう1つの大きな特徴は、「個人差が大きい」ということで

す。下のグラフは、生活や環境への適応能力である「生活フィットネス」が、年齢を重ねることでどう変化するかを示したものです。

　これを見ても、活動的な生活を送っているかどうか、病気やけがをしたかどうかで、老化に個人差が大きくでることががわかります。これらは、両親などから受け継がれた遺伝的要素や成育環境のほか、食事や運動などの生活習慣、その他のさまざまな要因が関係して、「個人差」として現れてくることが考えられます。

加齢による運動機能の変化

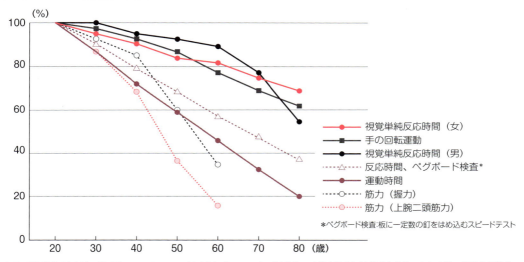

出所：『介護職員初任者研修課程テキスト2』日本医療企画、2014年／折茂肇、近藤喜代太郎編著『高齢者の心と身体』放送大学教育振興会、NHK出版、2000年

加齢による生活フィットネスの変化

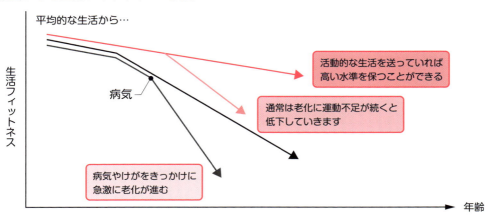

資料：『介護職員初任者研修課程テキスト2』日本医療企画、2014年／折茂肇、近藤喜代太郎編著『高齢者の心と身体』(放送大学教育振興会、NHK出版、2000年)をもとに作成

第6章 老化と認知症の理解

喪失体験

人は高齢になり、仕事を退職して社会的な役割が失われたり、子育てを卒業したり、身近な人が亡くなったりすることで、喪失感にとらわれることがあります。

当たり前にできたことができなくなる

また、からだの働きが衰えると、「階段の上り下りするときに休憩をとらなければならなくなった…」「駅まで歩いていくのに以前と比べて時間がかかる…」など、「これまで当たり前にできていたことができなくなった…」という体験から、落ち込んだり、不安な気持ちになったりすることもあります。

利用者の気持ちを想像し配慮する

こうした「老化」という、自らの変化を受け入れることができず、なかには焦りや苛立ちを周囲にぶつけてしまう人もいます。また、そのような出来事や気持ちが続くことで、ものごとを前向きに考えることができなくなったり、やる気が失われたりする人もいるでしょう。

介護職には、そうした高齢者の気持ちを想像し、理解したうえで、気持ちに寄り添い、十分に配慮したサポートを心がけることが望まれます。

2 老化に伴うこころとからだの変化と日常生活への影響

身体的機能の変化と日常生活への影響

　ふだんどんなに健康な人であっても、年齢を重ねていくことで、少しずつからだが変化していきます。以下に、その一例を挙げてみます。

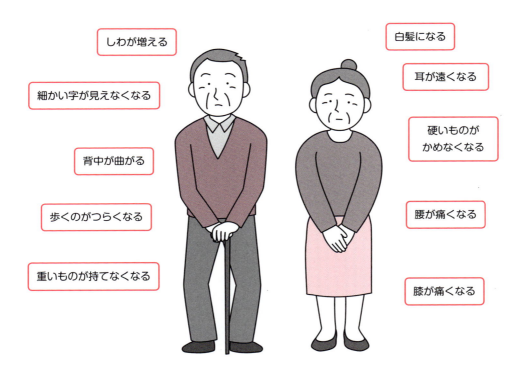

　こうした、年齢を重ねることによるからだの働きの変化によって、日常生活にもさまざまな影響が出てきます。

日常生活への影響

　高齢者はからだの変化により日常生活にどのような影響が出るのか、高齢者がそれらによってどのような困った事態に陥るのか。高齢者の生活を援助するうえで、これらを理解しておくことはとても重要です。
　実際に、日常生活にどのような「不便」や「困ったこと」が生じるのか、考えてみましょう。

からだの変化による日常生活への影響や困ることの例
・人の声が聞こえないから、友達づきあいや外出をしなくなった。
・テレビの音がうるさいと家族に叱られて、テレビが見られない。
・後ろから車が近づいてきたのに気づかず、ぶつかりそうになった。
・急いで階段を上がろうとしたけど、息が苦しくなり座り込んでしまった。
・ちょっとした段差でつまずいて転んで、骨折した。
・食べ物を十分にかむことができず丸飲みしたら、のどに詰まりそうになった。
・足や腰が痛くて、どこにも出かけられない。

ADL（日常生活動作）が評価の目安になる

　ADL（Activities of Daily Living：日常生活動作）とは、食事・排せつ・移動・入浴・衣類の脱ぎ着など、「人間が日常生活を送るうえで必要な基本的な動作」のことをいいます。

　ADLを測ることで、高齢者が「他の人の援助がなくても、自分で自分のことができているか」を評価する目安にできます。ADLが低下した状態では、他の人の支援や介護が必要になります。

　次に、高齢者に多い病気やからだの変化について具体的に見てみましょう。

脳梗塞

脳梗塞とは、脳の血管の異常によって起こる病気「脳血管障害（脳卒中）」の１つです。脳の血管の内側が狭い状態になったり、血管に血栓（血液のかたまり）が詰まったりして起こる病気です。脳梗塞で最も多い症状は、顔や体の半側に力が入らない片まひ、あるいは片側の感覚が鈍い、しびれるなどの半側感覚障害です。

脳梗塞には、「脳血栓」と「脳塞栓」の２つがあります。

脳血栓とは

脳血栓は、脳の動脈硬化が少しずつ進み、血管が詰まってしまう状態をいいます。最初はからだの片側だけの感覚がにぶくなり、少しずつ手足のまひやしびれが出てきます。

脳塞栓とは

一方、脳塞栓は、心臓など、脳ではない、からだのほかの場所にある血管の中で血栓ができ、それが血管の中を流れて脳にたどり着き、脳の血管で詰まってしまう状態をいいます。前兆として、めまいやふらつきなどが見られることがありますが、多くは突然に発作が起こり、まひなどが出てきます。

こんな症状が出たら要注意！（脳梗塞に見られがちな症状）

片方の手足・顔半分のまひ・しびれが起こる

ろれつが回らない、言葉が出ない、他人の言うことが理解できない

経験したことのない激しい頭痛がする

片方の目が見えない、物が２つに見える、視野の半分が欠ける

力はあるのに立てない、歩けない、フラフラする

高齢者は血管がもろい状態にある

脳血管障害は、さまざまな原因によって起こります。多いのは高血圧による動脈硬化です。血圧が高い状態が長く続くと、動脈の壁が硬く、厚くなり、血管の内側の通り道が狭くなります。この状態が「動脈硬化」です。放っておくと脳血管障害を起こすリスクが高くなるため、早めに治療をすることが重要です。

また、血管もからだのほかの部分と同じく、老化によってもろくなります。そのため、高齢になると脳血管障害を起こしやすくなります。脳血管障害のなかでも、近年では特に脳梗塞が多く見られます。

脳梗塞により寝たきりや認知症になることもある

脳はダメージを受けやすい組織です。血流が数分間止まっただけでも、神経細胞は壊れてしまいます。一度壊れると、なかなか元に戻ることはありません。そのため脳梗塞などを起こすと、命は助かっても手足のまひやしびれ、言語障害などの後遺症が残ることがあります。リハビリテーションを続けることで機能は回復することはありますが、特に高齢者では脳梗塞がきっかけとなって、寝たきりや認知症につながることもあるため、注意が必要です。

脳出血

脳梗塞以外に、脳の血管が破れて出血を起こす「脳出血」という病気もあります。突然激しい頭痛が起こり、吐き気や嘔吐を伴い、意識を失います。急激に起こり、症状も重くなりがちで、命を落とすこともあります。

くも膜下出血なども脳出血の一種です。くも膜下出血は比較的若い世代に多く、高齢者には少ない傾向にあります。

咀嚼・嚥下機能、消化機能の低下

口の中に入れた食べ物を歯でかんで細かく砕く働きを「咀嚼機能」といい、咀嚼したものを飲み込み、食道から胃に送る働きを「嚥下機能」といいます。嚥下は、からだの反射運動によって起こり自分でコントロールすることはできません。

かむ力・飲み込む力が弱くなる

高齢になると、歯がすり減ったり、もろくなる傾向にあります。また、虫歯や

歯周病の人も増えます。唾液の分泌量が減少し、かむために必要な筋力も弱くなり、かむ力が低下します。さらに、口やあごの筋肉が弱くなり、反射の力も低下するため、食べ物が食道ではなく気管に入り込んでしまう「誤嚥(ごえん)」が起こりやすくなります。

誤嚥性肺炎の原因にも

　食べ物が誤って気管に入ってしまうと、窒息状態になってしまったり、肺炎（誤嚥性肺炎）を起こしたりする危険もあるため、注意が必要です。

胃や腸の働きも弱くなる

　高齢になると、胃や腸の働きが弱くなることもあります。また、食べ物を消化するための酵素も減ります。そのため、食べ物を消化して、その栄養分をからだに取り込む働きも低下してしまいます。それにより、便秘や下痢を起こしやすくなることがあります。

　さらに、かむ力、飲み込む力、栄養をからだに取り込む力が弱まることで、食欲がなくなり、からだが低栄養（栄養不足）の状態になってしまうこともあります。

　介護職は高齢者の食事の状態などをよく見て、心配なことがあれば、医師や看護師、栄養士などに相談するとよいでしょう。

筋・骨・関節の変化

　高齢になると、筋肉や骨、関節など、からだを動かすための器官（運動器）も弱ってきます。それにより、生活にも大きな影響を及ぼすことがあります。

筋肉の量が減っていく

　年齢を重ねると、筋肉の量が減り力が少しずつ弱くなっていきます。特に下半身の筋力が弱くなりやすくなります。足の筋力は70歳代になると、20歳代のころの半分ぐらいにまで低下してしまうといわれます。筋力は、歩いたり、階段の上り下りをしたり、座っている姿勢から立ち上がったりという、日常の動作に必要な力

なので、適度な運動をして筋肉の量と力をできるだけ維持することが大切です。

女性は骨がもろくなりやすい

　骨の細胞は、壊されたりつくられたりという働きを繰り返して、常に新しく生まれ変わっています。高齢になると、細胞がつくられる働きよりも壊される働きのほうが強くなり、骨がもろくなりやすくなります。骨の強さを示す「骨密度（骨量）」は、女性ホルモンと深い関係にあります。女性は更年期になると女性ホルモンが減少するため、骨密度が低くなって骨粗鬆症になりやすくなります。

　骨粗鬆症になると、骨がもろくスカスカの状態になり、ちょっと転んだだけでも骨折することがあります。骨折により寝たきりになるなど、日常生活に大きく影響することもあるため、高齢者では骨折予防にも注意が必要です。

高齢者に多い主な骨折

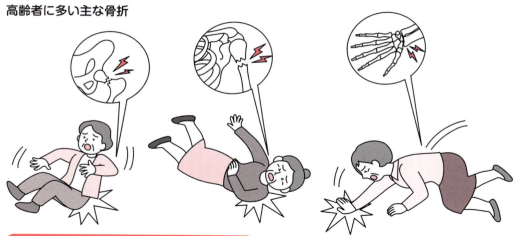

関節がすり減り炎症が起こり痛みが出る

　関節は、骨と骨とをつなぎ、手足の曲げ伸ばしなどの動きがスムーズに行えるよう働きます。年齢を重ねることで関節の軟骨がすり減ると、骨と骨がぶつかるようになり、痛み（関節痛）が起こります。炎症がひどくなると、ひざなどの関節に水がたまり、動かしにくくなったりすることがあります。

体温維持機能の変化

　人間の体温は、脳の働きによってほぼ一定に保たれています。体温は36.5～37.0℃が一般的ですが、高齢者はやや低くなる傾向にあり、個人差があります。

体温は、一日の中で約0.5℃の変化があり、朝がもっとも低く、夕方に高くなります。気温や生活の仕方などによっても変わります。また、静かに過ごしているときや眠っているとき、空腹のときは低くなり、運動や食事、入浴をしているときは高くなる傾向にあります。

高齢者の体温の特徴

年齢を重ね、からだのさまざまな働きが変化することで、体温を一定に保つ働きにも変化が起こります。一般的に、高齢者に見られる特徴を以下に挙げます。

高齢者に見られる体温についての特徴
- 代謝の働きが低下し、筋肉の量が減ることで、からだの中で熱をつくりだす働きが弱まり、体温がやや低めになる。
- 暑さや寒さを感じにくくなり、からだが体温の変化をキャッチして反応するのに時間がかかるようになる。
- 腎臓の機能が低下して、体内の水分量が減り、水分不足（脱水症状）が起こりやすくなる。
- 脳や神経の働きが衰えることで、汗をかきにくくなる。
- 口やのどの渇きを感じにくく、水分をあまりとらなくなる。
- 高温状態に長くいると、若いときよりも体温が上がりやすく、熱中症になりやすい。

平熱を知っておく

　体温には個人差があり、1日のなかでも変動します。そのため、毎日なるべく同じ時間に体温を測り「その人の平熱」を知っておくことが大切です。

精神的機能の変化と日常生活への影響

　年齢を重ねると、「記憶する」「計算する」などの知的能力（知能）や、目や耳などを使って外から情報を取り入れたりする感覚能力も衰えていきます。

　知能には、まず、新しいものを覚える能力や計算・暗記などの学習能力（流動性知能）があります。また、判断する力や理解する力など、経験により身につけた能力（結晶性知能）があります。

　流動性知能は、加齢や脳の病気、障害などに影響を受けやすいものですが、反対に結晶性知能は、加齢や脳の病気などの影響を受けにくいものです。

知能の老化には2つのタイプがある

　知能の老化には、①単に年齢を重ねたことによる生理的な（自然な）老化と、②年齢を重ねることでかかった病気により起こる病的な老化があります。この病的な老化の代表的なものが、「認知症」です。

　老化による知能の変化には、多くのことがらが関係しています。その一部を右ページの表にまとめました。

高齢者の知能の変化の特徴

　高齢者は、慣れ親しんだ環境で安心し、リラックスした状態でいたり、身近な人と接したりするなかでは、自分のもっている知能を十分に発揮できるといわれています。反対に、自分から積極的にリードして会話をしなければならない状態や、争ったり競ったりするなかで自分が納得できない状態などでは、うまく能力を生かすことができない傾向にあるようです。

　介護職は、このような高齢者の特性を十分に理解し、また、老化による知能の低下には個人差が大きいこともよく考慮したうえで、家庭や地域などで安心していきいきと生活し、こころの健康を保てるようにかかわることが大切です。

高齢者と知能の関係

教育	・知能は、その人が受けた教育（学習）に大きく左右される ・教育や学習の機会が多いほど、知能を高めることがわかっている
速さ	・高齢者は若い人と比較して、速く考えたり行動したりすることは不得意な傾向がある。それは、運動機能が原因ではなく、知能が関係しているといわれる
疲れ	・高齢者は疲れやすく、それが知能に影響することもあると考えられる。ただし、適度に休憩をすれば、疲労の影響を少なくすることができる
加齢	・年齢を重ねるほど、知能には個人差が大きくなるが、一般的には高齢になるほど、知能は低下する傾向にある ・死の数年前に、知能の低下が起こることを「老年期終末低下」という
回復力	・老年期に知能が一度低下しても、もっている能力を努力して使う訓練をすることで、知能が回復することがわかっている

精神的な機能の低下による日常生活への影響

私たちは日々、多くの情報があふれるなかで生活しています。しかし、高齢になると多くの情報を上手に処理できなくなります。一つひとつの情報に意識を集中して考えることができないことや、情報を十分に理解できないこと、理解してもすぐに忘れてしまうことなどが、高齢になると起こりやすくなるのです。

POINT チェックポイント

- 老化によるこころとからだの変化には、個人差が大きいことを理解できましたか。
- 老化によりこころとからだに起こる具体的な変化について理解できましたか。
- こころとからだの変化により、日常生活にどのような影響が現れるか理解できましたか。

第6章 老化と認知症の理解

2 高齢者と健康

\ POINT /
学習のポイント
- 高齢者に多く見られる病気の特徴について理解しましょう。
- 高齢者に多い病気と日常生活における注意点を理解しましょう。

1 高齢者の疾病と生活上の留意点

高齢者の疾病(しっぺい)の特徴

高齢者の病気の特徴として、次の3つが挙げられます。

それは、「慢性的な病気が多いこと」「いくつもの病気をもっていること」「病気に特有の症状が出ないことがあること」です。

それぞれの特徴について、以下に詳しく説明していきましょう。

慢性的な病気が多い

病気には、「急性」のものと「慢性」のものがあります。「慢性」の病気は、完全に治ることが少なく、服薬による治療や食事、運動などの生活改善を続けながら、病気が悪くならないように症状をコントロールしていくものです。

例えば、生活習慣病である糖尿病や脂質異常症なども、治療を続けながら長くつきあっていく病気です。定期的に病院には通いますが、患者が日々の生活の中で服薬や運動などを続けていくことが大切です。治療には生活習慣が大きくかかわってくるため、高齢者では家族や周囲の協力や見守りが不可欠です。

複数の病気をもっている

高齢者では、いくつもの病気をかかえていることも珍しくありません。内科系の病気だけでなく、難聴や白内障、骨や関節の病気など、多くの種類の病気をもっていて、いくつものクリニックや診療科を受診している人も多いでしょう。

介護職は、利用者が過去にかかった病気も含めて、どのような病気をもち、ど

の医療機関を受診しているのかを確認しておくことが大切です。

服用する薬が多くなる

　その際、もっとも注意が必要なのは服薬についてです。いくつもの病気をかかえていれば、服用する薬の種類も多くなります。病気によっては、必ず決められた時間ごとに服用しなければ、体調が悪化してしまうものもあります。また、一緒に飲まない方がよい薬もあります。飲み忘れや、飲み間違い、薬の重複などがないよう、利用者の病気や治療、薬などについてきちんと理解しておくことが重要といえます。

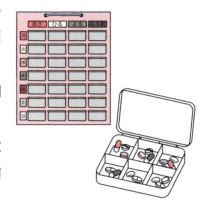

病気特有の症状が必ず出るとは限らない

　例えば心筋梗塞なら、通常は激しい胸の痛みを感じることが多いはずです。また、肺炎なら発熱があります。しかし高齢者の場合は、「本来なら、この病気にはこういう症状が起こる」という典型的な症状が出ないことがあります。

　また、食べ物が誤って食道ではなく気管に入り込んでしまって起こる誤嚥性肺炎では、高齢者の場合、呼吸の乱れや呼吸困難が起こっても、発熱は目立たなかったり、しばらく経ってから熱が出たりすることがあります。肺炎であることに気づきにくく、処置が遅れて致命的な状態になることがあります。

　さらには、細菌やウイルスに感染して起こる病気にも高齢者ならではの特徴があります。のどに感染した場合、のどの腫れや痛みは少ないものの、咳・痰や息苦しさなどが起こりやすい傾向にあります。膀胱など尿路に感染した場合、排尿時の痛みや不快感などは起こりにくく、腰痛や発熱があることがあります。

　このように、高齢者によくある病気では、「高齢者ならでは」の症状の出方を理解しておき、早めに受診を促すなどの対応を行うことが重要です。

第6章 老化と認知症の理解

骨折

ほんの少しの段差で転倒することもある

高齢になると、ちょっとしたことで転倒しやすくなります。日常生活の中で、敷居や敷物など、ほんの少しの段差につまずいたり、足がもつれて転んだりすることがあります。そのようなとき、骨粗鬆症などで骨がもろくなっていると、ちょっと手をついただけでも腕の骨が折れてしまったり、しりもちをついた際に、背骨や太ももの骨（大腿骨）が折れてしまったりすることがあります。

気づかないうちに圧迫骨折していることもある

骨がもろくなると、気づかないうちに背骨が圧迫骨折を起こしていることがあります。そうした場合、本人から「寝返りをうつときに痛い」などの訴えで整形外科を受診し、そこで初めて骨折していたことを知ることがあります。

背骨や大腿骨を骨折すると、日常生活への影響が大きくなります。それがきっかけで、寝たきりの生活になってしまうことさえあります。

骨折の主な原因となる転倒を防ぐには、床がすべりやすくないか、敷物の端に足がひっかかりやすくないか、電気製品のコードなどが歩くところにないかなど、住まいの環境をよく確認することが大切です。

筋力の低下と動き・姿勢の変化

年齢を重ねると、骨がもろくなったり、関節がすり減ったりと、からだを動かす機能が弱っていくと同時に、筋肉の量や力も低下していきます。それらによって、体型や姿勢が変わったり、歩いたり、動いたりする働きが衰えてしまいます。

廃用症候群（生活不活発病）による影響

筋力の低下は、年齢を重ねることで自然に起こるものです。ほかにも、病気やけがなどにより長い間寝たきりの状態でいたり、からだの一部を固定したままでいることで機能が低下する廃用症候群（生活不活発病）によって起こることもあります。

廃用症候群（生活不活発病）による影響

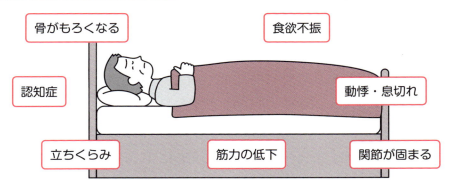

1週間安静にしていると、筋力が10～15％低下するといわれています。そうした状態が3週間続くと、筋力低下以外にも、関節が固まる、骨がもろくなる、心臓や肺の機能が低下するなどの影響が現れるといわれています。

筋力低下は運動機能の低下につながる

筋力が低下すると、歩く速さが遅くなる、歩幅が小さくなるなど、うまく歩けなくなったり（歩行障害）、転びやすくなるなど運動機能の低下にもつながります。

「フレイル」という考え方

「フレイル」とは、「筋力が低下することで、からだが弱くなる（虚弱）」という考え方です。日本老年医学会が提唱しました。フレイルの状態になると、転倒や骨折、寝たきり、認知症やさまざまな病気になるリスクが高まり、日常生活動作（ADL）が低下するといわれています。

フレイルは、栄養や運動、日常生活の見直しで筋力の低下を防ぎ、回復させられれば十分に改善することができます。高齢者がいつまでも元気に自分の足で歩いたり、自由に動いたりするためには筋力を維持することが望ましいといえます。

関節痛

関節痛は、さまざまな原因によって起こります。原因となる病気は、変形性関節症と関節リウマチ、肩関節周辺の腱などの老化による四十肩・五十肩や痛風などがあります。これらの病気は同じ関節痛を伴いますが、まったく違う病気で治療法が異なるので、湿布薬などで自己治療をしていると、悪化させる可能性もあ

ります。関節にこわばりや腫れ、痛みを感じたら、原因に合わせた予防や治療を行うことが大切です。

膝関節・股関節に多い変形性関節症

　年齢を重ね、関節の軟骨がすり減ることで起こる「変形性関節症」は、ひざや股関節に多く見られます。加齢だけでなく、肥満やＯ脚、Ｘ脚などもその原因とされます。ほかに、生まれつき股関節に脱臼があり、長い年月を経て股関節が変形して起こるものもあります。症状を悪化させないためには、肥満を改善する、床に座る生活からテーブルとイスを用いる生活にする、トイレを洋式にする、適度な運動により支える筋力をきたえるなど、できるだけ関節に負担をかけない生活を心がけることが大切です。

変形性関節症

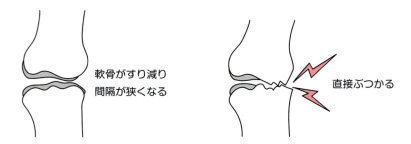

関節リウマチほか

　「関節リウマチ」は、自己免疫疾患の１つで、関節に痛みが起こります。進行すると関節の組織が破壊され、痛みや腫れがひどくなり、指が変形するなどして、日常生活に支障をきたすこともあります。朝起きたときなどに手足の指にこわばりや腫れなどを感じて気づくことが多い病気です。近年、病気の進行を遅らせたり、症状を改善したりする治療法が開発されているので、早期発見と専門医による早期治療がポイントになります。

② 高齢者に多い病気とその日常生活上の注意点

循環器障害（脳梗塞、脳出血、虚血性心疾患）

　私たちの全身には、血管が張り巡らされています。心臓をポンプにして全身に血液が流れることで、からだを動かすために必要な栄養や酸素が送られています。それが、何らかの原因で血液の流れが滞ったり、止まったりしてしまうと、からだのいろいろな器官に重大な影響を及ぼします。

　前に述べたように、脳の血管が詰まったり、破れたりすることで起こる病気が「脳梗塞」や「脳出血」です。また、心臓の血管が詰まることで起こる病気が「虚血性心疾患」です。

　これらの重大な病気の発生原因や症状について知っておきましょう。

脳梗塞は血液のかたまりが詰まって起こる

　脳梗塞は、脳の血管に血栓（血液のかたまり）が詰まり、血液の流れが止まってしまうために起こります。

　脳の血管が詰まってしまうと、その先に血液が流れなくなってしまうため、神経細胞が死んでしまいます。少しずつ進行する場合は、めまいやふらつき、手足のまひやしびれなどが起こることもありますが、急激に発作が起こり、具合が悪くなって、意識を失ってしまうこともあります。

　急にろれつが回らない、手足がしびれるなど、ふだんと違う様子が見られた場合は症状が軽くても医療機関の受診が必要です。

　脳梗塞はできるだけ早急に治療を開始することで、命を救うことができます。発症後は後遺症を改善するためのリハビリテーションを早期に始めることが重要です。

> 脳出血は脳の血管が破れて起こる

　脳出血は、脳の血管が破れて、脳の中で出血が起こり、血腫（血液のかたまり）ができてしまう病気です。加齢により血管がもろくなったり、動脈硬化が進んでいたり、高血圧の状態が長く続いた場合などに起こりやすくなります。

くも膜下出血と脳出血

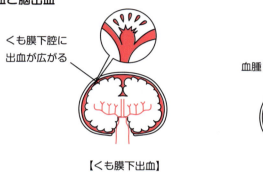

【くも膜下出血】　【脳出血】

> 脳出血はさまざまな後遺症に注意が必要

　脳の中心で出血が起こると、呼吸や心臓の働きをコントロールする神経が働かなくなり、呼吸や心臓が止まって死亡することがあります。また、小脳の血管が破れた場合は、めまいやふらつきが起こり、からだのバランスがとれなくなります。脳出血は、すぐに手術をして血腫を取り除くことで、命が助かります。そうした場合も、手足のまひや言語障害などの後遺症が残ることがあります。

　左の脳で出血が起こると右半身の手足が、右の脳で出血が起こると左半身の手足がまひしたり、動きが不自由になったりします。言語中枢がある左脳の部分で出血が起こると、失語症になります。

虚血性心疾患

虚血性心疾患には、「狭心症(きょうしんしょう)」と「心筋梗塞(しんきんこうそく)」があります。

虚血性心疾患は、血液中のコレステロール値が高くなること、高血圧、ストレス、肥満、喫煙、糖尿病などが原因で起こりやすくなるといわれています。

狭心症とは

心臓の血管（冠状動脈）にコレステロールなどがたまって、動脈硬化が起き、心臓の筋肉に十分な血液が送られなくなることで起こります。冠状動脈の中は狭くなっていますが、血液が完全に途絶えていないので、血流がよくなれば症状はよくなります。

狭心症は、坂道や階段を急いで登ったとき、重い荷物をもって歩いたとき、強いストレスがかかったとき、過食したときなどに、急に胸が痛くなり、発作が起こります。

心筋梗塞とは

冠状動脈の動脈硬化によって、狭心症が悪化することで心臓の筋肉に血液が流れなくなり、細胞が壊死(えし)した状態になることです。

心筋梗塞は、突然に発作が起こり、心不全(しんふぜん)や心停止を起こすことがあります。命にかかわる病気のため、発作が起こる前に予兆を察知し、できるだけ早期に原因を取り除き、予防できるよう生活に気をつけることが大切です。

心臓と血液の流れ

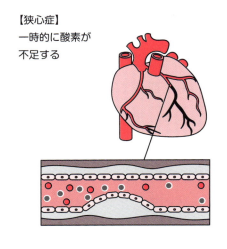

【狭心症】
一時的に酸素が
不足する

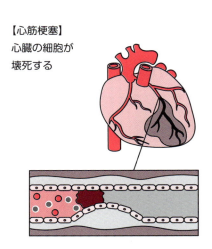

【心筋梗塞】
心臓の細胞が
壊死する

第6章　老化と認知症の理解

虚血性心疾患の予防策

これら虚血性心疾患を予防するために必要なポイントを、以下にまとめます。

虚血性心疾患を予防するためのポイント

・塩分、糖分、脂肪分をひかえ、栄養バランスのよい食事をとる。

・禁煙する。

・適度な運動を心がける。

・ストレスを避ける。

・十分な睡眠と休養をとり、規則正しい生活を心がける。

・定期的に健康診断を受け、高血圧や糖尿病、脂質異常症などの生活習慣病を早期発見する。

・胸の痛みを感じたらすぐ受診する。

老年期うつ病の症状

　精神障害やうつ病というと、若い人に多い病気と思いがちです。ところが、実は高齢者は、若者とくらべて3〜4倍も精神的な病気にかかりやすいといわれています。そして、「からだの症状が引き金となって、こころの病気につながる」「症状がわかりにくい」など、高齢者ならではの特徴があります。

喪失体験などが原因になることも

　高齢者は、仕事をやめて社会的な役割を失うとか、身近な人が亡くなるなどの喪失体験がきっかけとなって、うつ病になることがあります。それ以外にも、地震や豪雨などの突然の自然災害によるストレス、転居などによる環境の変化などがきっかけになることもあります。

　不安や焦りなどが強く、介護職にそうした気持ちを訴えてくる人もいます。まずは相手の話をよく聞き、本人からの訴えがなくても、生活や環境に変化があったときには注意して見守ることが必要といえるでしょう。

高齢者のうつ病はからだの症状へつながりやすい

　高齢者のうつ病では、からだの症状や病気などが関係していることも多くあります。例えば、慢性的な病気でうつ病になったり、骨折や手術などのストレス、

病気の治療で飲む薬の副作用などが原因でうつ症状が出ることもあります。

　病気やけがなどでからだが弱ると、こころまで弱ってしまい、うつ病の症状が出ることもあります。反対に、うつ病の症状がひどくなって、引きこもりや寝たきりの状態になったり、水分や栄養を十分にとれずに脱水症状や低栄養になり、からだが弱ってしまうこともあります。

高齢者のうつ病は症状がわかりにくく発見しにくい

　うつ病は、認知症や脳の病気などと違って、レントゲンやCTなどの画像検査などで見つけることができないため、診断が難しい特徴があります。また、高齢者のうつ病では、「言葉が少なくなる」など本来のうつ病の症状があまり出ず、焦りや不安などを強く訴えてくることが多くあります。また、頭痛や食欲不振、肩こり、便秘、疲れやすさなど、からだの症状が見られることも多く、うつ病とわかりにくいことがあります。

　さらに、うつ病では、認知機能の低下や記憶の障害など、認知症と似た症状が出ることもあり、うつ病なのか、認知症なのか区別が難しいことがあります。うつ病の場合は、治療によってうつ病がよくなると、認知症の症状もよくなることが多く、これを「うつ病性仮性認知症」といいます。

特徴をよく知ることが大事

　上記のような、高齢者ならではのうつ病の特徴をよく理解し、相手の考えを否定したり、こちらの意見を押しつけたりせずに、話をじっくり聞いて、共感し、尊重する姿勢で接することが大切です。

　もしも利用者の様子でふだんと変わった点があれば、家族や医療者などに相談するようにしましょう。

高齢者によく見られる精神的な病気
- うつ病、躁うつ病などの気分障害
- 認知症（アルツハイマー型認知症、脳血管性認知症、レビー小体型認知症など）
- 統合失調症
- 幻覚、妄想
- 不安神経症、強迫神経症など

誤嚥性肺炎

人は食事をする際、口に入れた食べ物をかみ、飲み込みます。飲み込んだ食べ物がのど（咽頭）から食道を通り、胃に送られることを「嚥下」といいます。

嚥下は、からだの自然な働きで起こりますが、高齢になるとこの嚥下の働きが悪くなることがあります。すると、食べ物をうまく飲み込むことができなくなります。本来は、食道に送られるはずの食べ物が、誤って気管に入ってしまって肺炎を起こしたり、気管に詰まって窒息してしまったりする危険もあります。

食べ物が気管に入ってしまい、肺炎を起こしてしまうのが「誤嚥性肺炎」で、高齢者に多い病気の1つです。

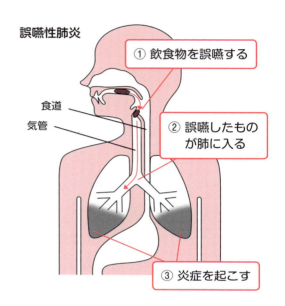

誤嚥性肺炎
① 飲食物を誤嚥する
② 誤嚥したものが肺に入る
③ 炎症を起こす
食道
気管

食事の様子をよく観察する

食事のときに、食べ物をちゃんと飲み込めているか、そうした様子をよく観察することが大切です。食事のときに、よくむせたり、せき込んだりする様子が見られたら、誤嚥しやすいと考えられます。

食事の工夫や口腔ケアが大切

誤嚥しやすい様子が見られたら、料理の内容を飲み込みやすいものに工夫したり、食事の後に口腔ケアをすることが大切です。食材をつぶしてマッシュ状にしたもの、ゼリーや茶わん蒸しなど、のど越しのよいものは飲み込みやすくなります。水分をとるときは、少しだけとろみのあるもののほうがむせにくいでしょう。

食事の後には、歯みがきやデンタルフロスを使って、口の中に食べ物のカスなどが残らないようにすることが重要です。肺炎の原因となる細菌などが口の中で増えるのを防ぐためにも、しっかりと口腔ケアをして、口の中を清潔に保ってもらいましょう※。

※口腔ケアは身体介護にあたるため、生活援助従事者はできません。

2　高齢者と健康

誤嚥の心配があれば早めに医療職に相談する

　飲み込みにくさが見られ、誤嚥の心配がある場合は、早めに医療職に相談しましょう。また、食事の工夫や適切な口腔ケアの方法などについて、アドバイスを受けるとよいでしょう。

感染症

　感染症とは、ウイルスや細菌などの病原体が、からだの中に入ることで起こる病気のことです。感染症には、次ページの表のような多くの種類があります。

人には免疫作用がある

　もともと、人のからだには、免疫という働きが備わっていて、外から病原体などの「よそ者」が侵入したときに、そのよそ者を攻撃し、殺したりからだの外に追い出そうとする働きがあります。この免疫の働きによって、からだの中で「抗体」という物質が一度つくられると、次にその病原体がからだに入り込んでも、病気になるのを防ぐしくみができあがります。

　例えば、はしか（麻疹）や風疹などの抗体は、一度できるとほとんどの場合、一生その病気にかかることがないように働きます。しかし、インフルエンザなどは、数か月間しか免疫の働きが続きません。そのため毎年、流行する季節の前に予防接種を受けることが重要になるのです。

ウイルス感染症と細菌感染症がある

　細菌とウイルスは感染症を起こす微生物の代表です。ウイルス感染が原因の病気としては、ノロウイルスによる「感染性胃腸炎」、風疹ウイルスによる「風疹」など、細菌によって起きる病気は、肺炎球菌による「肺炎」、腸管出血性大腸菌による「食中毒」などがあります。感染源に触れないようにし、感染に負けない抵抗力をつけて、感染を予防することが重要です。

高齢者は免疫の力が低下しやすい

　高齢者は、免疫力が低下しやすく、感染症にかかりやすくなります。また、栄養不足や体力が弱っている状態では、感染症にかかりやすいだけでなく、かかった場合に症状が重くなりがちです。まずは、感染を予防することが重要です。

169

高齢者に多く見られる感染症

病名	症状・特徴	注意点
インフルエンザ	年により流行するタイプが異なる。高熱、関節痛、全身倦怠感などが主症状	高齢者は重症化しやすく、予防接種で感染や重症化の予防が大切
肺炎	せき、発熱、呼吸数の増加、息苦しさ、食欲低下など。細菌によるものと誤嚥によるものがある	症状が見られたら、できるだけ早く治療することが重要
結核	微熱、軽いせきなどが見られることもあるが、無症状のこともある。X線と痰の検査で診断	若いときにかかった人が、免疫力の低下によって再燃することもある
疥癬（かいせん）	ヒゼンダニの寄生による皮膚感染症。腹部や陰部、胸部などに激しいかゆみと発疹が見られる	ノルウェー疥癬の場合は感染力が強いため、隔離する必要があり、衣類、シーツ類は毎日交換、50℃以上のお湯に10分以上浸した後に洗濯する
尿路感染症	膀胱炎や腎盂炎など。頻尿や排尿時痛が主症状だが、高齢者では症状がないことも多い。敗血症に進み、突然の発熱で見つかることもある	特に女性に多く、慢性化しやすい
敗血症（はいけつしょう）	感染症で最も重い状態。尿路感染、胆道感染、褥瘡感染で起こりやすく、細菌が血液の流れにのり全身を巡っている状態	細菌の毒素により血圧低下やショック状態に陥ることがあるため、すぐに入院治療となる

感染経路

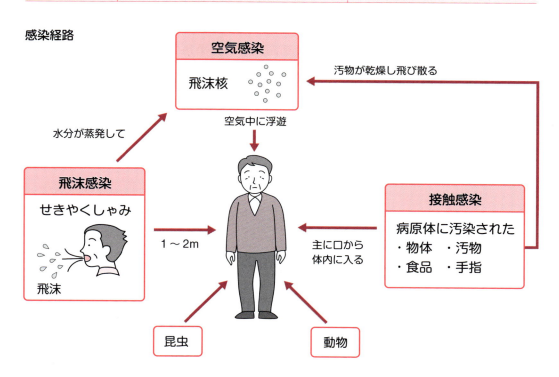

2　高齢者と健康

症状の小さな変化に気づく視点

老化により病気が増えるのは自然なこと

　年齢を重ねるにつれて、さまざまな病気が増えることは当然のことといえます。年齢を重ね、老化が進むと、日常生活動作（ADL）や、からだの状態を正常に保とうとする働き（生体恒常性）、まわりの環境にからだを適応させる力（生体防衛機能）、病気を予防する力（免疫力・抵抗力）などが低下してしまいます。

　そのために、若いころなら「栄養をとってゆっくり眠ればすぐに元気になる」という症状が、「肺炎を起こして入院」などの重い症状になりがちです。

　慢性的な病気を完治させることは難しく、骨や関節などの衰えで運動機能が低下してくれば、やがては自分のことが自分でできなくなり、最後は寝たきりの状態になってしまうこともあるでしょう。

　ただし、病気やからだの変化を早く見つけ、必要な治療やケアを行うことで、病気が進むことを防ぎ、できるだけ長く健康的な状態を保ち、元気に生活することを心がけることはできるでしょう。

「この程度なら大丈夫」はNG

　介護職は、「この程度なら大丈夫」と油断せず、小さな変化でも、「いつもと違う」と思うことがあったら、早めに家族や医療者などに相談することが求められます。

　そして、小さな変化に気づくためには、その人のふだんの様子を把握しておくこと、高齢者の病気の特徴を十分に理解しておくことが欠かせません。

\ POINT /
チェックポイント

- ●高齢者に見られる骨や筋肉、関節などの病気を理解できましたか。
- ●高齢者に多い病気（循環器の病気、うつ病、誤嚥性肺炎、感染症など）とその特徴・対策を理解できましたか。
- ●病気の予防や早期発見、ケアのために必要な、日常生活における注意点を理解できましたか。

171

第6章 老化と認知症の理解

3 認知症を取り巻く状況

＼POINT／ 学習のポイント
- 認知症ケアの理念「パーソンセンタードケア」について理解しましょう。
- 認知症ケアの基本的な視点について理解しましょう。

1 認知症ケアの理念

認知症ケアの基本的な視点

　認知症になると、記憶力や理解力、判断力が低下するため、それまで当たり前にできていたことができなくなります。同じものを何度も買ってきたり、家の近くで道に迷ったりなど、日常生活に困ることが出てきます。

　かつて認知症になると何もわからなくなり、何もできなくなると考えられてきました。そのため、認知症の人の行動を深く理解せずに家族や周囲の介護負担を軽くするためのケアに重点が置かれてきました。

　しかし、近年、認知症の人が体験を語るようになり、研究も進んで、何もわからなくなるわけでもなく、何もできなくなるわけでもないということがわかってきました。

　今求められている認知症ケアの視点は、認知症の本人が不安を感じることがないように、その生活を支援していく姿勢です。

　認知症ケアの基本的な考え方のポイントを、以下にまとめます。

> **認知症ケアの基本的な視点**
> ・問題視したり否定したりせず、ありのままの本人を受け入れて接する。
> ・本人がありのままに、自分自身の人生を生きられるようサポートする。
> ・本人の気持ちに共感し、寄り添って「同じ目線」で見る。
> ・できないことではなく、できることを見て支援する。
> ・認知症の本人のもつ力や気持ちに気づく視点をもつ。

「パーソンセンタードケア」

「パーソンセンタードケア」とは、「その人を中心としたケア」のことをいいます。認知症ケアを取り巻く考え方には、いまだに「認知症を中心に考える」という、古い考え方が残っているところがあります。本人がうまくいかないことがあると、「認知症が進行したのだから仕方ない」と、あきらめてしまうのです。

「あきらめ」から「希望」へ

「認知症だから仕方ない」と思うのではなく、「認知症だけど、どう暮らしていくか」を考えることで、本人がしたいこと、できることを探し、支援していく「希望」のあるケアが可能になると考えられます。

その人らしくいられるための支援

認知症になったからといって、その人の精神的な機能や知的な機能が、すぐに衰えてしまうわけではありません。認知症になっても喜びや悲しみ、怒り、好き・嫌いなどの感情は、比較的長く保たれやすいといわれています。

本人の感情を思いやり、その人らしい日常生活が送れる日々を少しでも長くもてるように、サポートすることが求められます。

人生の主人公は誰かを考える

「パーソンセンタードケア」を考えるとき、本人の生活やこれまで生きてきた歴史、家族関係などの背景を理解することはとても大切です。どんな人にとっても、その人が人生の主人公です。その人の世界は、その人の考え方や世界観で成り立っています。そこまで理解して、「認知症もその人の人生の一部」と考え、その人の人生すべてを尊敬する気持ちをもって支援していくことを心がけましょう。

\ POINT /

チェックポイント

- 「パーソンセンタードケア」について理解できましたか。
- 認知症ケアの基本的な視点について理解できましたか。

第6章 老化と認知症の理解

医学的側面から見た認知症の基礎と健康管理

\POINT/
学習のポイント

- 認知症の定義、もの忘れとの違い、せん妄の症状を理解しましょう。
- 認知症の原因となる病気やその症状、治療法について理解しましょう。

1 認知症の概念

認知症の定義

人は、日々生活するなかで多くの情報を頭の中に取り入れ、考えたり、思い出したり、選んだり、決めたりします。それには、脳の働きによる「理解」「記憶」「思考」「計算」「知識」など、さまざまな働きが関係しています。このように、「情報を集め、分析して判断する働き」を認知機能といいます。

認知機能が低下して生活が難しくなる

認知症とは、何らかの病気が原因で「記憶力や認知機能の低下により、日常生活や社会生活に支障をきたした状態」をいいます。

例えば、認知機能が低下して「記憶」の働きに障害が起こると、食事が終わった後に「ご飯を食べていないから食べたい」と訴えます。認知症の人は、自分がしたことや聞いたことをすぐに忘れてしまうので、本当に「食べていない」と思ってしまうのです。それゆえに、何度も同じことを繰り返し言ってしまうのです。

記憶障害が重くなると、「家に帰る」と言って、夜中に家を飛び出して町を歩き回ったり、何年も前に退職した会社に出勤しようとしたり、ということが起こります。このような行動が繰り返されるようになると、一緒に暮らす家族の生活にも、さまざまな影響が出ることになります。認知症は、高齢になれば誰もがなる可能性のある身近な病気です。他人事ではなく、自分がしてほしいことをする視点を養い、豊かな感情に働きかけるケアにつなげたいものです。

174

もの忘れとの違い

　年齢を重ねれば、誰でも忘れっぽくなるものです。そのため、認知症の最初の症状が見られても、「年齢のせいだ」と考えてそのまま放っておくことがあります。そのため、認知症の発見が遅れることがあります。単なる「もの忘れ」と、認知症の症状には、特徴的な違いがあります。それを理解しておきましょう。

加齢によるもの忘れ
- 日常生活への支障はない
- 体験したことの一部を忘れる
- 忘れたことを自覚している
- 判断力は低下しない
- ヒントがあれば思い出す

認知症によるもの忘れ
- 日常生活に支障がある
- 体験したこと自体を忘れる
- もの忘れの自覚がない
- 判断力が低下する
- ヒントがあっても思い出せない

体験したこと自体をすべて忘れる

　例えば、「昨日のランチを誰と食べたのか」を思い出そうとして、一緒に食べた人の名前を思い出せないのは、単なるもの忘れと考えられます。一方、認知症の症状では、「昨日ランチを食べたこと」そのものをすっかり忘れてしまいます。
　体験したこと自体記憶から抜け落ちてしまうのです。

忘れていることに気づかない

　健康な人は自分が忘れっぽいことを自覚できますが、認知症の人は自分が忘れていることに気づかないことが多くあります。その場合「忘れないように気をつける」ことができず、周囲から忘れていることを指摘されても理解できません。

症状が進行する

　認知症では、最初は「もの忘れ」の症状から始まったとしても、その後に言葉のやりとりがうまくできなくなったり、場所や時間がわからなくなったり、ものごとを判断したり、決めたりできなくなったり、少しずつ症状が進み、さまざまな認知機能が衰えていきます。

せん妄の症状

　認知症に似た症状にせん妄があります。意識障害と、興奮して落ち着きがない症状や、幻覚や妄想などの症状が一緒に起こる状態をいいます。せん妄の原因は多様で、主に脳梗塞などの脳の病気や心筋梗塞、肺炎、脱水症状、アルコール依存症、薬の副作用などによって起こります。

認知症
・症状が持続的
・急激な症状の変化はない
・発症時期が特定できない
・意識ははっきりしている

せん妄
・症状は一時的
・興奮する
・症状が急激に変わる
・発症時期が特定できる
・意識障害がある

認知症はゆっくり症状が進む

　せん妄と認知症の違いとしては、せん妄は急激に起きる特徴があります。それまで何も症状がなかったのに、ある日突然、症状が起きたり、朝はふだんどおりだったのに昼ごろに症状が起き、夕方になると落ち着くなど、1日のなかで状態が変わることがあります。また、せん妄では、失禁することもあります。

　一方、認知症は、長い期間（半年〜1年程度）をかけて少しずつ症状が進んでいくのが特徴です。せん妄の症状は認知症でも見られることがあります。

せん妄は原因に合った対処が必要

　せん妄が繰り返し見られるときは、薬で治療することがあります。原因となる病気によって治療法も変わるため、認知症によるものなのか、ほかの原因によるものなのか、医師に正しく診断してもらうことが先決です。

　認知症の症状でせん妄が起こる場合は、「脳の中で一時的に起こる障害」と考え、まずは本人に安心して落ち着いてもらうことが大切です。

　せん妄の症状が見られたら、静かな場所で背中や腕をさすったり、手を握ったりして、「大丈夫ですよ」と、やさしく声をかけましょう。おだやかな声かけやスキンシップで安心すると、落ち着きを取り戻しやすくなります。

2 認知症の原因疾患とその病態

　認知症の原因となる病気には、さまざまなものがあります。代表的なものとしては、「アルツハイマー病（アルツハイマー型認知症）」のほか、「脳血管障害（脳血管性認知症）」「レビー小体病（レビー小体型認知症）」「ピック病（前頭側頭型認知症）」などがあります。

　それぞれの病態や症状、経過、ケアのポイントなどを紹介します。

アルツハイマー型認知症

　脳の神経細胞が失われることで、脳が萎縮する病気です。ドイツの神経病理学者アルツハイマー（A. Alzheimer）により発見されました。CTやMRIなどの画像検査で、大脳の「海馬」という部分が萎縮しているのが見られます。

直前の出来事を忘れる

　アルツハイマー型認知症は、もの忘れから始まり、ゆっくり進行します。つい先ほどの出来事を忘れる、何度も同じことを繰り返し言うなど、記憶障害から始まり、不安やうつ状態、もの盗られ妄想などが見られるようになります。またその後、物事を理解したり、計画を立てたり、比べたり、考えて判断したりすることができなくなっていきます。

　料理など、当たり前にできていたことが難しくなります。さらに、時間や場所がわからなくなることもあります。外出時に道に迷ったり、目の前にいる人が誰かがわからなくなったりします。ただし、周囲の人とのかかわりや対応は、症状が進んでも比較的保たれる傾向にあります。

ゆっくり少しずつ進行する

　ゆっくり少しずつ進行し、安定したり、進行したりを繰り返します。ほかの病気や入院、転居など、健康状態や環境の変化で急に悪化することもあります。

不安感を理解し寄り添う

　本人は、体験した記憶がすぐ消えてしまうため、今、目の前で起こっているこ

とを現実としてとらえられない感覚や、何か大切なことを忘れているのではないかという不安感をかかえることがあります。介護職は、そうした気持ちを理解して、寄り添うことが大切です。もの盗られ妄想が見られたときは、一緒に探して、本人に見つけてもらうようにするとよいでしょう。

誰かが盗ったのよ

どんなものですか？
一緒に探しますよ

脳血管性認知症（血管性認知症）

脳梗塞や脳出血など、脳の血液の流れが滞（とどこお）ったり、止まったりすることで起こります。高血圧や脂質異常症、糖尿病などがそもそもの原因となります。

また、大脳の広い範囲で血液の流れの悪い部分ができることや、小さな脳梗塞がたくさん起こる「多発性脳梗塞」でも認知症になることがあります。脳の障害部分によってできること、できないことがはっきりしていることから、まだら認知症と呼ばれることもあり、比較的、判断力や常識は保たれます。

障害された脳の部位によって症状は異なる

脳血管性認知症の症状は、嚥下障害や言語障害などの神経症状を伴うことが多いのが特徴です。障害が起きた脳の部位が担っている働きによって現れる症状が異なります。脳梗塞などの発作によって比較的急激に発症し、発作のたびに階段状に進行します。

アルツハイマー型認知症との違いを理解しておく

考える力や意欲がなくなり、ボンヤリと過ごすことが増えますが、計算力や判断力はあまり低下しないことがあります。脳血管性認知症では、症状が急に進んだり、その後しばらく落ち着いたりすることがあります。その時々の状態に合わせ、柔軟にサポートすることが求められます。アルツハイマー型認知症と区別が困難なこともありますが、違いをよく理解しておきましょう。

レビー小体型認知症

「レビー小体」と呼ばれる異常な物質が、脳全体に現れることで起こる病気です。原因はよくわかっていませんが、比較的早く進行します。

からだが思うように動かせなくなる「パーキンソン症状」が見られます。歩くときに最初の一歩が出なかったり、歩幅が狭くなったりします。実際に存在しない人やものを見たり、声が聞こえたり、感じたりする幻視の症状も起こります。

転倒に注意する

転倒しやすいため、注意しましょう。意識がしっかりしているときと、ボーッとしているときの差が激しいので、状態に応じた支援が求められます。

三大認知症の特徴

	アルツハイマー型認知症	脳血管性認知症	レビー小体型認知症
脳の変化	老人斑や神経原線維変化が海馬を中心に脳の広範囲に出現する	脳梗塞、脳出血が原因で脳の血液循環が悪くなり、脳の一部が壊死する	レビー小体という特殊なものができることで、神経細胞が死滅する
画像でわかる脳の変化	脳の萎縮が見られる	壊死したところが確認できる	はっきりとした脳の萎縮は見られない
男女比	女性に多い	男性に多い	男性がやや多い
初期症状	もの忘れ	もの忘れ	幻視、妄想、うつ状態、パーキンソン症状
特徴的な症状	もの忘れ 認知機能障害 もの盗られ妄想 徘徊 とりつくろい	まだら認知症 手足のしびれ・麻痺 感情のコントロールがうまくいかない	幻視、妄想 うつ状態 パーキンソン症状 認知機能障害 自律神経症状など
経過	ゆるやかに進行	急に発症し、階段状に進行していくことが多い	ゆるやかに進行することが多いが、まれに急に進行することがある

前頭側頭型認知症（ピック病）

脳の前頭葉と側頭葉が萎縮していく病気です。初期にはあまり目立った症状はありませんが、病気が進むと言葉の意味がわからなくなったり、周囲に無関心に

なったり、自分の思うままに勝手に行動するなど、人格が変わったりします。そうした症状が10年間あまり続き、やがて進行して、言葉を発することもなくなり、寝たきりの状態になります。

静かで刺激の少ない生活に配慮する

なにごとにも無頓着になり、周囲への気遣いもなくなり、理性で我慢したり、行動を抑えたりすることができなくなります。本人に病気の自覚がないため、そのことを指摘しても改善にはつながりません。なるべく静かな環境で刺激の少ない生活ができるよう配慮することが大切です。

その他の認知症の原因となる病気

頭を打った後に起こる「慢性硬膜下血腫」や、髄液が脳を圧迫して起こる「正常圧水頭症」などの病気でも、認知症の症状が見られます。これらは、適切な治療により回復することがあります。

認知症の治療

認知症については、確立された治療法はなく、進行を遅らせる薬、症状や原因疾患に応じた薬の使用が治療の基本になります。これらの薬を適切なタイミングで使えるように、早期発見・早期治療が重要です。認知症の前段階である軽度認知症（MCI）の人は認知症に移行しやすいといわれていますが、この段階で治療を始めれば、認知症を発症しないこともあります。適切な治療に結びつけるためには、早い段階で専門の医師の診断が必要になります。

薬物療法

認知症の原因となる疾患に合わせて薬を服用します。アルツハイマー型認知症の代表的な薬としては、記憶を担う神経伝達物質を増やすことで進行を抑制するドネペジル塩酸塩（アリセプト®）があります。ほかに、ガランタミン（レミニール®）、メマンチン（メマリー®）などがあります。

非薬物療法

認知症の治療では、「非薬物療法」もよく行われます。芸術にふれることでここ

ろに働きかける音楽療法や絵画療法、詩歌療法などのほか、行動療法、化粧療法、認知刺激療法、アニマルセラピー、回想法（自分の思い出を語ることでコミュニケーションや関心を高める方法）、アクティビティケア（ゲームや手芸など好きなことをして気持ちを前向きにする方法）、バリデーション療法（本人の言うことを否定せず、認めて受け入れる方法）など、多彩な方法があります。

健康管理

認知症の人は、食事や睡眠、運動などを考え、必要に応じて生活改善をするなど「健康管理」をすることがとても大切です。

治療や健康管理が難しくなる

高齢になると、いくつもの病気をかかえる人が多くなります。認知症の人でも、認知症以外にもさまざまな病気をもっている人がいます。認知症の症状が進むと、「決められた時間に忘れずに薬を飲む」「誤嚥に気をつけて食事をとる」など、自分の力だけで安全に日常生活を続けることが難しくなります。

また、トイレで排せつの後始末ができない、歯みがきができないなど、からだを清潔に保つことができなくなることがあり、病気やけがが悪化したり、病気になりやすい状態になることがあります。そのため、家族や介護職などが見守り、治療を続け、清潔が保たれるようにサポートすることが必要です。

からだの症状を感じたり伝えたりできないことも

また、体調が悪いときに、症状を正しく認識して、周囲の人にきちんと伝えることが難しくなることがあります。「痛い」「気持ち悪い」「苦しい」「つらい」など、症状を訴えないことで、病気の発見が遅れることもあります。

認知症の人が「おなかが痛い」と言うとき、「おなかが空いた」「おなかが苦しい」など、別の意味である可能性もあります。

本人の言葉だけにとらわれずよく観察する

そのため、本人の言葉だけにとらわれず、その人の様子をよく観察して、どこがどうつらいのか、何を求めているのか、できるだけ把握するようにします。

「いつもと違う」「ちょっと元気がない」など、少しの変化をキャッチできるこ

第6章 老化と認知症の理解

とが、万が一のトラブルなどを早く見つけることにつながります。

治療中の病気の経過観察と服薬などの管理

薬の飲み忘れや、飲んだことを忘れて何回も服用することなどを防ぐために、家族や介護職による服薬管理が大切となってきます。また、高齢になると薬の副作用が強く出ることがあるため、副作用の観察、病状の変化への注意も必要です。

栄養状態の管理と脱水の予防

高齢になると、かむ力や飲み込む力が弱くなることや、便秘、食欲の低下、消化する力の低下などによって低栄養の状態になることがあります。栄養不足は、体力や抵抗力（免疫力）の低下にもつながるため、栄養管理を心がけましょう。また、のどの渇きを感じにくくなるため、脱水症状にも注意します。

廃用症候群（生活不活発病）の予防

認知症の人は、うまくいかないことが増えると家の中に閉じこもりがちになります。動かずにいることは、からだとこころの機能の衰えにつながり、寝たきりや、さらなる認知機能の低下を引き起こします。生活リズムを整え、散歩や趣味などでからだを動かし、楽しみのある生活ができるような支援が求められます。

口腔ケアや排せつ・入浴で清潔を保つ

口腔ケアを怠ると虫歯や歯周病になりやすくなります。また、排せつや入浴がうまくできずに不潔な状態になると、感染症や皮膚病などの原因にもなります。常に清潔を保つことも大切です[※]。

※口腔ケアや排せつ、入浴の支援は身体介護にあたるため、生活援助従事者はできません。

\ POINT /
チェックポイント

- 認知症の特徴的な症状について理解できましたか。
- 認知症の原因となる病気について理解できましたか。
- 認知症の治療や健康管理の大切さについて理解できましたか。

5 認知症に伴うこころとからだの変化と日常生活

> **POINT 学習のポイント**
> - 認知症の症状と、認知症による生活の変化を理解しましょう。
> - 認知症の人への対応とケアのしかたについて理解しましょう。

1 認知症の人の生活障害、行動・心理の特徴

認知症の中核症状

認知症の症状は、「中核症状」と「行動・心理症状（BPSD）」に分けることができます。

中核症状とは、認知症の原因となる病気によって、脳が萎縮し、脳細胞がダメージを受けることで起こる症状をいいます。これには主に、「記憶障害」と「認知障害」があります。

記憶障害

記憶は、「記銘(きめい)」「保持(ほじ)」「想起(そうき)」という3つの働きによって成り立っています。

記憶のなりたち

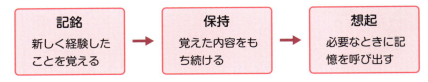

認知症になると、上記の3つの力がすべて弱くなります。アルツハイマー型認知症では、最近の出来事が忘れやすくなっても、過去のことは覚えていることがあります。昨日のことは忘れていても、昔から長年続けてきた作業や行動は覚えていて、できるということがあります。過去の印象的な出来事（旅行や結婚式など）も忘れている場合は、症状が進行していると考えられます。

183

認知障害

認知機能の障害には、「見当識障害」「計算力の低下」「判断力の低下」「実行（遂行）機能障害」「失語・失認・失行」などがあります。

それぞれの障害の特徴を、以下の表にまとめます。

認知障害の特徴

見当識障害	時間や場所を把握する力（見当識）が低下する。時間や季節、場所の感覚がなくなり、「自分が今どこにいるのか」「今が朝か夜か」などがわからなくなることがある
計算力の低下	初期に起こりやすい障害。数字に関係することで混乱したり、簡単な計算ができなくなったりする
判断力の低下	何かを決めたり、選んだりすることができなくなる。判断や選択、決断を迫られると、頭が真っ白になり、どうしたらよいかわからなくなる
実行（遂行）機能障害	計画を立て、それを実行し、それがうまくいったか確認する、という考えや行動ができなくなる。料理や仕事、入浴や排せつなどの途中で、わからなくなり、動作が止まってしまうことがある
失語・失認・失行	言葉を理解したり、発したりすることが難しくなったり、できなくなったりする（失語）。耳や目の働きは正常で、見えたり、聞こえたりしていても、それが何なのか、正しく認識できなくなる（失認）。洗濯機が使えなくなる、衣服の着替えができなくなるなど、それまで当たり前にできていた行動ができなくなる（失行）

認知症の行動・心理症状（BPSD）

　認知症の行動・心理症状（BPSD：Behavioral and Psychological Symptoms of Dementia）とは、認知症によって記憶障害や認知障害の症状が出ている人が、社会や家庭で生活しようとするときに引き起こされる症状をいいます。「周辺症状」といわれることもあります。多く見られるBPSDには、徘徊（歩き回り）、多動、過食、攻撃などの行動症状と、不安、抑うつ、妄想、幻覚などの心理症状があります。それぞれの特徴を次の図にまとめました。

中核症状と行動・心理症状（BPSD）

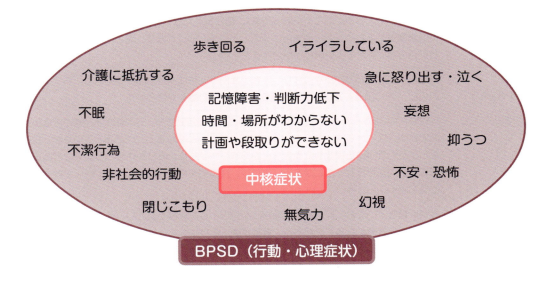

代表的な行動・心理症状（BPSD）

不安感	主に認知症の初期に、不安や焦り、やる気のなさなどの症状が見られる。不安障害やうつ病と区別が難しい。突然の動悸や恐怖心でパニック発作を起こすことがある。実際にはどこも悪くないのに、「具合が悪い」と訴える「心気」の状態が出ることがある。これらの症状が出た後に、もの忘れなどの中核症状が現れることが多い
抑うつ	気分の浮き沈みを繰り返すことがある。抑うつ状態が数か月から数年間続いた後、改善すると同時に、もの忘れが激しくなることがある。「何もやる気にならない」など、無気力になることがある
強迫症状	認知症の初期にも、自分の手が汚いと感じて洗い続けたり、家にカギをかけることを何度も繰り返さないと気がすまないなどの強迫性障害の症状が、見られることがある
妄想	「お金を盗られた」「狙われている」「誰かが部屋にいる」など、被害感のある妄想が出ることがある。実際はあり得ないことでも、本人はそう思い込んでいる
幻覚	いないはずの人の声が聞こえたり（幻聴）、姿が見えたり（幻視）する。一瞬ではなく、長い時間見えるため、本人は本当にその人がいると思っており、聞こえた声にこたえたり、目の前に見える人に話しかけたりする
徘徊（歩き回り）	外出して帰り道がわからなくなり、町を歩き回る。特に夕方以降に多くなる。自宅にいるのに、「家に帰る」という主張を繰り返す「帰宅行動」が見られる
攻撃的な言動	「認知症の人のからだを拭く」といった相手のための行動でも、その意味を理解できない認知症の人にとっては、「知らない人に攻撃される」と感じることがある。そのため、介助しようと近づいた家族や介護者などを怒鳴りつけたり、殴りかかったりするなどの攻撃的な言動が見られることがある。ただし、長く続く行動ではなく、ある時期を過ぎると落ち着くことが多い
昼夜逆転・せん妄	昼間は起きていても、何となく意識がぼんやりとした状態で過ごし、夕方以降は活発になり、興奮状態になることがある。意識がはっきりしなくなる「せん妄」の症状が重なることがある
睡眠障害	寝つきが悪い、夜中に何度も目が覚める、早朝に目覚めてしまうなど、睡眠のリズムが乱れることがある。睡眠障害が、生活や行動を乱すことにつながることがある
不潔行為	トイレ以外の場所でも、おしりに違和感をもつと、本能的に手で便をさわってしまい、手についても水で洗い流したりせず、壁や床などにこすりつけてしまったりする
失禁	排尿や排便がうまくコントロールできなくなり、失禁することがある。初期は、尿意や便意を感じてからトイレに行くのに間に合わないために起こることがある
異食	食べられないものでも、目にしたものを何でも口に入れてしまうことがある。食べたいと思っているわけではなく、「見えた→口に入れる」と、行動がつながってしまうことで起こる
収集癖	買ったことを忘れて同じものを買ってしまったり、集めたことを忘れて同じものをまた集めてしまったり、収集を繰り返す行動をとることがある。その結果、冷蔵庫にトマトばかりが大量に入っているなどが起こる

不適切なケア

　認知症の人にBPSDが生じる要因には、本人のからだやこころの状態によって起こるものと、まわりの人や環境によって起こるものがあります。

　BPSDの発生は、認知症の人がどのような環境で、どのような人たちと生活しているかに大きく影響されます。例えば、周囲の人の冷たい視線やきつい言葉、不快な気温、からだの痛みやこころの苦痛などがあると、不安や緊張が大きくなり、症状が出やすくなるといえます。

本人のからだやこころの不調が原因となる

　認知症の本人の問題としては、持病によりからだの不調がある、健康管理がきちんとできていないことで不眠や疲労、脱水、血圧や血糖値の変動、痛み、不快な症状が起こると、それが影響して認知症の行動・心理症状が出ることがあります。

　また、からだだけでなく当然、こころの状態も影響します。不安や焦り、自信のなさ、恐怖などさまざまな感情や思考は、大きなストレスになります。それによって抑うつ状態になったり、反対に攻撃的になることもあります。そのほか、治療薬の副作用で、症状が起こりやすくなることもあります。

生活する環境やまわりにいる人の影響は大きい

　また、本人が日々生活する環境や、身近にいて一緒に過ごす人との関係が影響することもよくあります。例えば、いつも騒音やまぶしい光、点滅する光などにさらされていて落ち着かない、いつも暗くよどんだ空気の中にいる、何もないただ広いだけの空間にぽつんと置かれるなどの環境では、本人が穏やかな気持ちで落ち着いて過ごすことができません。

安心して過ごせない

そばにいる人がいつも怒っている、ちょっと失敗しただけで大きな声で怒鳴る、神経質にピリピリしている、何を話しかけても無視される、あるいは赤ちゃんに接するような扱いをされることがあると、認知症の人はこころが縮こまってしまい、安心して過ごすことができません。勝手に出られないように部屋に鍵をかける、行動を制限することなども、ストレスになり、BPSDの原因になってしまいます。

介護をする側の都合で介助をする

介護をするときに、行ってしまいがちなのは、相手のためによいという思いから、本人が嫌がっているのに、しつこくお風呂に入るように促したり、介助を早く終わらせたいがために、矢継ぎ早に話しかけたりすることなどです。

その結果、介護を拒否するようになったり、不安になって症状が悪化したりすることもあります。

健康管理と環境の整備

認知症の人への支援で、介護職がすべき大事なことは、まずは健康管理です。そして、本人の気持ちを尊重し、その人のペースに合わせて、自尊心を傷つけないように配慮しながら、話しかけたり、介護を行ったりすることが大切です。

また、本人が安心して落ち着いた気持ちでいられるような環境を整えることです。認知症であっても、その人らしく生活できるように援助することが大切といえるでしょう。

生活環境で改善

　認知症の症状が見られても、本人が慣れた空間で、生活しやすいように環境を整えることが大切ですが、その際、支援する側の視点で「生活しやすさ」を考えるのではなく、あくまでも本人の視点で環境を整えることが大切です。認知症の症状が進行しても柔軟に対応できるよう、環境を考えることが大切です。

　また、本人のからだの状態によっては生活空間をバリアフリー構造にするなど、物理的に動きやすいようにすることも必要です。

　以下に、認知症の人が過ごしやすい環境のポイントをまとめます。

安全・安心のための支援

・認知症によって注意力や集中力が低下し、転倒やつまずきなどの事故が起こりやすくなることを意識する。
・バスルームなどを含めて、転倒を予防するため、手すりやすべりにくいマットを使用する。
・歩き回りや帰宅願望に注意する。

穏やかに過ごせるための支援

・適度な音や光、よい香りや手触りなどは五感を刺激するのに有効である。ただし、強すぎる光や香りは混乱のもとになる。
・大きな声、騒がしい動作音などは避ける。
・部屋には手触りのよい敷物やソファを置く、植物を置く、木の香りがする家具を置くなど、温かみや自然の感触、雰囲気を大切にする。

自ら行動しやすくするための支援

・本人ができるだけ自分で移動や排せつ、身支度を整えるなど、日常の基本的な動作や行動ができるよう、環境を整える。
・洗面用具や化粧品、調理器具など日常生活に必要な道具を、「口に入れるから」などの理由で、何でも隠して見えないようにすることはよくない。目に見えることで興味や関心を引き、自分で使う働きを保てることがある。

見当識についての支援

・日にちや時間がわかるように、時計やカレンダーを見やすいところに、なるべく大きなものを掲示する。
・トイレや浴室など、生活に必要な場所がわかるようイラストや文字で表示するなど、目印をつける。

生活を続けることへの支援

・毎日慣れ親しんだ空間で、同じように動けることが、日常生活のパターンを維持することにつながる。料理や洗濯などでは、キッチンや洗濯機を使いやすいようにする。
・施設で生活する場合、家庭で使っていた家具や置物、写真などを持ち込むなど、できるだけ慣れ親しんだ環境や雰囲気を整える。

自分で選択できるようにするための支援

・なるべく本人の意見を聞き、希望をかなえられるように環境を整える。
・「ここをこう変えたい」という本人の意見があったら行動を制限するのではなく、できる限り実現できるように環境を整える。

プライバシーの確保

・一人になりたいときにできる限りプライバシーを保てる（と本人が感じる）、誰かと一緒に過ごしたいと思ったときはそうできるようにする。
・部屋に入る前にはノックや声かけをする。
・着替えや排せつ、入浴などの支援をする際は、本人の羞恥心に配慮する。

まわりの人とふれあうための支援

・家族と囲めるテーブルといすを置く、誰かのとなりに座れるソファを置くなど、生活のなかで家族や身近な人とふれあい、話をするための場所をつくる。

2 認知症の利用者への対応

認知症の利用者の理解

　実際に認知症の人と向き合い、コミュニケーションをとり、支援していく場合、理解しておくべきことがあります。

認知症の理解と本人の特性を知る

　まずは、認知症について正しく理解することが大前提です。そして、認知症の人にどのような症状が見られるのか、こころとからだがどのように変化するのか、認知症の人の特性をよく理解することが大切です。

　それらを正しく理解せずに支援しようとすると、認知症の人の自尊心を傷つけてしまったり、不必要な支援をしてその人のもっている力を奪ってしまったりすることがあります。認知症の基本を理解したうえで、「本人を中心に考えるケア」を基本にして、認知症の人と向き合うことが大切です。

正面から目線を合わせるようにして話しかける

　認知症の人に声をかけるときは、その人の正面から視野に入り、相手と目線を合わせるようにして話しかけましょう。認知症の人は注意力が低下していることがあるため、後ろからいきなり声をかけたり、上から見下ろすように話しかけたりすると、驚いたり、怖がったりしてしまうことがあります。

すべての能力が失われるわけではない

　認知症になったからといって、すぐにその人のもつすべての能力が失われるわけではありません。また、すぐに何もわからなくなってしまうわけでもありません。自分が認知症になったことを自覚することで、かえって敏感になる人もいます。できないことが増えてもその人らしさは失われないことが多くあります。

　認知症の人でも、周囲の人の様子をよく観察して、「できるだけ自分にできるこ

とをしたい」「できるだけその場に適した行動をとりたい」と考えている人もいます。認知機能の障害が進むにつれて、難しくなっていくこともありますが、周囲の人がほんの少し支援することで、できることを減らさず、できる期間を延ばすことができるのです。

その人を知ることの大切さ

認知症の人のその人らしさを考える場合、その人の人生や暮らしぶり、認知症の状態（進行具合、症状）などを知ることが大切です。しかし、介護職がそれらを知ろうとする際、自分に見えやすい部分、わかりやすい部分だけを見て、「理解したつもり」になるのは危険です。その人の人生にはさまざまな面があり、とても複雑だからです。

周囲の人が協力して本人を支える

そこで、さまざまな視点からその人を見ること、定期的、継続的にその人のことを理解しなおそうとする意識が必要です。介護職自身の思い込みだけに頼らないためにも、認知症の人の家族やほかの介護職の人たちと、本人について話をすることが大切です。認知症の人を中心に、本人を尊重しながらサポートする方法を周囲の人がみんなで考えていく姿勢が重要といえるでしょう。

認知症の利用者とのコミュニケーション

次に、認知症の人と実際にコミュニケーションを図るうえで、実践すべきポイントを紹介します。

「何を話すか」ではなく「どう話すか」

介護職は、本人に対して「何を話すか」よりも、「どう話すか」を考えることが大切です。多くの場合、認知機能が低下しても、感情は失われずに残っているものです。介護職たちの言葉の意味はわからなくても、表情や態度から威圧感や脅威を感じることがあります。

また、どんなに話す言葉はていねいでも、いい加減な気持ちで適当にごまかそうとすれば、そういうマイナスの感情や雰囲気は認知症の人に伝わります。

認知症の人と話すときは否定、拒否、無視をせず、やわらかい表情で目と目を

合わせ、ゆっくりとした穏やかな口調で話をすることが大切です。

本人の気持ちを推測する

本人をよく知り、理解が深まるほど、その人の言葉や行動、態度や何げない表情などから、その人の気持ちが理解できるようになっていきます。

例えば、「何となくソワソワし始めたら、トイレに行きたいのだな」「同じ質問を何度もするときは、不安で家に帰りたいと思っているのだな」など、その人の生活や症状、性格などをよく理解したうえで、気持ちを推し測る姿勢が大切です。

本人の気持ちに寄り添う

それができるようになると、その人への接し方や支援の仕方も変わってくるはずです。「今は明るい表情をしているから、こういう話もできるかな」「ちょっと表情がさえないし、集中できないみたいだから、この話はもう少ししてから伝えよう」など、その人の気持ちに寄り添うサポートができるようになるはずです。

本人の気持ちを推測しながら、日常の生活を見つめ、支援することは、認知症の人がその人らしく、穏やかに生活を送るのを支える大事な一歩となるでしょう。

プライドを傷つけない

認知症の人は、自分ができなくなっていることに気づき、戸惑ったり、傷ついたり、落ち込んだりしています。そのことを理解せずに、その人を責めるような態度をとったり、最初からできないと決めつけて先回りしすぎたりすれば、その人のプライドをさらに傷つけてしまいます。それにより、自分の殻に閉じこもってしまったり、反対に人に対して攻撃的になってしまうことがあります。

ひと言で「認知症」といっても、人は一人ひとり別々の人格をもっており、それまでに生きてきたさまざまな人生があります。それらの人生のなかで培ってきた「価値観」は当然、人それぞれ違います。その人が大事にしている考え方やライフスタイルを尊重することが大切です。

穏やかな声で短く伝える

人はそれぞれ、話し方や声のトーンが違います。認知症の人と話す際は、そのことを意識することが大切です。甲高い声や、早口でまくしたてるように話すと、聞き取りにくく、また、急かされているように感じて不安になったり、焦ったりする人もいます。

ややトーンをおさえ、穏やかな声で、なるべくはっきりと発音し、簡潔にわかりやすい言い方で伝えることが大切です。

さらに、一度にたくさんのことを伝えても、認知症の人は理解しきれません。相手が理解できる範囲のことを伝えるようにしましょう。

むやみに禁止しない

また、本人の行動の善し悪しを判断したり、禁止したりすることに対して慎重に考える必要があります。一般的に「非常識だ」「よくない」と思うような行動でも、病気のせいで判断ができないこともあります。そこには、そうするだけのその人なりの理由や目的があります。

一般常識の枠にとらわれることなく、その人の症状やからだとこころの状態、行動や言葉の背景をよく理解したうえで対応することが大切です。

言葉ではなく表情やふれあいでコミュニケーションをとる

認知症によって言葉を理解する力が弱ってしまったり、記憶する力が失われてしまったとしても、コミュニケーションする手段はほかにもあります。表情や身振り・手振りで通じ合うこともできるでしょう。また、手でやさしく背中や腕に触れることで安心感や愛情を伝えることもできるものです。

ただし、認知症の人は、そのときの状態や気分によって、人に触れられることで驚いたり、不安に感じたりすることもあるので、注意が必要です。

認知症の進行に合わせたケア

認知症の人のこころとからだの状態を理解し、その人の意向にできるだけ沿った支援を行うことが大切です。本人が生活リズムを崩すような状態は、不健康につながってしまいます。

高齢で認知症であっても、朝早く起き、きちんと食事をとって、昼間はなるべく活動的に過ごし、夜はゆっくり睡眠がとれるような、健康的で規則的な生活を送ることが大切です。そのためにも、本人の状態をよく観察し、医療職に相談しながら、認知症の進行に合わせた支援をすることが求められます。

自分でできることはなるべく自分でしてもらう

認知症の進行具合や、本人の体調などによって、生活の仕方や、自分でできること、できないことは変わります。

例えば、洗濯物の取り扱いなどどこまでできて、どこからできないのかをよく観察して、自分でできることはできるだけしてもらうことが必要です。できないことは、その人が負担に感じないように介護職が助ける段取りを考えましょう。食事や着替えなど、生活のそのほかのことについても同じです。

本人の行動のじゃまにならない支援を心がける

認知症の人が何らかの行動をしているとき、必ずその人ならではの理由や目的があるものです。支援する側の都合で、勝手に行動をやめさせたりするようなことがあると、不満や怒りなどの感情を抱くことにつながります。

認知症の人は、行動するときに短く言葉を発したり、話したりすることがあります。そういう言葉に耳を傾け、その人がどうしたいのかを理解したうえで、その人が求める支援ができることが理想です。

上手に質問する

例えば、認知症の人が「家に帰りたい」と言うとき、その人なりの「帰りたい理由」があります。その人の気持ちに寄り添った支援をするためには、その理由を知ることが大切ですが、会話をしなければ、その理由はわかりません。

「自分の帰りを家族が待っている」「仕事が気になる」「ご飯をつくらなければ」、また、今いる場所が自分の居場所ではないと感じているなど、その人なりの理由を聞くには、上手に質問をすることが必要です。

相手の言葉に対して、否定するような言葉を並べたり、自分の知りたいことばかりに固執してしまうと、相手の言葉をうまく引き出すことができません。

まずは相手に共感の声と姿勢を示す

例えば、「帰りたい」という人に対して、「なぜ帰りたいのですか？」と介護職が質問し、「急いでいるんだよ」と言われたとします。そのときに、「ここは家ですよ」などと言うと、その人は混乱しますし、「自分のことを理解してくれない」と感じて怒り出してしまうかもしれません。

「急いでいるんだよ」と言われたときに、まず「そう、急いでいるんですね」と共感し、そのうえで「どうして急いでいるんですか？」と聞くと、「家族がおなかをすかせてるから早く帰ってご飯をつくらないと」と答えてくれるかもしれません。

共感し、質問することで、「あなたの気持ちをわかっています」「あなたを助けたいのです」という介護職側の気持ちを伝えることができます。それは、認知症の人と介護職の信頼関係を築くことにもつながります。質問しながら、共感し、相手が安心し落ち着けるような方向に会話をもっていく工夫が大切です。

POINT チェックポイント

- 認知症の症状（中核症状と行動・心理症状〈BPSD〉）について理解できましたか。
- 認知症による生活の変化や、環境を整えることの大切さを理解できましたか。
- 認知症の人への理解、コミュニケーションの仕方、ケアの仕方について理解できましたか。

6 家族への支援

> **POINT 学習のポイント**
> - 認知症の人を介護する家族の状況や心理状態について理解しましょう。
> - 家族の介護負担の軽減（レスパイトケア）について理解しましょう。

1 認知症の受容過程での援助

家族の状況と心理

認知症の人を介護する家族は、不安と緊張で常に気が休まらず、心身ともに疲れています。家庭生活は混乱し、将来の不安や、「誰にも相談できない」「理解してもらえないに違いない」という孤独感にも襲われます。

老老介護など家族の負担は大きい

特に近年は、認知症の人も、世話をする家族も高齢者という「老老介護」が多く見られます。世話をする側が体調を崩してしまうこともあります。また、介護や見守りを代わってもらう人がいないことも、家族には大きな負担になります。

たとえ短い時間でも、介護を手伝ってくれる人や、交代できる人がいることは、家族にとって大きな安心につながります。実際に介護を手伝ってもらうことで、休息や気分転換ができたり、ストレスの発散につながるのです。

家族の負担を軽くする支援も大切

しかし、「私ががんばらなくちゃ」という思い、責任感が強い場合や、ほかの家

族や親族、サービス事業者などに不信感がある場合などは、なかなか人に頼ることができないことがあります。

　介護の負担が大きくなりすぎると、家族のからだやこころにはさまざまな影響が出ます。疲れや不眠、腰痛、肩こり、頭痛などのからだの症状や、不安、怒り、抑うつなどのこころの症状が見られることがあります。認知症の人への支援と同様に、認知症の人の家族の負担を軽くするための支援も重要といえます。

家族会・認知症カフェ

　認知症の人を介護する家族にとって、同じような認知症介護の体験をもつ家族と話をしたり、情報交換ができる「家族会」や「認知症カフェ」に参加したりすることは、大きな支えになることがあります。

　最近では、認知症の人と家族が一緒に参加できる家族会も増えています。会場では、認知症の人と家族とが別々のプログラムに参加するなど、リフレッシュできるような内容が考えられているところもあります。

思いを共有する

　家族が自分の胸のうちにある気持ちを誰かに話すことで、気持ちが軽くなることも多いようです。「自分だけではない」「この不安や苦労を理解してもらえる」という思いを共有できることは、家族にとって大きなこころのよりどころとなるでしょう。また、そうした場で、認知症の介護に関する地域の有益な情報などを得ることもできます。

　ほかにも、介護保険サービスの利用や家事代行サービスなど、家族の負担を軽くするための方策はあります。介護職は、ふだんから、そのような情報を提供できるようにしておくことが大切です。

家族への「エンパワメント」

　ここでの「エンパワメント」とは、家族がもともともっている力を十分に発揮できるように支援することをいいます。

　認知症の人を介護するときに、本人思いで責任感の強い家族ほど、自分だけですべてを背負おうとしたり、できないことで自分を責めてしまったりしがちです。

6　家族への支援

　介護職は、家族が追いつめられないように、できるだけ実際の生活における負担も、こころの負担も軽くできるようサポートすることが大切です。

　家庭にいると、自分の家族のよいところにはなかなか気づかないことがあります。第三者の目で見て、その家族のよいところ、素敵なところを伝えたりすることも、家族にとっては大きな喜びと励ましになるでしょう。

家族の話を聞き、思いを尊重する

　家族への支援の基本は、家族の思いを尊重することです。そのためには、介護職は認知症の人へのケアの方法など、介護への思いや方法について、家族の話をよく聞くことが求められます。

❷ 介護負担の軽減

「レスパイトケア」とは

　「レスパイト」とは、「休息」のことです。認知症ケアでは、介護を長く続けていくためには、家族がひと時、認知症の人と離れて休息やリフレッシュできる時間がもてるようにすることが欠かせません。家族がそうした時間をもてることで、また前向きな気持ちで認知症の人の介護ができるようになるのです。

　介護職は、家族がリフレッシュする時間をもつ間、認知症の人と過ごしながら、認知症の症状や生活の様子を観察し、家族の負担が少しでも軽くなるような生活の工夫や支援の方法を考え、家族と一緒にその方法を見つけだしていくことが大切です。

介護保険サービスの活用

介護する家族の負担軽減のためにも、まずは認知症の人の要介護・要支援状態により、利用できる介護保険サービスにどのようなものがあるか、知っておくことが大切です。

介護保険サービスとレスパイトケア

訪問介護	訪問介護員が訪問している間、家族が外出したり、1人でゆったり過ごす時間がとれる
通所介護 （デイサービス）	家族が昼間の時間帯に休む時間をつくることができる。本人はレクリエーションに参加したり、ほかの人と交流したりすることで活動的になり、生活のリズムが整い、不眠やBPSDが改善することが期待される
短期入所生活介護 （ショートステイ）	数日間、施設に宿泊してサービスを受ける。家族は数日間まとめて休養できるので、体調を整えたり、旅行したりして、リフレッシュすることができる。また、本人の施設での様子がわかるので、施設やグループホームへの入所の可能性、必要性も検討できる
入所・入居サービス	施設やグループホームに入所し、家族が無理のない範囲で、ときどき訪問する

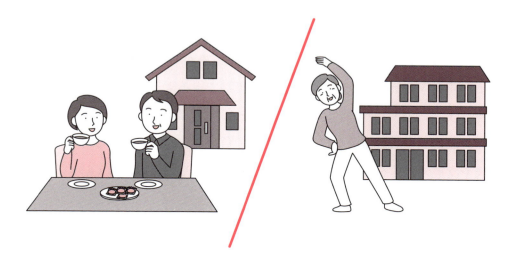

POINT チェックポイント

- 認知症の人を介護する家族の状況や心理状態について理解できましたか。
- 家族の負担軽減につながる「レスパイトケア」について理解できましたか。

第 7 章

障害の理解

第7章 障害の理解

障害の基礎的理解

> **POINT 学習のポイント**
> - ICFとICIDHとは何かを学びましょう。
> - ICFの考え方を通して「生活機能」と「障害」を理解しましょう。

障害の概念とICF

ICFの分類と医学的分類

　ICF（International Classification of Functioning, Disability and Health：国際生活機能分類）とは、人の「生活機能」と「障害」の関係をさまざまな面からとらえた国際的な分類法のことです。2001年に世界保健機関（WHO）によって示されました。それまでは、1980年にWHOが示したICIDH（International Classification of Impairments, Disabilities, and Handicaps：国際障害分類）の分類によって、病気やけがによる身体機能の変化や障害が生活に及ぼす影響を評価する考え方が用いられていました。

ICIDH（国際障害分類）の考え方

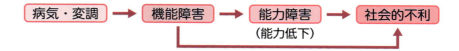

> **ICIDHは「障害」を限られた視点からとらえる**

　ICIDHは、病気やけがによる身体機能の低下や障害が、生活上の能力を低下させ、社会的な不利をもたらすという限られた視点からの考え方でした。したがって、障害は本人の望む生活を妨げるマイナスなものであると位置づけられ、リハビリテーションなどを含む治療の対象ととらえられてきました。

ICFは「生活機能」と「障害」を幅広い視点からとらえる

これに対してICFは、人が生きていくなかで心身機能やからだの変化は誰にでも起こりうるものとして生活機能の一部ととらえ、それらから生じる活動や社会参加への制約も、環境との相互関係で軽減させることができるとする、幅広い視点の発展的な考え方へと変化しました。

したがって、病気や障害があっても、適切なサポートを受けることでさまざまな活動や参加が可能になることから、医療チームだけでなく、本人や家族などとの相互理解のための共通言語として用いられています。

ICFの考え方

ICFは生活機能を3つの要素でとらえる

ICFでは、「生活機能」を①心身機能・身体構造、②活動、③参加という3つの要素から包括的にとらえます。そこに「健康状態」や背景因子である「環境因子」、「個人因子」が相互に影響し合い、人の生活は成り立っていると位置づけます。

ICF（国際生活機能分類）の考え方

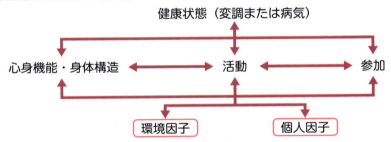

出所：厚生労働省「国際生活機能分類－国際障害分類改訂版－」をもとに作成

要素	内容
健康状態	病気・変調・けが・障害・加齢・ストレス・妊娠など
①心身機能・身体構造（生命レベル）	心の働き・からだの部位・機能の障害など
②活動（生活レベル）	家事・仕事・趣味など
③参加（人生レベル）	社会や地域・家庭での役割や社会参加など
環境因子	建物・交通機関・福祉用具・家族・社会制度など
個人因子	年齢・性別・生活様式など

第7章 障害の理解

1つの事例をICIDHとICFで評価するとどうなるか

脳梗塞による後遺症で左半身まひとなったAさんの例

ICIDH（国際障害分類）

脳梗塞　⇒　後遺症で左半身まひ（機能障害）

　　　　⇒　歩けない（能力障害）

　　　　⇒　外出がなくなり人づきあいが激減（社会的不利）

ICF（国際生活機能分類）

健康状態　　　　　　⇒　脳梗塞の発症

心身機能・身体構造　⇒　後遺症で左半身まひ

活動　　　　　　　　⇒　車いすを活用し外出ができる

参加　　　　　　　　⇒　部署を変えてもらい会社へ復帰

環境因子　　　　　　⇒　福祉用具の活用と自宅や職場の環境整備

個人因子　　　　　　⇒　車いすで生活

ICFを共通言語として活用していくためには、前ページの表の6つの要素をそれぞれに評価するうえで、以下の3つのポイントが必要です。

目標を設定して評価する

心身の状態や障害の状況などを共通認識とする際、どのような生活を実現するための評価なのか、目標を定めたうえで6つの要素を見ていくことが必要です。

相互作用モデルを活用する

6つの要素が影響を及ぼし合っていることを念頭に置き、目標達成に向けて関係性を明らかにしながら、働きかけの順序や内容を検討することが必要です。

活動における実行状況と能力を区別する

「活動」では、「実行状況：現在している活動」と「能力：できる活動」を適切に把握するだけでなく、将来的に「できそうなこと」や「やりたいこと」も想定し、能力を引き出していくことが必要です。

② 障害者福祉の基本理念

ノーマライゼーション

　人は生まれながらに尊い存在として、その権利が保障されるべきことは現代社会では誰もが認める考え方です。しかし、個人よりも組織や国の発展を尊ぶ価値観では、労働力や経済力に貢献することが難しい障害者は、他の人々よりも劣った存在として見なされることが少なくありませんでした。

　さらに、他と違う見た目や特徴などから、差別や偏見の対象になるだけでなく、保護すべきかわいそうな人たちと位置づけられ、社会参加や自立の機会から遠ざけられてきました。

障害者の定義とは

　そもそも「障害」とは、何でしょうか。国や時代によってさまざまな解釈がなされてきましたが、わが国では障害施策の基本となる法律「障害者基本法」では、以下のように定義されています。

> **障害者基本法　第一章　総則（定義）第二条**
> 一　障害者　身体障害、知的障害、精神障害（発達障害を含む。）その他の心身の機能の障害（以下「障害」と総称する。）がある者であつて、障害及び社会的障壁により継続的に日常生活又は社会生活に相当な制限を受ける状態にあるものをいう。
> 二　社会的障壁　障害がある者にとつて日常生活又は社会生活を営む上で障壁となるような社会における事物、制度、慣行、観念その他一切のものをいう。

障害を環境との不調和から生じる制限ととらえる

　ここで障害を、環境との不調和から生じる日常生活や社会生活における制限、という視点からとらえてみましょう。そうすると、環境を整えて、不調和を解消することで、制限を受ける人々そのものが特別な存在ではなくなります。

ノーマライゼーションとは

　ノーマライゼーションとは、障害の有無にかかわらず、すべての人が地域にお

いて、その人らしく暮らしていける社会をつくるという理念です。したがって、その実現のためには、社会から分離・隔離されていた障害者を地域で暮らす1人の市民として受け入れていくことが重要です。

ノーマライゼーションの理念は、障害者福祉の考え方を大きく変え、全世界のさまざまな分野で取り入れられて多くの活動や法整備の流れへとつながりました。

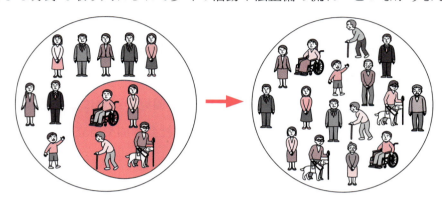

日本でのノーマライゼーションの実現

わが国で、ノーマライゼーションの理念が広く知られるようになったきっかけは、1981（昭和56）年に国連が制定した「国際障害者年」でした。「完全参加と平等」というテーマのもと、障害者を閉め出す社会は弱くもろい社会であり、社会の全員が生活しやすくすることは、社会全体の利益になるという考え方が示されました。そこから「障害者プラン～ノーマライゼーション7か年戦略～」や「社会福祉基礎構造改革」などの施策が打ち出されました（p.38参照）。

ノーマライゼーションの実現に向けた法整備

さらには、ノーマライゼーションを具体化するためのさまざまな法整備が進められることになりました。その結果、今日の「障害者基本法」や「障害者総合支援法」「障害者虐待防止法」「障害者差別解消法」などの法律につながっています。

POINT チェックポイント

- ICFとICIDHの考え方の違いについて理解しましたか。
- ICFの考え方を通して「生活機能」と「障害」の関係を理解しましたか。

2 障害の医学的側面

> **POINT 学習のポイント**
> - 障害の種類や特性を学びましょう。
> - それぞれの障害に応じた対処方法や支援上の留意点を理解しましょう。

1 身体障害

　身体障害とは、先天的または後天的に身体機能の一部に障害がある状態です。多くの場合、日常生活のなかで家族や援助者のサポートが必要になります。

視覚障害

　目の障害は、見え方によって視力障害、視野障害、色覚障害、光覚障害などに分けられます。

視覚障害の分類

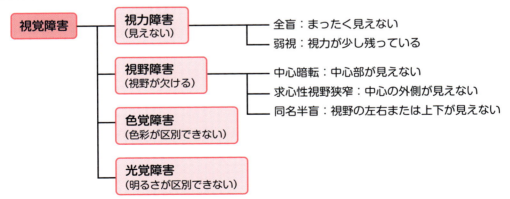

　これらのうち、障害者手帳取得の対象になるのは、視力障害と視野障害です。
　視覚障害を引き起こす主な疾患としては、緑内障、糖尿病網膜症、網膜色素変性症、白内障などがあります。概要は以下のとおりです。

視覚障害の主な原因疾患

緑内障	目に栄養分を補給する房水の循環が滞り眼圧が上昇し、視神経を圧迫することで、視覚障害を引き起こす
糖尿病網膜症	高血糖により網膜の血管に傷がつき、視力の低下を引き起こす
網膜色素変性症	遺伝性疾患。成長するに従い周辺から中心に向かって視野障害を引き起こす
白内障	水晶体が濁り、光が眼球内部に届きにくくなり、見えにくくなる

日常生活への影響と支援

　視覚障害の生活への影響は、障害が生まれつきのものか、人生の途中でなったものかで大きく異なります。視覚障害者の半数以上の人が成人後に障害をもつに至った中途障害者です。過去に見えていた記憶があっても生活の混乱は避けられず、本人がその状態を受け入れるまでに相応な時間が必要になります。

　日常生活では、歩行時の白杖や、コミュニケーション手段として点字や音声言語を認識する通信機器や、ICレコーダーなどを活用します。移動時の介助（ガイドヘルプ）やホームヘルプでは、安全確保への配慮や位置情報の提供が求められます。

聴覚・平衡機能障害

　耳の障害には、聞こえに関する聴覚障害と、耳の中にある三半規管の障害でからだのバランスが崩れる平衡機能障害があります。さらに聴覚障害は、障害の部位によって伝音性難聴と感音性難聴に分けられます。

難聴の主な種類

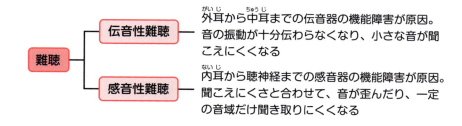

難聴
- 伝音性難聴：外耳から中耳までの伝音器の機能障害が原因。音の振動が十分伝わらなくなり、小さな音が聞こえにくくなる
- 感音性難聴：内耳から聴神経までの感音器の機能障害が原因。聞こえにくさと合わせて、音が歪んだり、一定の音域だけ聞き取りにくくなる

　さらに両方の症状を併せもつ混合性難聴などもあります。

耳の構造

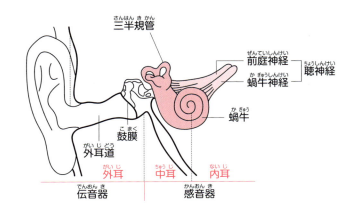

　聞こえの程度、平衡機能障害の程度によって障害者手帳の取得対象になります。

　聴覚障害では、障害を受けた時期によって言葉を覚えるプロセスが制限され、二次障害として言語障害を併せもつ場合があります。

日常生活への影響と支援

　日常生活では、補聴器の利用や手話によるコミュニケーション、筆談や要約筆記などが用いられます。聴覚障害の種類によっては、補聴器で音を大きくするだけでは聞こえが改善しなかったり、手話ができる人が限られているなどの課題が残ります。さらに、大勢での会話では、筆談や要約筆記では十分なコミュニケーションが難しく、必要な情報収集ができなかったり、孤立感を味わう場面も少なくありません。生活上の自立度は高いため、身の回りの世話よりも、コミュニケーションをとるための支援が求められます。

音声・言語・咀嚼機能障害

　話したり、言葉を聞いたり、言葉の意味を理解したりという言語機能に障害がある状態です。言葉を発することができない、意味がわからないといった「失語症」、言葉を正確に発音することができない「構音障害」などがあります。支援をするときは、利用者のペースに合わせて、ゆっくりとこころを傾けて聴くことが必要です。

　また、口腔に関する障害には咀嚼機能障害や嚥下障害があります。咀嚼とはか

むこと、嚥下とは飲み込むことですが、これらの機能が低下したり、障害が起きたりすると、食物をうまく飲み込めなくなります。食物が誤って気管に入る誤嚥や窒息状態の原因になることもあるので注意が必要です。高齢者は筋力の低下や疾患などにより、飲み込みに影響が出やすくなります。飲み込みが十分であるかどうかを確認し、問題があれば、医療職と相談して適切な支援を行います。

日常生活への影響と支援

日常生活では、文字盤やコミュニケーションボード、音声記録装置など、音声・言語障害を支援する機器が用いられます。ただし、用事を伝えるだけがコミュニケーションではありません。本人が伝えようとする思いに寄り添い、相手の話にわかりやすく応答する、ゆっくり話しかけるなど、安心してコミュニケーションができる環境づくりに配慮することが大切です。

肢体不自由

肢体不自由とは、生まれつきや事故、疾患などにより手足や体幹の運動機能が損なわれ、自由に動かせなくなる障害です。身体障害者手帳をもっている人の半数程度に見られ、近年では脳血管障害の後遺症による高齢の障害者が増えています。

肢体不自由の種類と概要

脳性まひ	出産前後の何らかの原因による脳の損傷によって起こる ・痙直型…筋肉が固まり四肢が突っ張る ・アテトーゼ型…顔や手足にコントロールできない運動が起こる ・失調型…からだのバランスが悪く、姿勢や歩行が不安定になる ・混合型…複数の症状が混合して起こる（多くの脳性まひに該当）
脳血管障害の後遺症	脳出血や脳梗塞などにより、脳組織が障害を受け、後遺症として障害を受けた脳の部位に対応した機能の障害が現れる。運動機能に障害が起こることも多い
脊髄損傷	事故などで脊髄が損傷されることで、損傷した場所につながっている神経に運動や感覚のまひが起こる。脳に近いほど障害が重くなり、頸髄の損傷では四肢まひや呼吸障害が起こり、生活全般に介助が必要になる

日常生活への影響と支援

　日常生活では、障害の程度に応じた動作の介助が必要になります。もっている機能を活用し、動かない部位の筋力低下や拘縮が進行しない配慮をします。また、感覚まひを伴う場合には、褥瘡予防の支援も重要になります。からだを自由に動かせないため、横になった姿勢でも座った姿勢でもからだの一部に長時間体重がかかりやすくなります。さらに痛みも感じにくいことから、褥瘡の発生や悪化に気づきにくいため、注意が必要です。

内部障害

　内部障害とは、特定の内臓に生じた疾患により日常生活や社会生活が制限される障害です。外見から障害がわからないこともあり、周囲からの理解が得られにくいことが、当事者の生活のしにくさにもつながっています。

内部障害の種類と原因疾患

心臓機能障害	狭心症や心筋梗塞などの虚血性心疾患や弁膜症、重度の不整脈など
腎臓機能障害	慢性腎不全や糖尿病性腎症など
呼吸器機能障害	慢性気管支炎、肺気腫、肺結核の後遺症、神経疾患など
膀胱・直腸機能障害	脊髄損傷、先天性奇形、悪性腫瘍など
小腸機能障害	クローン病、先天性腸閉塞症、イレウスなど
HIVによる免疫機能障害	ヒト免疫不全ウイルスによる感染
肝臓機能障害	肝炎、肝硬変、肝がんなど

日常生活への影響と支援

　日常生活では、継続した医療的管理のもと、病気の悪化を予防することが重要です。内部障害は体力や抵抗力、免疫力などの低下が特徴であることから、感染症予防には細心の注意を払います。過度な安静により生活が不活発にならないよう、介護職には利用者の主体性や意欲を引き出すサポートが求められます。

第7章 障害の理解

② 知的障害

知的能力の発達の遅れによる社会的適応への困難 ....

　知的障害とは、読み書きや計算などを行う知的能力の発達に遅れがあり、日常生活や社会的適応に困難が見られる障害です。法律などによる明確な定義はありませんが、多くの場合、おおむね18歳未満に能力の発達に遅れが生じたものを対象としています。つまり、一度発達した知能が事故や疾患で低下した場合は、知的障害には含まれません。

【診断方法】

　知的障害の有無を判断する検査は複数あります。一般に知能指数（IQ）70以下を知的障害と診断し、その程度に応じて軽度、中度、重度、最重度と分類しています。年齢や原因疾患、療育環境など、複数の要素により生活の自立度には個人差があります。知能指数に応じた能力の目安は、以下のとおりとされます。

知能指数（IQ）と障害の目安

IQ50～69程度	軽度	身の回りのことなど、日常生活での自立は可能。おおむね読み書きや計算もでき、文章での意思表示もできる。集団参加もできる
IQ35～49程度	中度	身の回りのことはだいたいできるが、読み書きや計算、会話などは簡単なものに限られる
IQ20～34程度	重度	身の回りのことが部分的にできる。読み書きはひらがな程度、計算は難しい。情緒的な発達も未熟である
IQ19以下	最重度	身の回りのほとんどのことに手助けが必要。読み書き、計算は不可能。言語でのコミュニケーションは難しく、身振りなどで意思伝達を行う

【日常生活への影響と支援】

　知的障害は、染色体異常や周産期の障害、脳の疾患など多くの原因が考えられています。実際には、約8割が原因不明といわれます。ダウン症候群などが代表的ですが、心臓疾患や感覚器障害など、他の障害を併わせもっていることもあるため、それらの状態に合わせた健康管理が重要です。

　日常生活は、できないことだけに目を向けるのではなく、その人らしい生活が

送れるよう小さな成功体験を積み重ね、自信をつけることが大切です。

③ 精神障害

　生活様式や社会構造の変化を背景とした過度なストレスを一因として、精神疾患を発症する人が増加傾向にあります。環境の影響を受けやすい障害であるため、介護職には障害への正しい理解が求められます。

統合失調症

　精神疾患の代表的なものの1つです。20歳代半ばくらいまでに発症することが多く、年齢が高くなるにつれて初めての発症は減ってきます。継続的な治療が必要であり、症状がいったん治まっても再発する可能性が高いことが特徴です。

統合失調症の主な症状

陽性症状	幻覚、妄想、支離滅裂な思考、激しい興奮、奇異な言動など
陰性症状	無関心、感情の平板化、無表情、意欲の低下、活動性の低下など
認知機能障害	記憶力の低下、作業能力の低下、集中力・注意力の低下など

日常生活への影響と支援

　治療に時間がかかり、周囲からの理解も得られにくい障害のため、社会的適応が難しい側面があります。支援者は医療職と連携を図りながら治療の継続と安心して生活できる環境づくりを支援することが大切です。

気分障害（感情障害）

　気分障害とは、気分の落ち込みや高揚することが自分でコントロールできず、日常生活に支障が出る状態をまとめた呼び方です。大きくは、うつ病と双極性障害（躁うつ病）に分けられます。

うつ病

うつ病では、憂うつな気持ちや悲観的な考え、気分が落ち込み元気がなくなるなどの精神症状と、頭痛や腹痛、不眠などの身体症状が見られます。

主な精神症状と身体症状

【精神症状】
・気分の落ち込み
・集中力・意欲の低下
・不安・焦燥感
・無力感・劣等感
・絶望感　など

【身体症状】
・頭痛
・腹痛・便秘
・眠れない
・食欲がない
・疲れやすい　など

症状が重くなると、物事を悪い方へと考え、自分を責める気持ちが強くなるなどから、死んでしまいたいという気持ちが起こることがあります。

双極性障害（躁うつ病）

双極性障害は、気分の高揚や興奮、抑制の効かない活動性が見られる躁状態と、うつ状態が数週間から数年単位で繰り返すことが特徴です。特に躁状態のときは、新しい考えが次々に湧いて集中力が持続しないだけでなく、疲労感をまったく見せず、不眠不休で活動し続けることがあります。嘘をついたり、手あたり次第何にでも手を出すなど自分勝手な行動をとり周囲を振り回すことがあります。

いずれの場合も、治療は薬物療法が主となるため、服薬の継続や副作用の有無などを確認することが大切です。抽象的な励ましの声かけは慎み、安心して心身の休息がとれるよう、環境づくりに配慮することが大切です。

依存症

依存症とは、飲酒や薬の使用をやめられなかったり、ギャンブルなどにのめり込むなど、日常生活や社会生活に支障が出ても、行動をコントロールできない状態をいいます。これらの行為には、趣味や嗜好(しこう)などと混同されやすいものが含まれています。人間関係を壊したり、働けなくなるなど、欲求が自分の力では抑えられないものは、治療の対象とする必要があります。最も代表的なものとしては、

アルコール依存が挙げられます。

依存症の分類

物質への依存	アルコール依存、薬物依存、ニコチン依存など
行動への依存	ギャンブル依存、インターネット依存、買い物依存など
人間関係への依存	共依存、恋愛依存、性依存など

高齢男性にアルコール依存症が増えている

アルコール依存症は近年特に高齢男性に増えています。正常な飲酒から、多量な飲酒までの経過は境目なく変化していくため、定年退職後の自由になる時間のなかで、朝から飲む酒が習慣化し、依存症のきっかけになることがあります。

アルコール関連問題と依存症

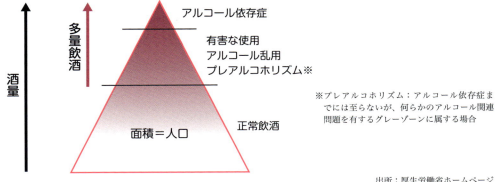

※プレアルコホリズム：アルコール依存症までには至らないが、何らかのアルコール関連問題を有するグレーゾーンに属する場合

出所：厚生労働省ホームページ

アルコール依存症は、進行することで肝臓や膵臓、心臓などの臓器に生命にかかわるような深刻なダメージを与えます。さらには、幻覚や妄想などの精神症状、もの忘れや場所や時間がわからなくなる見当識障害など、認知症に似た症状を引き起こすことがあります。回復には断酒が不可欠となるため、医療関係者と連携を図りながら、飲まない生活の支援をすることが求められます。

高次脳機能障害

高次脳機能障害とは、脳血管障害や感染症、事故などのけがによる脳の損傷で記憶や言語、思考、遂行能力などの認知機能や精神活動の一部に障害が起こった

状態をいいます。高次脳機能障害は、外見からわかりにくく、障害の状況も多様であることから、適切な診断に結びつかず、必要な支援が受けにくい状況にありました。しかし、現在では国から診断基準が示され、医療・福祉サービスの利用が可能になっています。

国の診断基準

診断基準では、日常生活や社会生活が制約されている原因が、遂行機能障害・行動と情緒の障害・注意障害・記憶障害などの認知障害であることを要件としています。

高次脳機能障害の主な種類と症状

種類	症状
記憶障害	新しいことを覚えられない、覚えたことを思い出せない
注意障害	気が散りやすく集中力が続かない、複数のことが同時にできない
遂行機能障害	段取りにそって物事が進められない、優先順位がわからない
行動と情緒の障害	感情や欲求のコントロールができない、性格が変化する
失語症	言葉が出てこない、理解できない、文字の読み書きができない
失行症	運動機能に障害はないのに目的にかなった動作ができない
半側空間無視	目では見えているが片側半分を認識できない

このほかにも、場所の認識が障害される地誌的障害、聞こえたものが認知できない聴覚失認、人の顔がわからなくなる相貌失認など多様な症状が見られます。

年齢や社会的な役割なども考慮したサポートが求められます。

発達障害

発達障害とは、脳機能の発達に関係する障害のことをいいます。生まれつきのものと考えられており、事故や病気、養育環境が原因で起こるものではありません。症状の特徴などにより広汎性発達障害、注意欠陥多動性障害、学習障害などに分けられています。ただし特性が少しずつ重なり合っており、本質的には1つの大きな障害単位と考えられています。

発達障害はその症状の現れ方により「スペクトラム（連続体）」と表現されるこ

発達障害の分類

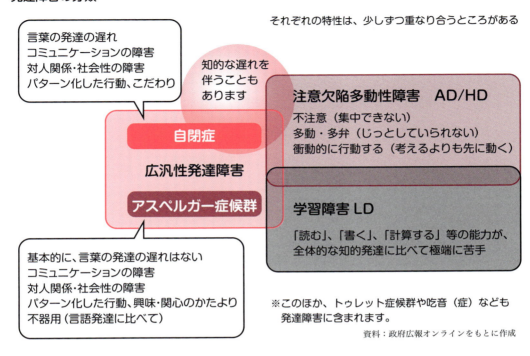

ともあり、他の障害のように正常と障害の境界が明確ではありません。そのため、本人の困りごとや生活のしづらさが見えにくく、理解されにくい障害です。

共通した特性として、「概念的・抽象的なことの理解が苦手」「複数の情報を同時に処理するのが苦手」「臨機応変が苦手」などの特徴が挙げられます。

日常生活への影響と支援

具体的な生活の場では、「行間や表情が読めない」「まとまった指示を受けられない」「予定の変更に対応できない」といったかたちで現れ、人間関係や社会的適応の悪さにつながることがあります。支援にあたるうえでは、具体的な予定の見通しを立て、わかりやすく情報を伝えるよう工夫することが大切です。

その他の精神疾患（神経症）

ほかにも、日常生活に支障が生じる精神疾患にはさまざまなものがあります。以下に述べる神経症は、不安を主な症状とすることから不安障害とも呼ばれます。

服薬やカウンセリングなどの治療が必要になります。本人が疲労やストレスを

ためないよう、配慮することが求められます。

パニック障害

パニック障害では、突然起こるパニック発作と、発作にまた襲われるかもしれないという不安から外出できなくなるなど、行動の自由が制限されるようになります。パニック発作では、動悸（どうき）や呼吸困難、胸痛など身体症状が繰り返し起こるため、死への恐怖や不安から精神状態が悪化し、日常生活に支障をきたしていきます。

強迫性障害

強迫性障害では、特定の考えやイメージが頭から離れず（強迫観念）、自分でも意味のない過剰な行為と思ってもやめられない行動（強迫行為）を繰り返します。よく見られるのは、汚れが気になり手洗いを続けたり、火事や泥棒などを心配し、戸締りやガスの閉め忘れの確認行為を延々と繰り返し、外出できなくなる、などがあります。

PTSD（心的外傷後ストレス障害）

PTSDでは、事件や事故、いじめなどによって、生死にかかわるような強い恐怖や危険を体験した後、長期にわたりその記憶が残り、思い出すたびに同じような恐怖を感じ続けます。不眠や情緒不安、無力感などの症状が引き起こされ、社会生活が困難になります。

POINT チェックポイント

- さまざまな障害の種類や特性を理解しましたか。
- それぞれの障害に応じた対処方法や支援上の留意点を理解しましたか。

3 家族の心理とかかわり・支援の理解

> **POINT**
> 学習のポイント
> - 家族が障害を受け入れる過程や心理を学びましょう。
> - 家族にはどのようなかかわりや支援が求められるか理解しましょう。

1 家族への支援

障害の理解・障害の受容支援

　家族をサポートすることは、障害者本人の生活環境を整える意味からもとても重要です。障害にはさまざまなものがあり、最初から障害について正しい知識をもっている家族はいません。それが大きな不安となり、介護を難しくしていることがあります。

日常生活への影響と支援

　まずはその障害はどういうものなのか、医療の専門職などを通じて家族に知ってもらう必要があります。家族の誰が、いつ、どのような障害をもったかで、家族の障害を受け入れる過程には違いがあります。

　ここでは、先天性の障害をもつ子どもの親の受容過程の例を挙げます。下の表は「段階説」と呼ばれる受容過程を示しています。

段階説（先天性障害の子どもをもつ親の受容過程）

ショック	障害がわかった直後の混乱状態
否認	何かの間違いではないかと事実を認めようとしない状態
悲しみと怒り	「どうしてわが子が」というやり場のない怒りと悲しみの状態
適応	障害のある子を授かったことを認め、現実を見始める状態
再起	親として子どもの障害を受け入れ、前に進もうとする状態

219

親の誰もが一直線に再起へ向かうわけではなく、前述の5つの心理状態が重なりながら徐々に変化していくと考えられています。

段階説とは別に「慢性的悲哀説」と呼ばれる受容過程があります。悲しみは常に親の内面にあって、障害を受け入れた後もなお、就学や就職など、人生の節目やイベントを通して感情が表面化するものです。

いずれの考え方においても、受容に至るプロセスには決まったものがあるわけではなく、どの過程が正解というわけでもありません。支援者は、家族の受容過程を静かに見守り、寄り添っていくことが必要です。

家族の介護負担の軽減

家族は親としての責任、生活や将来の不安、疲労、介護によるストレスなど多くの負担をかかえています。家族も支援対象であるという意識をもち、家族の自己実現や社会参加についてもサポートしていく視点が求められます。

家族の支援に活用できる社会資源には、以下のようなものがあります。同じ立場の当事者が集まる家族会は、介護に関する情報収集や体験の共有などを通し、生活の閉塞感を解消し、心理的な安定を与える役割も担っています。

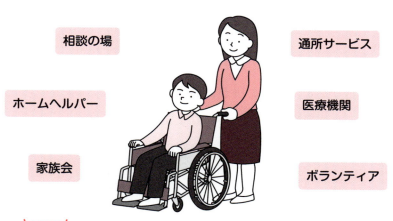

POINT チェックポイント

- 家族が障害を受け入れる過程や心理を理解しましたか。
- 家族にはどのようなかかわりや支援が求められるか理解しましたか。

第8章

こころとからだのしくみと
生活支援技術

第8章 こころとからだのしくみと生活支援技術

介護の基本的な考え方

> **POINT 学習のポイント**
> - ICFの視点に基づいた生活支援の仕方を理解しましょう。
> - 介護保険法に示されている、介護のあり方を学びましょう。

理論に基づく介護

ICFの視点に基づく生活支援

　私たちは、食事や睡眠などの生理的な活動だけでなく、社会の一員としてさまざまな役割を担いながら、仕事や家事、学業などを行い、余暇を楽しんだりしながら、それぞれの意思のもとに日々の暮らしを営んでいます。

　しかし、高齢になり心身の機能が低下したり、病気になったり、障害が残ったりすることで、日々の生活を思うように送れなくなります。

　介護職が利用者の生活支援を行う場合には、利用者が望む生活が実現するように行うことが大切です。障害があっても、高齢であっても、その人らしい生活が実現できるように、利用者の自立を促すような生活支援が求められます。

ICFはQOLを向上するための考え方

　1980（昭和55）年にWHO（世界保健機関）は、「障害」について定義し、ICIDH（国際障害分類）を作成しました。2001（平成13）年、WHOがこれを大幅に改定したICF（国際生活機能分類）を提唱しました。ICFでは、生活機能を①健康状態、②心身機能・身体構造、③活動、④参加、⑤環境因子、⑥個人因子の6つに分類し、障害のある人の状態を全体像としてとらえます。

　高齢者の生活支援は、このICFの視点に基づいて行います。利用者のニーズを探り、社会生活活動への参加状況や周囲の環境なども視野に入れ、どうすればできるようになるかよりよい方法を考え、QOL（生活の質）の向上を図ります。

我流介護の排除

　介護は、利用者のからだとこころの両面にかかわる仕事です。自分本位の考え方ややり方で行う我流のケアで利用者にけがをさせたり、利用者ができることに手を貸しすぎて、利用者の能力を奪うようなことがあってはなりません。

理由や根拠のある介護を

　また、介護サービスは、「どの介護職が行っても、同じレベルのサービス」であることが求められます。

　高齢者の介護では、利用者と家族の生活の仕方や関係性を十分に尊重することが大切です。そのうえで介護職は、精神的にも身体的にも利用者に負担をかけない技術をもち、どの介護職もある一定のレベル以上のサービスを提供できることを目指す必要があります。

　そのため、初任者研修や生活援助従事者研修で、介護についての考え方や介護技術を学ぶことは仕事をするために不可欠であり、しっかりとした理由や根拠を意識して介護をすることが必要です。

生活援助従事者が行うサービス

　初任者研修の修了者と生活援助従事者研修の修了者では、提供できるサービスに違いがあります。

・初任者研修の修了者：食事、排せつ、入浴など利用者のからだに直接触れて行う身体介護、個別援助計画の作成などを行う。糖尿病の利用者向けの食事の調理など、専門的知識・技術をもって行う日常生活・社会生活上の援助も行う。
・生活援助従事者研修の修了者：身体介護以外の日常生活の援助を行う。具体的には、掃除、洗濯、調理、ベッドメイクなどである。身体介護、個別援助計画の作成、専門的知識・技術の必要な援助は行わない。

事業所レベルで介護技術を標準化

　介護技術の標準化は事業所単位で行われます。介護職はそれに従って理論を学び、OJT（業務を通して行う社員育成のための教育訓練）で学習、研鑽を積んでいくことが必要です。そのなかで、利用者の思いを考えながら、根拠をもったサービスを提供することが求められます。

第8章 こころとからだのしくみと生活支援技術

2 法的根拠に基づく介護

介護保険法と介護

2000（平成12）年に施行された介護保険法には、介護のあり方が示されています。

法令文と介護のあり方

介護のあり方が示されている部分	示されていること
介護保険法　第1条 加齢に伴って生ずる心身の変化に起因する疾病等により要介護状態となり、入浴、排せつ、食事等の介護、機能訓練並びに看護及び療養上の管理その他の医療を要する者等について、これらの者が尊厳を保持し、その<u>有する能力に応じ自立した日常生活を営むことができるよう</u>、必要な保健医療サービス及び福祉サービスに係る給付を行うため、国民の共同連帯の理念に基づき介護保険制度を設け、その行う保険給付等に関して必要な事項を定め、もって国民の保健医療の向上及び福祉の増進を図ることを目的とする。	介護保険制度は、要介護状態になった人が尊厳をもち、自立して生活できるような福祉サービスを提供するために設けられた
介護保険法　第2条第2項 前項の保険給付は、<u>要介護状態の軽減又は悪化の防止に資するよう行われる</u>とともに、<u>医療との連携に十分配慮して行われなければならない</u>。	介護職は医療職と連携しながら、要介護状態が少しでもよくなる、あるいは悪化させないようなサービスを提供する
指定居宅介護支援等の事業の人員及び運営に関する基準（平成11年厚生省令第38号）　第1章第1条の2 指定居宅介護支援の事業は、要介護状態となった場合においても、その利用者が可能な限りその居宅において、その<u>有する能力に応じ自立した日常生活を営むことができるように</u>配慮して行われるものでなければならない。3（前略）指定居宅介護支援の提供に当たっては、<u>利用者の意思及び人格を尊重し</u>、常に利用者の立場に立って、利用者に提供される指定居宅サービス等が特定の種類又は特定の居宅サービス事業者に不当に偏することのないよう、公正中立に行われなければならない。	介護サービスは本人の意思を最大限に尊重して提供されるべき。利用者の意思と尊厳を守り、利用者がもつ能力を生かして、できるだけ自立できるように考えながら支援することが大事

\ POINT /
チェックポイント

- ICFの視点に基づいた生活支援の仕方を理解できましたか。
- 介護保険法に示された内容から、介護のあり方を理解することができましたか。

2 介護に関するこころのしくみの基礎的理解

> **\ POINT /**
> **学習のポイント**
>
> - こころのしくみのなかで介護職が知っておきたい感情と意欲、感情・思考・意欲の関係について学びましょう。
> - 老年期の幸福感に影響を与える、自己概念や生きがいについて理解しましょう。
> - 老化や障害を受け入れるプロセスと介護職の役割を理解しましょう。

1 感情と意欲の基礎知識

感情について

　感情とは、物事に対して起こる、喜び、悲しみ、怒り、諦め、驚き、嫌悪、恐怖などです。感情は自分が感じる主観的な意識状態で、感情のなかでも状況に反応してわき上り、何らかの行動を起こすものを「情動」といいます。また、行動を起こさずに比較的長く続く穏やかな感情状態を「気分」といいます。

　そして、感情が喚起（かんき）されるとからだにさまざまな反応が起きます。心拍数や血圧、体温などに変化が起きます。また、悲しいときには泣く、うれしいときには笑うなどの表情、姿勢やからだの動きなどに感情が現れます。

感情と加齢

　これまでの研究では、加齢に伴ってポジティブな感情は減少し、ネガティブな感情が増加するようになると指摘されてきました。しかし、近年の研究では高齢になると怒りの感情が減り、ネガティブな感情については他の年代と差がないことがわかってきました。これは高齢者になると怒りっぽくなるという見方を否定する結果です。

　また、高齢者の場合には、感情の表出が鈍くなったり、逆にわずかな刺激で感情が過剰に表出するなど、感情のコントロールができなくなることがあります。

225

この場合には、脳の機能が障害されていることも考えられます。

意欲について

意欲とは、「○○したい」「○○がほしい」「○○になりたい」「○○でありたい」など、その人を行動に向かわせる気持ちです。こうした気持ちは、意思あるいは欲求と呼ばれることもあります。意思は何かをしようとするもととなる気持ちが含まれ、欲求には無意識に欲しがる気持ちが含まれます。

意欲を行動に変え、維持していく過程を「動機づけ」といいます。動機づけには、食欲や睡眠欲など生命を維持するための「生理的欲求」と、目標を達成したい、人との関係を築きたいなど社会生活のなかで獲得される「社会的欲求」があります。

マズローの欲求段階説

アメリカの心理学者マズロー（Maslow）は、人間の欲求は5つの階層構造になっており、下位の欲求が満たされてから、高次の欲求が発現すると考えました。生存に不可欠な「生理的欲求」から始まり、安全で信頼できる状況を求める「安全欲求」、人に愛され、仲間を求める「所属・愛情欲求」、そして、周囲に価値ある存在だと認められたいという「承認欲求」、これらすべてが満たされると、自らを成長させようとする「自己実現の欲求」が現れます。

マズローの欲求段階説

出典：『介護職員初任者研修課程テキスト3』日本医療企画、2016年／F.ゴーブル著、小口忠彦監訳『マズローの心理学』産業能率大学出版、1972年をもとに作成

感情・思考・意欲の関係

感情・思考・意欲の関係はとても密接です。単調で刺激が少ない無感情な生活を送っていると、人は考えることをしなくなります。物事への興味がだんだんと薄れ、意欲が低下します。意欲低下により活発に動かなくなると身体機能にも影響し、心身が衰弱していきます。

感情・思考・意欲は脳の表面部分、大脳皮質の前方部分「前頭葉」が支配しています。ほかにも言語機能や記憶、学習能力などを担う前頭葉は、学び、記憶し、思考して、チャレンジするなど、いきいきと生きるためにとても大切です。

感情・思考・意欲は人格にも影響

感情・思考・意欲は人格にも影響を与えます。最近の高齢者心理学研究では、老年期を迎えても性格は変化しないと考えられています。しかし、心身の機能や感覚の低下、環境や人間関係の悪化により、本来もっている性格の傾向が強まったり、性格が変化する場合があるといわれています。

アメリカの心理学者ライチャード（S. Reichard）は高齢者の人格を以下の5つに分類しています。

ライチャードによる高齢者の人格の分類

円熟型	過去への後悔はなく、老いを受け入れている。現在の生活や人間関係にも満足し、未来に対して現実的な展望をもっている
安楽椅子（依存）型	受け身的、消極的に老いを受け入れ、責任から免れることを望む。周囲からねぎらわれる老年の境遇に満足している
武装（自己防衛）型	老いに対して不安や拒否感がある。若いときの水準を保とうとして、積極的に行動することで自尊心を維持する
自責（内罰）型	これまでの人生を失敗だと思い、自分を責める。愚痴と後悔を繰り返し、新しい関係性をつくれない
憤慨（外罰）型	これまでの人生を失敗だと思い、他人を責める。老いや自分の過去を受け入れられず、人から親切にされても感謝できない

出典：『実務者研修テキスト6』日本医療企画、2017年／佐藤眞一「老いの生活への適応過程」、佐藤眞一、大川一郎、谷口幸一編著『老いとこころのケア—老年行動科学入門—』初版、ミネルヴァ書房、2010年をもとに作成

第8章 こころとからだのしくみと生活支援技術

② 自己概念と生きがい

さまざまな老年期

老年期（65歳以上）の心身の状態は、個人によって実にさまざまです。

80歳を超えても元気に外出し活動的な人もいれば、聴覚・視覚障害が進んだり、歩行困難になって外出もままならない人、うつや認知症を患う人もいます。

老年期以前に事故や病気で介護を必要とすることもありますし、生まれながらに障害があっても尊厳をもって老年期まで生きる人もいます。

老年期の心身の状況は個人差が大きい

中年期までの心身の状況は、誰でもだいたい同じ経過をたどります。しかし、老年期になると、遺伝的要素や生活習慣、環境、病気などの影響が大きくなり、同年齢での個人差が大きくなります。これには、からだの細胞の数が減り、内臓や組織が変化していくことなどが関係していると考えられています。

また、老年期はさまざまな喪失体験が起こりやすい時期です。たとえ元気な人でも、それまで築いてきた自分が変化していくことを否応なしに感じさせられる時期でもあります。

自己概念

自己概念とは、自分がとらえる自分のイメージです。どんな自己概念をもつかは、病気や障害のリスクを減らして心身の健康をできるだけ維持し、社会とかかわる活動をする「幸福な老い（サクセスフル・エイジング）」にも関係します。

また自己概念は、身体の状態、精神面の発達、知能、記憶力、判断力、社会や環境への適応など自分に関することと、家族や他人、環境、文化、社会など自分以外のことの両方の影響を受けます。年齢を重ねていくことで社会的な立場や自分が置かれる状況、こころやからだも変化していくため、ライフステージによって自己概念は変化していきます。

死や家族についての肯定感が高まる

成年期と老年期の自己概念について比較した研究では、老年後期になると老年前期までに比べて自分の身体への評価や将来像には否定的ですが、自分の家族や自分自身については若いときよりも肯定的にとらえているということがわかっています。死に対しても歳をとるにしたがって、否定的→中立→肯定的なとらえ方に変化するといわれています。

老年期と生きがい

人生に生きる価値や意味を与える「生きがい」をもつことは、こころの安定にもつながり、介護予防の視点からも注目されています。

生きがいには、自己実現的な生きがい（仕事、趣味、学習、ボランティアなど）と、対人関係的な生きがい（家族との生活、子どもの成長、社交など）の2つがあります。

自己実現的な生きがいを得られるかどうかは身体的・経済的な条件にもよるので、誰しも得られるとは限りませんが、他者とともにあることの生きがいを得ている人は少なくないといえるでしょう。

自分らしく生きてこそ

ささいな活動でもいきいきと楽しんでできれば充実でき、生きがいになります。要介護になっても、支援を受けることによって自己実現できれば、生きがいが失われることなく、その人らしい生活を送ることができます。

自分らしく生きてこそ、生きがいは生まれます。自分の意思で物事を決め、自分の意思で行動し、家庭や社会の中で認められることで生きがいが得られるのです。介護職は、利用者が生きがいとしていることを大事にし、できる限り継続するように支援します。

生きがいを失っている場合は、元気なころに好きだったことや趣味にしていたこと、自信をもっていたことを会話から引き出します。人生の経験者である利用者から教えていただくという気持ちで接し、糸口を探っていきます。

老年期の人間関係と幸福感

老年期の人間関係には以下の特徴があり、これらがサクセスフル・エイジングにも影響します。

老年期の人間関係の特徴

人間関係が縮小する	退職や引退により、職業的・社会的な役割を果たすうえでの人間関係が狭まる
友人・仲間関係が縮小する	同年代の人との死別を経験しやすい。年齢が上がるほど顕著
健康状態に左右されがち	健康状態がよいと近所の人、趣味の仲間、若い人など周囲との交流が活発
心身の能力に左右されがち	心身の能力が低くなるほど近親者や友人との気の置けない関係を維持しにくくなり、専門職による介護・生活支援サービスを受けることが多くなる
立場が変化する	他者を世話・支援する立場から、世話や支援を受けるという依存的立場に立つことが多くなる

互恵的関係がこころを満たす

自分は世話をされるばかりで人の役に立てていないと感じていたり、逆に自分ばかりが人の世話をして、相手からは手助けされることもねぎらわれることもないといったとき、孤独感を抱いたり、苦悩したりします。

友人関係に見られるような、ときには自分が一肌脱ぎ、困ったときには甘えさせてもらえるもちつもたれつの関係、「互恵的関係」があると、こころが満たされます。介護職はいかにしてよい支援をするかに目が向きがちですが、利用者が介護職に教えてくれることなどが、利用者自身の生きがいになることがあることを心得ておきたいものです。

こうするとおいしくなるのよ

3 老化や障害を受け入れる適応行動とその阻害要因

老化や障害がもたらす喪失感

歳をとると若いころに比べて見た目が老け、世間から低い評価を受けたと実感することがあるでしょう。運動機能が低下するため、からだの衰えも痛感します。個人差はあれ、高齢になれば家族や介護職の支援が必要になってきます。

また、死がそれほど遠くないことを感じ、要介護状態になるとさらに不安が強くなります。こうした苦悩から、自分はもう必要とされない人間になってしまったと、存在価値の喪失感を抱くこともあります。

障害により無力感が加速

骨折や脳卒中などのけがや病気で障害が起こると、喪失感はより強くなります。今までできていた歩行や会話ができなくなったり、転倒や排せつの失敗などが起こればなおさらです。リハビリテーションなどを受けようとする気力がわかず、無力感や絶望感、抑うつをかかえて社会活動への参加をあきらめてしまうと、廃用症候群（生活不活発病）になり、閉じこもると余計に諸機能の低下が進み、寝たきりになるという悪循環を招くケースも少なくありません。

受容のプロセス

障害を受け入れるということは、身体的、心理的、社会的側面から自分の価値観を変えていくということです。

障害の受容

身体的受容	障害の程度や原因、予後を客観的にとらえる
心理的受容	障害について苦悩したり恥ずかしがったりするなど、こころの混乱を起こさない
社会的受容	家族やケアをしてくれる人、住居などの変化に順応する

受容するまでには、ショック期→否認期→混乱期（悲しみと怒り）→解決への努力期（適応）→受容期（再起）という5つのプロセスがあり、進んだり戻った

りしながら受容期に向かうとされています。

障害を受容するまでのプロセス

受容プロセス	状態	介護職のかかわり
ショック期	・集中的に医療とケアを受けている時期 ・感情が動かなくなっていることが多く、自分に起きたことだと感じられない ・不安は少なく、「治療すれば治るだろう」と希望をもっている	不安感はまだ強くないので、退院したら何がしたいかなど目標を話す
否認期	・身体的状態が安定したことで、けがや病気が治らないかもしれないと自覚する ・障害があることは認めるが、以後の生活への影響までは考えが至らず、正確に受け入れられない ・防衛反応として障害を否認したり、過剰に回復への希望をもつことがある	現実に向き合わせることが逆効果になる時期。思いを傾聴し、否定的な感情を受け止める
混乱期 （悲しみと怒り）	・置かれた状況や状態の現実を認識するようになり、怒り、悲嘆、絶望などの情動が起こる ・存在価値の喪失感をもつ ・医療関係者を責めるなど他人のせいにしたり、自分を責めたりする	怒りや恨みに対しては、否定も肯定もせず、思いを理解する。自分を責めているときはよく傾聴し、未来に目を向けてもらう
解決への努力期 （適応）	・少しずつ状況を理解していく ・人を責めても問題は解決しないことに気づく ・障害を受け入れることに対して、前向きな努力ができるようになってくる	ADLが向上していくことで前向きになれるので、社会的支援の活用を提案したり、役割を見いだせるように支援する
受容期 （再起）	・価値観が変わり、自分の価値は障害によって失われないと理解 ・生活を再構築する過程で、社会や家庭で新たな役割を得たり、人との交流で生きがいを感じられるようになる	新たに得た役割や生きがいを理解し、それを行うために必要なことで支援する

この受容のプロセスは、からだの機能の障害だけでなく、老化や身近な人の死、何らかの挫折などの喪失体験にも通じます。

自分が認識している状態と、障害によって変わってしまった現実との間に生じる違和感を正しくとらえ、認識を現実に適応させて克服していくのが障害を受容するプロセスです。障害を負ったことで自分の人生を悲観したり、将来をあきらめているのは受容とはいえません。また、すべてこのプロセス通りに進むわけではなく、さまざまな気持ちが行きつ戻りつしながら生活しています。介護職は利用者が受容し、生活を再構築していけるよう支援していきます。

受容のプロセスにおける介護職の役割

障害は自立への意欲も奪います。機能訓練によって少しでも機能が戻ってくると自主性が取り戻されます。できなくなったことを改めて習慣化していくには大変な努力が必要です。

利用者は受容のプロセスのなかで、自分自身の存在価値に気づく必要があります。利用者の気持ちの揺れを受け止めながら、少しでも自立能力が高まるように支援していくことが介護職の役割です。その人の長所やこれまでの功績を見いだして、誇りを取り戻せるように働きかけるのも介護職の役割の1つでしょう。これまで経験したなかから、その人の生きる力や知恵、もち味にスポットをあて、尊敬の念を言葉にして伝えることで利用者は力づけられるでしょう。

\ POINT /
チェックポイント

- 高齢者の感情と意欲、感情・思考・意欲の関係について理解しましたか。
- 老年期の幸福感に影響を与えるものについて理解しましたか。
- 老化や障害を受け入れるプロセスと介護職の役割を理解しましたか。

第8章 こころとからだのしくみと生活支援技術

3 介護に関するからだのしくみの基礎的理解

\POINT/
学習のポイント

- 生命を維持するしくみやからだのしくみについて理解しましょう。
- こころとからだのつながりについて理解しましょう。

1 生命の維持・生体恒常性のしくみ

人間には、生命を維持し、健康な状態を保つ（生体恒常性を保つ）さまざまなしくみが備わっています。

体温

人間は恒温動物であり、外の環境や温度に変化があっても、体温をある程度一定に保つ働きをもっています。

体温は脳の働きによってコントロールされています。外の温度が低いときは、血管を収縮させてからだの表面を流れる血液の量を減らし、熱が外に逃げるのを防ぎます。反対に、外が暑いときは血管を広げて血液の量を増やし、熱を外に発散して汗を出します。汗が蒸発するときに熱が奪われ体温が下がります。

体温の測り方

熱は、多くの場合、わきの下で測ります。ほかに、口の中、直腸、耳の穴（外耳道）などでも測ることができます。体温はどこで測るかによって微妙に変わる

体温の測り方

ので、いつも同じ場所で測ります。また、汗は、測定前に拭き取ります。

高齢者の体温の特徴

高齢者の体温について、次のようなことを知っておきましょう。

・高齢になると若いころより、体温がやや低くなる傾向がある。
・体温には個人差があるので、その人の平熱を知っておく。
・１日のなかでの変動がある。朝は低めで夕方に高くなる。
・睡眠中や空腹時は低くなり、運動や食事、入浴などで高くなる。
・高齢になると、感染症にかかっても熱があまり上がらないことも多い。

呼吸

呼吸とは、口や鼻から空気を吸い込んでからだの中に酸素を取り込み、息を吐くことで不要な二酸化炭素を外に出す働きをいいます。

呼吸の回数には、年齢や体格などによる違い、個人差があり、気温や姿勢、運動、感情などによっても変わります。健康な人の１分間の呼吸数は、12〜20回ぐらいです。

呼吸数の測り方

１分間の呼吸数は、胸やおなかの上下の動きで数えます。横になっている人のかけ布団の上から軽く手を置くか、動く様子を見て数える方法があります。

呼吸の観察

呼吸数のほか、呼吸に伴う音やリズムなども観察しましょう。呼吸の異常があるときは、病気の可能性があります。

・呼吸が不規則、呼吸がないなど
　→脳の病気や髄膜炎など病気がかくれている可能性がある。
・いびきのような音やヒューヒューする音が聞こえる
　→気管支が狭くなっている可能性がある。

ほかにも意識、脈拍、顔や唇の色、発熱、息苦しさや胸の痛み、頭痛、せきやたんなど、呼吸以外の症状もあわせて観察します。

脈拍

脈拍とは、心臓の収縮によって血液が送り出されるときの拍動のことです。送り出された血液が血管の壁に当たる様子で脈拍がわかります。脈拍の回数やリズムは、心臓の状態を知る指標になります。

脈拍数は、一般的に1分間に60～80回で、高齢になると少なくなります。眠っているときは少なく、運動しているときや発熱時は多くなります。安静にしているときで、1分間に100回以上の場合は頻脈、反対に一般的な回数より少ない場合（50回／分以下）は徐脈といいます。

脈拍の測り方

脈拍は、手首の内側（橈骨動脈）のほか、肘の内側（上腕動脈）、首の外側（頸動脈）など、いくつかの場所で測れます。人差し指、中指、薬指の3本の指をそろえて血管に軽く当てます。

運動や食事、入浴のときは脈拍数が多くなるため、30分ぐらい空けてから測ります。

脈拍を測る主な部位と測り方

 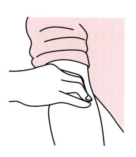 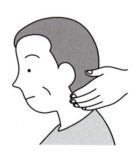

脈拍数の観察

次のようなことに気をつけて、脈拍を観察します。

・脈拍数には個人差があるので、その人の安静時の脈拍数を知っておく。
・リズムや強弱がいつもと違うかについて、観察する。
・血液の流れを止めてしまうおそれがあるので、指で血管を強く押さえない。
・冷たい手で触れないようにする。

血圧

血圧とは、血液が心臓から送り出されて全身の動脈を流れるときに、血管の壁に与える圧力のことです。

心臓が血液を送り出そうと「ギュッ」と収縮したときに圧力は高くなり、そのときの最も高い血圧を「最高血圧（収縮期血圧）」といいます。反対に、血液が全身から戻って心臓に流れ込むと心臓が広がり、圧力が下がります。そのときの最も低い血圧を「最低血圧（拡張期血圧）」といいます。

血圧には個人差がありますが、一般的に、朝に低く、夕方に高くなります。また、気候や運動などによって、上がったり下がったりします。

血圧の測り方

血圧は、血圧測定器を使って測ります。運動や入浴、食事の後は30分ぐらい空けて、毎日なるべく同じ時間に測ります。正確に測定するためには、測定する腕の位置を心臓と同じ高さにして測ることが必要です。

血圧の測り方

高齢者の血圧の注意点

血圧は、さまざまな要因で上がります。以下のような点に注意します。

- 血圧は気候や運動、感情の状態などによって変わるため、その人のふだんの血圧を知っておく。
- ふだんの値と大きく違う場合や、頭痛、ふらつき、立ちくらみ、首や肩のこりなどが見られる場合は医師に連絡する。
- 食事の塩分が多くならないようにする。
- 環境の温度によって血圧が変動する。冬場の入浴では、脱衣所までの廊下、脱衣所、浴室などの温度を居室と同等に保つ。

血圧の基準値

高血圧は、脳梗塞、心臓や血管の病気、慢性腎臓病などさまざまな病気の危険性を高めます。高血圧の基準は、日本高血圧学会のガイドラインで「140／90mmHg」と定義されています。

成人の血圧の分類

	分類	収縮期血圧		拡張期血圧
正常域血圧	至適血圧	＜120	かつ	＜80
	正常血圧	120-129	かつ／または	80-84
	正常高値血圧	130-139	かつ／または	85-89
高血圧	Ⅰ度高血圧	140-159	かつ／または	90-99
	Ⅱ度高血圧	160-179	かつ／または	100-109
	Ⅲ度高血圧	≧180	かつ／または	≧110
	（孤立性）収縮期高血圧	≧140	かつ	＜90

（単位：mmHg）　　　　　　　　　　　　　　出所：日本高血圧学会「高血圧治療ガイドライン2014」

日本で高血圧の人は、約4,300万人いると推定されています（「高血圧治療ガイドライン2014」）。また、年齢が高くなるほど高血圧の人が増加し、50歳代以上の男性と60歳代以上の女性のうち約60％以上は高血圧であるといわれています。

高齢者の場合、血圧を下げる薬を使用したり、どこまで下げるかという目標（管理目標）は、次のように示されています（日本老年医学会「高齢者高血圧診療ガイドライン2017」）。

- 65～74歳：140／90 mmHg以上で降圧薬の使用を開始することを推奨。管理目標は140／90 mmHg未満。
- 75歳以上：当初の目標は150／90 mmHg。降圧薬の副作用の心配がなければ、140／90 mmHgを目標にする。

2 人体の各部の名称と働きに関する基礎知識

人体の構造

　私たちのからだは、頭や首、腕、胴体、脚などからできています。専門的には、からだは、大きく体幹と体肢に分けられます。また、細かく次のような部位に分かれています。

人体の構造

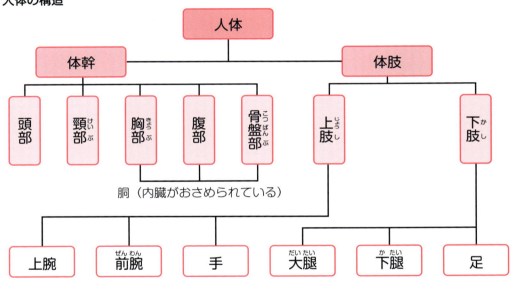

胴（内臓がおさめられている）

　体表は、皮膚で覆われています。また、鼻や口の内部、胃などの内部を覆っているのは粘膜です。体内には、内臓だけでなく、骨や筋肉などもありますし、血管や神経なども全身に分布しています。

からだの動き

　筋肉が縮んだり伸びたりすることで、関節が動きます。その結果、からだが動きます。からだの動きには、ほかに、脳や神経の働きがかかわっています。見たり聞いたりして周囲の状況をとらえたり、姿勢を感知したりという感覚器の働きも、からだの動きに関係しています。

第8章 こころとからだのしくみと生活支援技術

人体の各部の名称

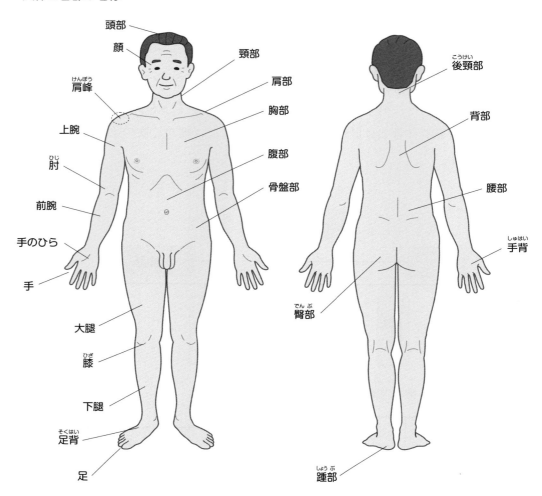

出典:『介護職員初任者研修課程テキスト3』日本医療企画、2016年

3　介護に関するからだのしくみの基礎的理解

③ 骨・関節・筋肉に関する基礎知識

骨・骨格

　私たちのからだには、約200個の骨があります。それぞれに名前があり、そのすべての重さを合わせると体重の約20％を占めます。

　骨と骨は、関節によってつながっています。また、いくつかの骨によって骨格（こっかく）がつくられます。骨格には、頭（頭蓋骨（ずがいこつ））、背中（脊柱（せきちゅう））、胸（胸郭（きょうかく））、おなか（骨盤）、腕（上肢骨）、足（下肢骨）があります。このような骨格によって、からだが支えられ、姿勢が保たれています。

人間の骨格

頭蓋骨	脊柱	胸郭	骨盤	上肢骨	下肢骨
前頭骨（ぜんとうこつ）	頸椎（けいつい）	胸骨（きょうこつ）	腸骨（ちょうこつ）	肩甲骨（けんこうこつ）	大腿骨
頭頂骨（とうちょうこつ）	胸椎（きょうつい）	肋骨（ろっこつ）	恥骨（ちこつ）	鎖骨（さこつ）	膝蓋骨（しつがいこつ）
側頭骨（そくとうこつ）	腰椎（ようつい）	胸椎（きょうつい）	坐骨（ざこつ）	上腕骨	脛骨（けいこつ）
後頭骨（こうとうこつ）	仙椎（せんつい）		仙骨（せんこつ）	尺骨　橈骨（しゃっこつ　とうこつ）	腓骨（ひこつ）
上顎骨（じょうがくこつ）	尾椎（びつい）		尾骨（びこつ）	手根骨（しゅこんこつ）	足根骨（そっこんこつ）
下顎骨など（かがくこつ）				中手骨（ちゅうしゅこつ）　指骨（しこつ）	中足骨（ちゅうそくこつ）　指骨

骨・骨格の働き

　骨・骨格には、からだを支える働きのほか、次のようにさまざまな働きがあります。

骨・骨格のさまざまな働き

支持作用	頭を支え、からだの支柱となって姿勢を保つ
保護作用	脳や内臓などを守る
運動作用	からだを動かす
造血作用	骨の内側の骨髄（こつずい）には血液をつくる働きがあり、赤血球（せっけっきゅう）・白血球（はっけっきゅう）・血小板（けっしょうばん）をつくっている
貯蔵作用	カルシウム、ナトリウム、カリウム、リンなどの電解質（でんかいしつ）を蓄える

第8章 こころとからだのしくみと生活支援技術

人体の骨格と関節

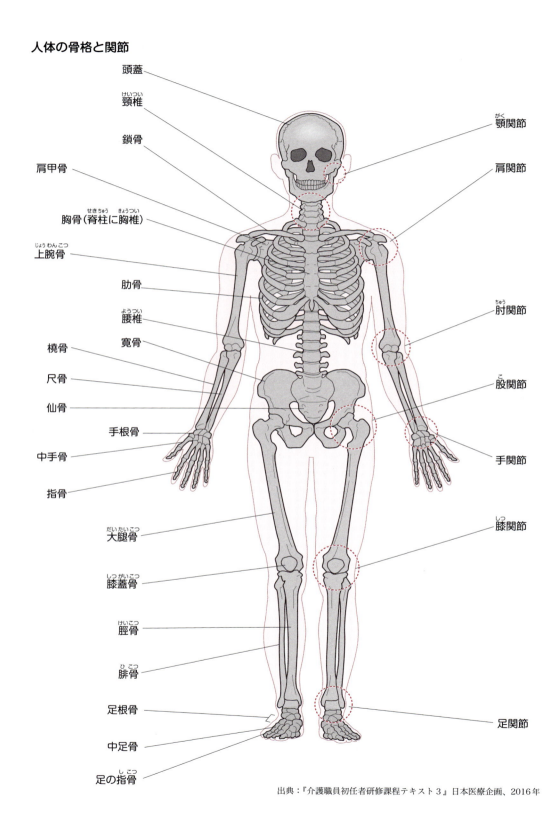

出典:『介護職員初任者研修課程テキスト3』日本医療企画、2016年

関節

関節とは、骨と骨のつなぎ目の部分のことをいいます。関節があることで、曲げる、伸ばす、ひねる、回すなど、からだをさまざまに動かすことができます。なお、頭蓋骨のように、動く必要のない関節（不動関節）もあります。

関節の構造

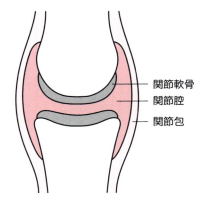

骨の先端には関節軟骨があり、骨と骨の間に関節腔と呼ばれる空間がある。関節は関節包で包まれている

関節の種類

関節の構造にはいくつかの種類があります。構造によって動き方も変わります。

関節の主な種類とその形状

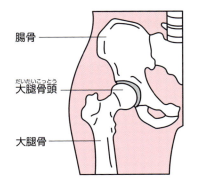

【球関節】

上の図は、股関節。片方の骨が球状で、いろいろな方向に回るため、動く範囲が広い。肩関節もこれに含まれる

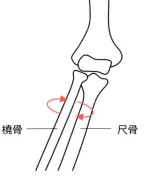

【車軸関節】

上の図は、肘関節。車軸が回転するように、橈骨が動く

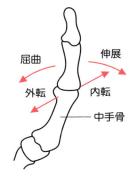

【鞍関節】

上の図は、手の親指の付け根の関節。指が前後左右に動く

関節の運動

関節の運動は、主に、曲げたり伸ばしたりする運動（屈曲・伸展）、内側と外側に動かす運動（内転・外転）、内向きや外向きに回旋させる運動（内旋・外旋）、内側や外側に回転させる運動（回内・回外）に分けることができます。

関節の運動

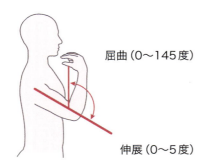

屈曲と伸展：関節を曲げることを屈曲、伸ばすことを伸展という。

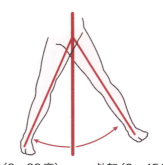

外転と内転：体軸（からだの中心）から遠ざけるのを外転、近づけるのを内転という。

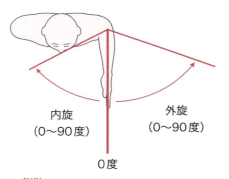

回旋：体肢の長軸を中心とする運動のことで内旋と外旋がある。上腕を体幹に接して、肘関節を前方90度に屈曲した肢位で測る。

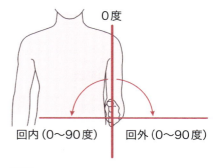

回内と回外：手掌を下に向けると回内、上に向けると回外という。

出典：『介護職員初任者研修課程テキスト3』日本医療企画、2016年

関節の動く範囲のことを関節可動域といいます。上の図の角度は、健康な場合の関節可動域です。脳梗塞などの後遺症などでまひが起こると、関節可動域が狭くなることがあります。

筋肉

筋肉と聞くと、からだを動かす筋肉を思い浮かべることが多いでしょう。しかし、筋肉は、からだを動かすほか、内臓の働きにかかわっています。

筋肉には、次の3つの種類があります。

筋肉の種類

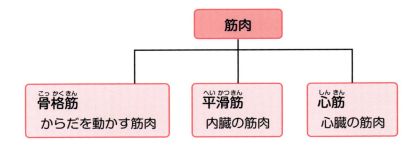

骨格筋の働き

骨格筋には、からだを動かすほか、関節を守り、その動きを安定させる働きや、姿勢を保つ働き、筋肉を収縮させたり緩めたりすることで熱を生み出す働きなどもあります。骨格筋は横紋筋とも呼ばれ、自分の意思で動かすことができます（随意筋）。その働きは運動をつかさどる神経がコントロールしています。

筋肉は、関節をはさんで別々の骨をつないでいます。筋肉が骨に付着する部分は、腱と呼ばれます。

平滑筋

平滑筋は、自分の意思で自由に動かすことのできない不随意筋で、内臓筋とも呼ばれます。血管や胃、腸管、気管、子宮、膀胱など内臓の壁は平滑筋でできていて、その働きはホルモンや自律神経にコントロールされています。

心筋

心筋は、心臓の壁をつくっている筋肉で、自律神経によりコントロールされている不随意筋です。生きている間は休むことなく一定のリズムで収縮と弛緩（ゆるむこと）を繰り返します。

第8章 こころとからだのしくみと生活支援技術

からだの主な筋肉の名称

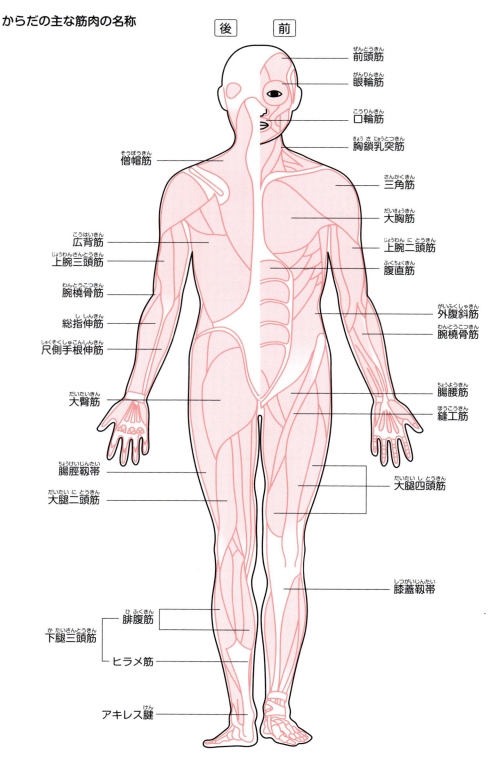

資料：『介護職員初任者研修テキスト1』（中央法規出版、2017年）をもとに作成

4 ボディメカニクスの活用

　人間のからだは、神経や骨、関節、筋肉などが連動して働くことで、スムーズに動くことができます。ところが、どこかに障害が出ると、本来の正しい動きができなくなります。このような、神経や骨、関節、筋肉などの協力関係を「ボディメカニクス」といいます。

　ボディメカニクスを考えることで、利用者、介助者のどちらにも負担がかからずに、合理的に動作することができます。

ボディメカニクスの基本的な8つのポイント

①両方の足を前後左右に開き、支持基底面を広くとる

　足の裏など床に接したところで囲まれた面積のことを、支持基底面といいます。この面積が大きくなるとからだが安定します。足を前後左右に広めに開いて、支持基底面を大きくとるようにします。

支持基底面とは

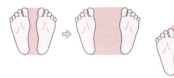

出典:『介護職員初任者研修課程テキスト3』日本医療企画、2016年

②対象に自分のからだを近づける

　利用者など対象に自分のからだを近づけ、それぞれの重心が近くなるほど、からだを支えやすく移動もしやすくなります。

動くときのよい姿勢・悪い姿勢

荷物がからだから離れている

荷物をからだに近づけている

③からだ全体の筋肉を使う

腕だけなど、1か所だけの筋肉に力を入れると、その筋肉だけに負担がかかります。腹部や背中、太ももなど、からだ全体の筋肉を使って、自分のからだや対象の重さを支えます。

④対象をできるだけ小さくする

利用者の腕や足を組むなど、からだがベッドなどにこすれる面積を小さくすることで、力を集中させやすくなり、移動がしやすくなります。

小さくまとめる

⑤押すより水平に引く

押すよりも水平に手前に引くほうが、力を集中させやすいため、少しの力で動かすことができます。

⑥重心を移動させることで動かす

介助者は足先の重心を移動したい方に向け、膝を曲げ伸ばししながら重心を移すとスムーズに安定した移動ができます。背筋を伸ばして、膝の屈伸を使うと腰を痛めにくくなります。

⑦からだをねじらない

背骨を曲げたり、ねじったりするなど不自然な姿勢をとると姿勢が不安定になり、十分な力が出せません。足先を動作の方向に向けて、からだをねじったりしないようにします。

⑧てこの原理を利用する

てこの原理とは、小さな力を大きな力に変える原理で、支点・力点・作用点を使います。肘をベッドの上についたり、膝をベッドサイドに押しつけるなど、肘や膝を支点として、てこのように動かすことで、よけいな力をかけずに移動することができます。

てこの原理の例

膝を台につけ、てこの支点にする

5 中枢神経系と体性神経に関する基礎知識

神経は、からだ中にはり巡らされていて、その働きによってからだの動きや感覚、内臓の働きなどをコントロールしています。

神経は、ニューロン（神経細胞）という細胞からできています。ニューロンが刺激されると、神経伝達物質と呼ばれる化学物質を出し、それによってさまざまな情報がからだ中の細胞に伝えられます。

神経は、「中枢神経」と「末梢神経」に分けられます。末梢神経はさらに、その働きによって「体性神経」と「自律神経」に分けられます。

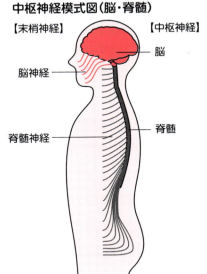

中枢神経模式図（脳・脊髄）

中枢神経と末梢神経

中枢神経とは、からだの中心部分で多くの神経細胞が集まり、からだのさまざまな神経から情報を受け取って、それを処理してほかの細胞に命令を出す「指令役」を果たす神経です。

中枢神経には、脳と脊髄があります。脳は、大脳・間脳・中脳・橋・延髄・小脳という部分に分かれており、それぞれに役割をもっています。

脊髄は、からだのさまざまな感覚を脳に伝えたり、脳からの命令を筋肉に伝えたりする働きをもちます。

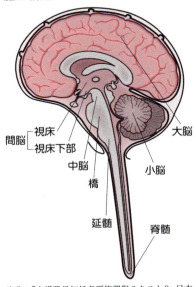

脳の構造

出典：『介護職員初任者研修課程テキスト3』日本医療企画、2016年

脊髄には、からだの反射運動をつかさどる働きもあります。

脳の働き

大脳	大脳の表面を大脳皮質、中心部分を大脳髄質という。大脳皮質は、それぞれの場所によって働きが決まっており、思考・感情・運動・感覚・言語などの働きをコントロールする
間脳	視床と視床下部に分かれており、視床はからだのさまざまなところから伝わってきた感覚を大脳皮質に伝える。視床下部は自律神経やホルモン（内分泌の働き）にかかわる
中脳	反射運動にかかわる。大脳、脊髄、小脳を結ぶ神経の通り道
橋	大脳、小脳、脊髄などとの連絡通路の役割を果たす
延髄	生命の維持に重要な呼吸や循環の働きなどをコントロールする
小脳	平衡感覚や姿勢を保つ働きなど、運動に関係する働きのとりまとめをする

中枢神経以外の多くの神経をまとめて末梢神経といいます。

脳から出て頭蓋骨を通って頭や顔、首のあたりに広がっている神経（脳神経）には、視神経、嗅神経などがあります。迷走神経も脳から出て、首から胸、腹部の内臓に広がっています。

脊髄から出る神経（脊髄神経）は、背骨（脊髄）のそれぞれの位置で背骨の外に出て、内臓や筋肉、感覚器などからだのさまざまな場所に広がっています。

脊髄と脊髄神経

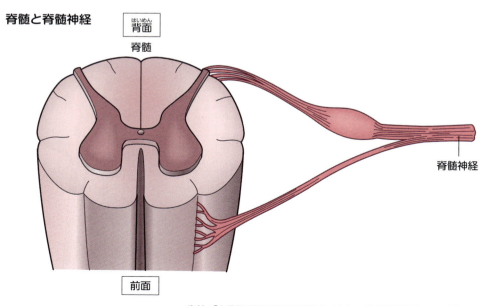

資料：『介護職員初任者研修過程テキスト3』（日本医療企画、2016年）をもとに作成

体性神経と自律神経

末梢神経は、体性神経と自律神経に分けられ、それぞれ違う役割をもちます。体性神経はさらに「運動神経」と「感覚神経」に分かれ、自律神経は「交感神経」と「副交感神経」に分かれます。

神経の分類

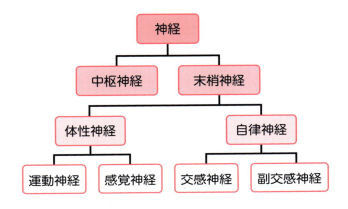

体性神経の働き

体性神経は、大脳皮質につながる神経です。主に運動や感覚にかかわる神経で、運動神経は、筋肉を動かす働きをもち、感覚神経は、からだの感覚を脳に伝える働きをもっています。

自律神経の働き

自律神経とは、血液などの循環、呼吸、消化、発汗や体温の調節、生殖、代謝など、自分の意思で動かすことのできない働きをコントロールする神経です。

自律神経には「交感神経」と「副交感神経」という2つの神経経路があり、交感神経は、緊張したときや活動的なときによく働く神経、副交感神経は、休んだりリラックスさせるために働く神経です。1つの臓器や器官に両方の神経があり、どちらの神経の活動が高まるかによって、その臓器や器官の働きを調節します。

自律神経にはさまざまな働きがあり、私たちのからだに備わっている「体内時計」を正しく動かし、からだのリズムを整える役割ももちます。また、暑さや寒さなど外の環境による影響をできるだけ受けずに体温を一定に保ったり、そのために必要なときに汗をかいたりする働きも担っています。

第8章 こころとからだのしくみと生活支援技術

交感神経、副交感神経の働きによって、からだのなかでは相反する2つの働きが起こり、そのバランスが保たれているとき、私たちのからだは健康な状態を保つことができます。

⑥ 自律神経と内部器官に関する基礎知識

自律神経のバランス

自律神経の交感神経と副交感神経が、からだの状態や内臓などの働きにどうかかわっているかについて知っておきましょう。交感神経と副交感神経の働きのバランスがとれなくなると、さまざまな不調が起こったり、病気を招くことがあります。

循環機能

循環器とは、心臓や血管などのことで、血液などを全身にめぐらせる働きを循環機能といいます。自律神経には血圧をコントロールする働きがあり、交感神経と副交感神経のバランスが乱れることで不整脈や動悸などの病気や症状が起こることがあります。

なお、循環機能には、ホルモン（内分泌の働き）も関係しています。

呼吸機能

緊張したときなど交感神経が活発に働くと呼吸が速くなります。一方で、自分で意識してゆっくり呼吸するようにすると副交感神経が活発に働きリラックスすることもできます。

強いストレスがかかったとき、息を激しく吸ったり吐いたりする過呼吸状態になることがあります。

消化機能

副交感神経が活発に働くと、消化や吸収が活発になります。からだのほかの機能は抑えられ、エネルギーを蓄えることができます。ストレスがかかると交感神経が活発になり、胃腸など消化器の働きが抑えられます。

仕事やストレスで緊張状態が長く続くと、胃腸への血液の流れが悪くなり胃潰瘍などの原因になることがあります。

排尿機能

膀胱は、交感神経の働きで緩み、尿を多くためられるようになります。逆に、副交感神経の働きで、膀胱が収縮し、排尿しやすくします。なお、尿の通り道である尿路には、自律神経と体性神経がかかわっており、複雑なしくみで排尿したり排尿を遮断したりします。

自律神経のバランスが乱れたり、体性神経の働きが悪くなったりすると、排尿がうまく行われなくなります。

交感神経と副交感神経の働き

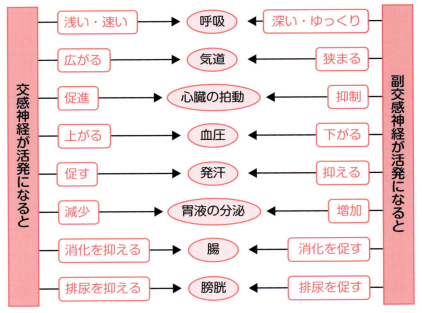

出典:『介護職員初任者研修過程テキスト3』日本医療企画、2016年

第8章　こころとからだのしくみと生活支援技術

7 こころとからだを一体的にとらえる

こころとからだの関係

世界保健機関（WHO）は健康を次のように定義しています。

健康とは ――― 身体的、精神的、社会的に良好な状態

病気や障害、けがなどからだのことだけでなく、こころの面や、地域社会などでの活動や人との交流など社会的な面でも、よい状態にあってこそ、はじめて本当の意味で「健康」といえるという考え方です。

確かに、からだの具合が悪いと、精神的にも弱気になります。こころに不安などをかかえていると、体調が悪くなりがちです。自宅にばかりいて人との交流が乏しくなると、表情も暗くなりがちです。

健康についての考え方を見直して、周囲の人ができるだけ健康な状態になる支援が望まれています。

QOLとは

近年、介護や医療の現場で重視されている考え方の1つに、QOL（Quality of Life）があります。日本語で「生活の質」あるいは「生命の質」ともいいます。

QOLは、"ただ長生きすればいい" "病気が治ればいい" というのではなく、「1人の人間として満足して生活することが大切」という人間の生き方や尊厳に関する考え方であり、またその人の満足の状態を評価するための考え方でもあります。

介護職、医療職など、人を支援する人は、病気を治せばよい、排せつなどの世話をすればよいという考えで単なる "作業" をするのではなく、その人のQOLを高める視点をもって支援することが求められています。

ADLとは

介護を学ぶうえで理解しておきたい言葉に、ADL（Activities of Daily Living）があります。ADLは、「日常生活動作」のことで、着替えや身だしなみを整えること、食事、排せつ、入浴、移動など、日常生活を営むうえで必要な基

254

本的な行動や動作をいいます。

ADLに似た「IADL（Instrumental Activities of Daily Living）」という言葉もあります。これは、「手段的日常生活動作」のことで、ADLより複雑で高度な動作や活動をいいます。例えば、洗濯、掃除、食事の支度、買い物などの家事全般、外出、服薬管理、金銭管理などのほか、旅行や趣味の活動なども含まれます。

寿命が延び、高齢になっても元気に生活する人が増えた現代社会では、高齢者の生活を考えるときには、ADL とIADLがどういう状態であるかも考えて支援に当たります。

ADLとIADL

ADL（基本的な行動や動作）	IADL（複雑で高度な動作や活動）
食事、排せつ、入浴、移動など	家事全般、外出、服薬管理、金銭管理、旅行や趣味の活動など

QOL と ADL

健康な人では、「QOLとADLどちらも高い」ということがほとんどでしょう。

介護が必要な人でも、介護職などがQOLを重視して支援すれば、「ADLは低いけれど、QOLは高い」ということになるでしょう。適切な支援を受けられないような場合、「ADLは高いけどQOLは低い」ということもあり得ます。また、リハビリテーションなどを受けたりして「ADLが向上したのでQOLも高くなった」ということもあります。

ADLがたとえ高くない場合でも、QOLを高める意識は大切です。

高齢者のこころ

からだの自由がきかなくなって、それまでできていたことができなくなったり、体力の低下を感じたりすると、誰でも落ち込んだり、不安になったりします。退職したり、子どもが独立したりと、家庭や社会での立場や役割も大きく変わります。さらに、配偶者やきょうだい、友人など身近な人が亡くなることも増えてきます。

人づきあいが減り、役割を失った気持ちになり、経済力も低下していく——。

こうなると、高齢者の世界はどんどん狭くなっていきます。毎日やるべきことがあるわけでもなく、テレビや新聞を眺めてもすぐ飽きてしまう、若い人たちと話しても話題についていけない、ということが続くと、孤立感や疎外感を感じて閉じこもってしまうことも少なくありません。

さらに、病気などからだの不調が重なると、何もする気が起こらないなど、意欲が低下してふさぎ込むこともあるでしょう。不安そうな表情やわがままと受け取れるような言動も見られるかもしれません。

しかし、介護職は、目に見える変化や態度だけにとらわれず、言動の背景にあるその人のこころの変化などにまで思いを寄せ、配慮することが必要です。

最近では、高齢になってから新たな習い事や趣味を始めたり、ボランティアで活動したりする人も増えています。高齢者が新たな生きがいに出合い、それを継続できるよう、サポートしていくことが大切です。

高齢者のからだ

加齢に伴って、誰でも体力が少しずつ低下していきます。からだのさまざまな臓器の働きが低下し、姿勢が悪くなったり、しわができたり、見た目も変化します。さらに、からだの動きが悪くなり、痛みが出やすくなります。認知症や骨粗鬆症、動脈硬化症など、持病が増えたりします。

高齢になるほど亡くなる率も高くなり、30歳以降、8年ごとに死亡率が約2倍ずつ増えていくといわれています。80歳では、40歳と比べて約30倍も死亡する危険性が高いということになります。

高齢になると、若いころとは違う、高齢者ならではの生理的な特徴が見られるようになります。これは、高齢になれば誰にでも起こる自然なからだの変化です。このような特徴をよく理解したうえで、日々の支

高齢者の生理的な特徴

①廃用症候群（生活不活発病）になりやすい

②脱水症状を起こしやすい

③低栄養になりやすい

④便秘になりやすい

⑤加齢に伴う病気や慢性的な病気をもっていることが多い

⑥認知機能が低下しやすい

援を行うことが必要です。

「できる」と「している」

　高齢者では、「できること」であっても、実際に生活のなかで「していない」ことがあります。「できること」と「していること」は別のことがあるのです。

　介護職は、利用者のADLやIADLを知るとともに、その人の「できること」はどんなことか、「していること」はどんなことか、それらが一致しているかを観察し知ることも大切です。

　「できること」なのに「していないこと」があれば、それを「していること」にできるように支援の方法を考える姿勢をもつようにしましょう。

一体的にとらえるとは

　利用者に満足していただけるような、よりよい支援を行うためには、その人のこころとからだを合わせ、一体的に見て、考えることが必要です。

　からだの症状や病気、障害などと、こころの状態、そして、これまでのその人の歴史や生活背景などにまで目を向け、生活の仕方、過去から現在までの病歴、生きてきた時代背景なども理解したうえで、その人の人生に寄り添い、自尊心を尊重して敬意をもって支援しましょう。

尊厳を保持する介護とは

　介護職として忘れてはならないことの1つに「尊厳の保持」があります。

　人生の最期まで、人として尊重され、自分らしく生活していきたいとは誰もが願うことです。それは、高齢になっても、病気になっても、介護が必要になっても変わらないことです。さまざまな病気や認知症で生活に困っている利用者だからこそ、介護職がその人の尊厳を守る介護を行うのです。

　からだの自立だけでなく、こころの自立も含め、高齢者ができることはできるだけ自分でできるように支援し、高齢者自身が自尊心を失わずに生活できるように心がけることが必要です。介護の根底にあるのは「尊厳を保つこと」であると忘れないようにしましょう。

> **尊厳ある看取りとは**

"人生の終末期をどこでどのように過ごすのか"に多くの人の関心が集まっています。誰にとっても、死は体験したことのない未知の出来事です。不安なもの、怖いものととらえる人もいるでしょうし、亡くなった家族や親しい友人に会えるという、どこか安堵した思いを抱く人もいるかもしれません。考え方は人それぞれなので、その最期の時間をどう迎えたいか、ていねいにその思いに耳を傾け、理解し、寄り添うことが求められます。

同時に、高齢者や家族が安心して過ごせる時間と場所を確保し、その人たちに最もよいと思われる尊厳ある看取りを考え、情報や選択肢を提供できるよう、勉強や情報収集をして知識を蓄わえることも大切です。

近年では、看取りの場も病院から施設、家庭へと、一人ひとりに合わせた対応が考えられています。その一方で、社会全体の高齢化による介護負担、急変時への不安など、さまざまな理由によって、病院で亡くなる方もまだまだ多くいます。

少子高齢化が続き、超高齢社会といわれて久しいですが、この後の日本が迎えるのは多死社会です。尊厳ある死とはどのようなものかを考え、終末期ケアや緩和ケアなどについて理解を深めることも大切です。

在宅と医療機関における死亡割合の推移

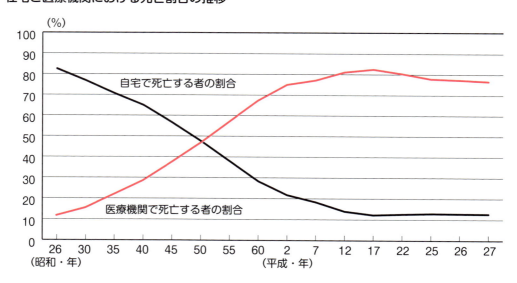

出所：厚生労働省「平成27年人口動態統計」より作成

3 介護に関するからだのしくみの基礎的理解

⑧ 利用者の様子のふだんとの違いに気づく視点

「寝たきりの人はこうだ」「認知症の人はこうであることが多い」「一人暮らしの人はこういう感じ」など、1つのキーワードでその人のことを判断してしまうことがあります。しかし、一人ひとりで症状や進行の仕方、心身の状態が異なります。また、1人の人でも、そのときどきでからだの状態も、気持ちも変化し、毎日同じ、ということはありません。

生活とは、日々の繰り返しであり、毎日そう大きな変化があることはないかもしれません。支援することに慣れていくと、あまり意識せずに、なんとなく「いつもと同じ」という感じで片づけてしまうこともあるかもしれません。

小さな変化を見逃さない

小さな変化を見逃すことで、気づいたときには症状が重くなってしまった、信頼を得られなくなった、ということもあり得ます。日々の繰り返しの中でこそ、ふだんと違う、ちょっとした変化を見逃さず、違和感を無視せずに、利用者と向き合うことを心がけましょう。

熱や脈拍、血圧、呼吸数など基本的なバイタルサイン（生命徴候）のチェックはもちろんですが、顔色はどうか、表情はどうか、歩き方や動作はどうか、話し方はどうか、など、その人の様子をていねいに観察し、変化があればいち早く気づこうという意識をもつようにします。また、何か気になることがあれば、早めに家族や施設の担当者、医療者などに相談することが大切です。

\ POINT /
チェックポイント

- からだのしくみや器官の名称について理解できましたか。
- 神経の働きについて理解できましたか。
- こころとからだを総合的に見ることの大切さを理解できましたか。

第8章 こころとからだのしくみと生活支援技術

4 生活と家事

POINT 学習のポイント
- 利用者が日常生活を続けていくための支援とは何かを理解しましょう。
- 支援が利用者の生活の質や健康の維持に役立つことを理解しましょう。

1 家事援助に関する基礎的知識と生活支援

家事援助の方法

　家事は、自宅で生活を続けていくために行う大切な活動です。調理、洗濯、掃除などさまざまな家事がありますが、細かい内容や方法、頻度などは、家庭の状況や環境、生活スタイル、好みなどによって違います。そのため、家事援助は、一人ひとりに合わせて支援を行うことが重要です。

　また、家事援助には利用者の生活全般への配慮が必要です。例えば、調理を行っても、その食事を利用者が食べていないのであれば、利用者は適切な栄養を摂取できていない状況ということになります。求められた介護サービスを提供したとはいえません。家事援助のなかから、利用者の「生活支援」の課題が見えてくることもあるでしょう。そのときは、事業所の上司などに相談をし、解決に向けて働きかけることが求められます。

家事援助のサービス内容例
・洗濯　・アイロンがけ　・収納　・つくろい　・献立作成
・調理　・配膳　・掃除　・整理整頓　・室温の調整
・ゴミ出し　・買い物　・薬の受け取り

2 家事と生活の理解

生活歴

　育った地域や家庭環境、学歴や職歴、行ってきた趣味や運動などの活動、生活習慣やライフスタイル、経済的な境遇、戦争の経験などその人の生活史を、生活歴といいます。

　同じ年齢の人でも、貧しくても家族に愛されて育った人もいれば、戦争で子どものころに両親を亡くし里親のもとで育った人もいます。農家の子どもで幼いころから農作業を手伝っていた人もいれば、しつけの厳しい家庭で窮屈さを感じながら育った人もいるかもしれません。利用者のAさんとBさんは、脳梗塞の後遺症で介護を受けている、という共通点があったとしても、それぞれの生活歴はまったく違うものです。

　生活は、それまでの毎日の生活の積み重ねのうえに成り立っており、一人ひとりで異なり、同時に簡単に変えられるものでもありません。例えば、朝に飲むお茶の種類、読む新聞など、その日に行っているちょっとしたことにも、周囲の人にはわからないこだわりや理由があるものです。

　介護職が、トイレで新聞を読む利用者に対して"不衛生だから止めてほしい"と思ったとします。しかし、生活の主体は利用者であり、またその人の生活歴に思いが至れば、安易に「やめてください」とは言えないでしょう。介護職は、利用者の生活歴をできるだけ把握し、それを尊重するようにします。

生活の3つの特徴

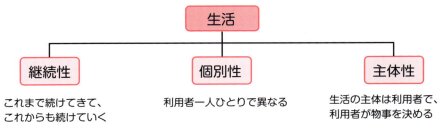

介護職は、これら3つの特徴を理解して、支援する

第8章 こころとからだのしくみと生活支援技術

自立支援

介護における自立支援には、主に次の2つの意味があります（p.48参照）。

- 利用者ができることは自分で行ってもらい、できないところを援助する
- 日常生活のさまざまな事柄を利用者が自分で決めるのを尊重する

介護職を目指す人のなかには、"力になりたい""お世話をしたい""めんどうをみてあげたい"という気持ちが先走り、利用者ができることがあることに気づかず、何もかもに手を出してしまうことがあるかもしれません。また、病気や障害がある利用者は何もできない、わからないと思い込んで、利用者の意思を無視して自分のやりたいお世話を押しつけてしまうこともありそうです。

しかし、介護職が行うのは、単なる家事サービスでもなく、お世話でもなく、あくまで自立支援であることを忘れないようにしましょう。

自立支援のとらえ方を見直す
介護における自立支援として適しているものはどれか、考えてみましょう。

①利用者の好みを無視して、元気がつくからと自慢のスタミナメニューをつくる 	②最初に利用者の食べたいものを聞き、一緒に献立を考える 
③一緒に調理しましょうと利用者を誘う 	④利用者が野菜の皮をむこうとすると、危ないからとやめさせる 

予防的な対応

　病気や障害でそれまでできていたことができなくなると、役割をなくしたり、何をするのも時間がかかったりと、今までの自分が失われたように感じることもあるでしょう。気持ちが暗くなり、「○○をしよう」という意欲も低下しがちです。人の手助けを受けなければならないことを、ふがいなく感じたり、周囲の人に遠慮したりで、生活を楽しむことが難しくなることもあるでしょう。何を着ても仕方ないと、投げやりな気持ちになって服装にも気を遣わなくなることもよくあります。

　このような気持ちがずっと続くと、例えばトイレに行くというできていたこともやらなくなったり、気持ちに張りがなく無表情になったりと、心身の状態が悪化してしまいます。

　このような悪循環を予防するための対応を、介護職は心がけるようにします。「一緒にやりましょう」など、利用者の意欲がわくような誘い方、話し方、態度を表し、「やりたいけどできない」とあきらめている利用者には、一部を介助しつつも励ましながら一緒に行ったり、工夫していきましょう。

悪循環と予防的対応

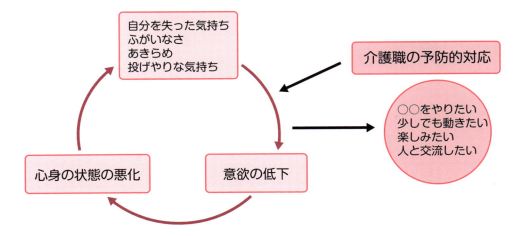

主体性・能動性を引き出す

　介護が必要であっても、利用者は生活者であり、生活の主役でもあります。ところが、歳をとってできることができなくなったり、障害などでからだが不自由になったりすると、何事にもやる気が出なくなりがちです。

　「お世話になりっぱなしで」と介護職に遠慮したり、反対に頼りきってしまうこともあるでしょう。介護職の質問や働きかけにも、「あなたがそうしたいなら、そうしてください」と受け身の態度をとってしまうかもしれません。

　利用者の思いを理解し、主体性や能動性を引き出すことは、そう簡単にはいかないことも多いものです。それでも、利用者が主役であることを忘れずに、根気よく働きかけていくことが大切です。

意欲を引き出すためのヒント

【生活歴をよく知る】

利用者が子どものころ好きだった食べ物などを、日ごろ接するなかで探っていく

「どうやってつくるのですか。教えてください」と調理方法を聞きながら、ともに調理を行う。利用者が以前の自分を思い出し、前向きな気持ちになることも考えられる

【一緒に役割を果たす】

利用者と話し合いながら、実現可能な小さな目標をたて、一緒にそれを実行する

立って家事を行うことが難しい利用者でも、介護職が洗濯物を取り込み、利用者がたたむなど、できることを探して一緒に家事を行うようにする。達成感を積み重ねることでやる気が出てくる

多様な生活習慣

利用者の生活習慣は、一人ひとりで違います。

子どものころの家庭環境、地域、成人してからのライフスタイルなどによってその人の多様な生活習慣が形づくられています。長く続けてきた生活習慣は簡単に変えられるものではありません。ところが、病気などでその生活習慣を自分の力では続けられなくなった場合、できるだけ周囲がそれを続けられるように支援します。

生活習慣を続けられるようになった例

> 一人暮らしのAさんは、園芸が趣味で、自宅の小さな庭一面に花を植えて、毎日朝から手入れするのが日課でした。ところが、膝や腰が悪くなり、しゃがんで作業することができなくなりました。徐々に庭に雑草が増え、それにつれてAさんも沈みがちになりました。
>
> Aさんにかかわる介護職やケアマネジャーなどが、心配した近所の人と話す機会に相談したところ、有志を募って、雑草を抜いてくれました。また、その後は、Aさんと仲間が話し合って、植える花の種類を決めるなど、継続的にAさんの庭の手入れをするようになりました。
>
> Aさんは、しゃがむことはできないものの、つえを使って庭を歩き、花を摘み、花びんに花を生けるなど、できることを行うようになりました。以前の朝の生活習慣を取り戻したAさんは、表情が明るくなり、生活リズムが乱れることもなくなっています。

価値観

　どんなことに価値を見いだすのかというその人の評価や判断、どの物事を重視するのかというその人の優先順位を、価値観といいます。

　"世代によって価値観が違う""結婚するなら価値観が同じ人がよい"などということをよく聞きます。確かに価値観は、世代や性別で違うことがあります。一人ひとりが異なる価値観をもっていることを理解しましょう。

　また、介護職が、自分の価値観を利用者に押しつけたり、利用者のことを自分の価値観で判断したりしないようにすることが重要です。

価値観の違いの例

【ものを捨てたらもったいない】

　Bさんは、夫と二人暮らしです。介護職が訪問すると、部屋には収納しきれない衣類が積みあげられ、汚れているものも多くあります。冷蔵庫には、賞味期限切れの調味料やお惣菜パックなどがあります。

　介護職が、汚れのひどい服や、賞味期限切れのものは捨てた方がよいと思うので、捨ててもいいかを確認すると、「もったいない。捨てないで」と言われました。

　捨てることはせず、日を改めてBさんの夫に相談をすることにしました。

【子どもは親のめんどうをみるべき】

　Cさんは、一人暮らしです。子ども二人は、それぞれの家庭をもち他県に暮らしています。介護職が生活援助のため訪問したとき、Cさんはよく子どもの愚痴をこぼします。

　例えば「うちの子どもは、電話1本かけてこない」「私は、年老いた両親と同居してめんどうを見たのに、うちの子どもときたら……」などとCさんは言います。

　介護職は、働き盛りの子どもは忙しくて来られないのよと思うものの、そうは言わず「おさびしいのですね」とこたえるようにしています。

3 買い物支援

　買い物支援とは、一人での買い物や外出自体が難しい利用者に行う支援です。食材をそろえたり、足りなくなった日用品や生活に必要な品を買いそろえるために、利用者の買い物に同行します。介護職が代行することもあります。

　買い物は、単に必要な生活用品の補充というだけではありません。利用者にとっては楽しい外出の機会であり、生活にうるおいを与える行為と考えて支援を行います。

買い物支援で確認しておくこと

　買い物にかかる時間には気をつけます。利用者と一緒にあれこれと会話をしながら買い物するのはもちろんよいことですが、訪問介護には時間の制限があります。時間がオーバーしないように、事前にしっかり準備をして行動します。買い物に行く前に、利用者と話し合って買い物リストをつくっておくとよいでしょう。

　利用者がほしいものはなんでも買ってよいわけではありません。病歴や健康上の理由から医師に制限されている食品などはあらかじめチェックしておきます。

　また、目的の店までどれくらいの距離があるか、そこまで移動できるか、利用者の体調や意欲などに留意します。店までの道のりや店内で、車いすや歩行器を使って歩くときには危険な場所はないか気をつけます。

第8章 こころとからだのしくみと生活支援技術

お金の管理

お金の管理には細心の注意を払いたいものです。あらかじめどれくらいのお金を持っていくか、いくら預かったかを記録しておきます。

買い物を終えた後は、必ず、どれくらい買ったか、どれくらい使ったか、残金はいくらかを利用者と一緒に確認します。レシートは必ずもらうようにし、必要があれば、後で利用者の家族が確認できるように、ノートなどにレシートを貼っておきます。また、トラブルのもとになるので、介護職個人の財布を持ちこまないようにします。

買い物支援の前に確認しておくこと

利用者の身体機能や 日常生活動作	□ 外出が制限される病気などがないか □ 歩行ができるか、ふらつくことはないか □ 使用する福祉用具はあるか（つえ、歩行器、車いすなど） □ 目的の店まで往復する体力があるか □ 外出時の排せつへの配慮が必要か（尿とりパッドなど） □ 購入するものがわかっているか □ 購入するものが自分で選べるか □ お金の計算ができるか
環境	□ 店までの距離はどのくらいあるか □ エレベーターは使えるか □ 休憩場所、トイレはあるか □ 車いすや歩行器で移動するのに危険な場所はないか

④ 調理支援

調理

私たちは、毎日の生活に必要なエネルギーを食物から摂っています。調理を含めた食生活の支援は、利用者の健康を左右する重要な役割をもっています。

また、食事はたんに栄養を摂取するだけではありません。食材を選ぶ、調理する、家族と一緒に食べる、などの一連の行為に、喜びや満足を感じるのです。利用者が豊かな生活を送るための行為でもあります。

調理の前段階となる、栄養の理解、献立の作成、食材の調達、そして保存と衛生管理も支援の一環として考える必要があります。支援の内容は、利用者一人ひとりの食の好み、食生活などに配慮し、個別にプログラムが組まれます。

食生活指針
①食事を楽しみましょう。
②1日の食事のリズムから、健やかな生活リズムを。
③適度な運動とバランスのよい食事で、適正体重の維持を。
④主食、主菜、副菜を基本に、食事のバランスを。
⑤ごはんなどの穀類をしっかりと。
⑥野菜・果物、牛乳・乳製品、豆類、魚なども組み合わせて。
⑦食塩は控えめに、脂肪は質と量を考えて。
⑧日本の食文化や地域の産物を活かし、郷土の味の継承を。
⑨食料資源を大切に、無駄や廃棄の少ない食生活を。
⑩「食」に関する理解を深め、食生活を見直してみましょう。

出所:「食生活指針」2000年、文部省決定、厚生省決定、農林水産省決定　2016年6月一部改正

栄養の理解

調理支援にあたっては、栄養について理解しておかなければなりません。

食事では、5つの栄養素をバランスよく摂取する必要があります。5つの栄養素とは、炭水化物、脂質、たんぱく質、無機質、ビタミンのことで、これらをまとめて「5大栄養素」といいます。5大栄養素は体内にとり入れられて、からだを構成するためのさまざまな働きをします。

5大栄養素と主な働き

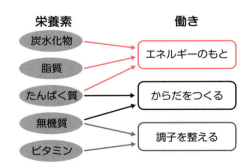

必要な栄養素やエネルギーの摂取量は年齢や活動量によって変わります。スポーツを日常的に行うなど激しい活動をする場合、エネルギーも多く摂る必要があります。下の表は、1日に必要なエネルギー摂取量を性別と年齢に分けて示したものです。

一般的に、高齢になるほど必要なエネルギー量は減少していきます。しかし同時に食事量も減少していくため、献立を考えるときは低栄養にならないよう心がけましょう。

1日の推定エネルギー必要量（kcal）

年齢	男性			女性		
	身体活動レベル			身体活動レベル		
	低い	普通	高い	低い	普通	高い
18〜29歳	2,300	2,650	3,050	1,650	1,950	2,200
30〜49歳	2,300	2,650	3,050	1,750	2,000	2,300
50〜69歳	2,100	2,450	2,800	1,650	1,900	2,200
70歳以上	1,850	2,200	2,500	1,500	1,750	2,000

資料：厚生労働省「日本人の食事摂取基準（2015年版）の概要」より作成

献立の作成

1日の献立を作成するにあたっては基本的に次の要素を考慮します。

献立作成の要素

①栄養バランス
適切な栄養摂取量を把握し、低栄養や偏った摂取量にならないようにする

②利用者の好み
利用者が食べたいものや好き嫌いに配慮をする

③調理方法
その日家にある食材から適切な調理方法を考える

④季節感・地域の特性
食事の楽しさを増やすために、旬の食材や郷土料理を取り入れる

また、下図のように一汁二菜（主食・主菜・副菜・汁物）、あるいは一汁三菜の組み合わせで献立を考えると、栄養バランスが整えやすくなるでしょう。

食事バランスガイド

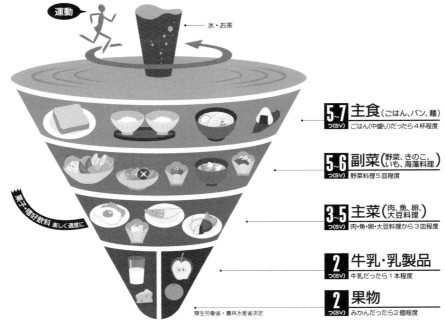

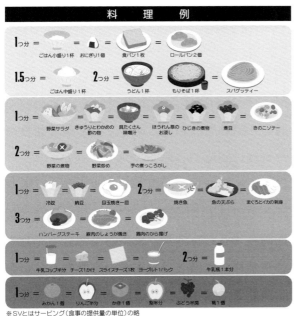

※SVとはサービング（食事の提供量の単位）の略

出所：農林水産省ホームページ

食材を選ぶときは、その食品に含まれる栄養素と特性を理解しておく必要があります。特性がわかれば、摂取に適した調理方法を選ぶことができます。

例えば、にんじんにはからだの機能を整えるビタミンＡが含まれています。ビタミンＡは、油と一緒に摂取すると吸収力が高まるため、炒め物で調理すると効率よく摂取できる、という具合です。

持病があるときの献立づくり

利用者が糖尿病、腎臓病などの持病がある場合は、それを考慮した献立を考えます。例えば、腎臓病であれば、１日の食塩摂取量が制限されています。医師や管理栄養士の指導にしたがい、献立の作成を行いましょう。

病気・症状別の留意点

糖尿病	・食事療法をしている場合が多いので、医師が定めた摂取カロリーを守る ・塩分、糖分を摂りすぎないようにする
腎臓病	・カリウム、たんぱく質、塩分などの制限 ・野菜や果物を多く摂るようにする ・何をどのくらい摂取できるのか専門職や家族に確認する
高血圧症	・塩分を摂りすぎないようにする ・野菜中心の献立にする
脂質異常	・肥満にならないよう、摂取するエネルギーを抑える ・ビタミンやミネラルを多く摂取するようにする

調理支援の基本

調理も利用者の意思を尊重して行うのが基本です。利用者が何を食べたいのか、何をつくりたいのか、よく話を聴いて献立を決めましょう。どの調理器具や食器を使うかということも、利用者や家族に確認が必要です。

調理は可能な範囲で利用者自身に行ってもらいます。包丁が使えれば、材料を切ったり、野菜の皮をむいたりすることができます。立っていることが不安定な利用者の場合は、低い台などに座って切ってもらいます。火を使うときは十分に安全確認をしましょう。利用者がうっかり熱い鍋に触ってしまうなどの事故が起こらないように、常に見守りは欠かさないようにします。

すべての調理工程を利用者自身が行うことはできなくても、味見や盛りつけ、

食器を食卓に並べるなど、できることをともに行いましょう。

　利用者が自分で調理できるような環境づくりも支援の一環です。利用者が一般向けの調理用具を使うのが難しい場合は、少ない力で切れる調理ナイフなどの調理用補助具を使うのもよいでしょう。調理用具が利用者にとって重かったり大きかったりする場合は、軽い物や小さい物に変えることも検討します。

調理方法による配慮

　おいしく調理するのはもちろんですが、食べやすくするための配慮も必要です。特に高齢者は、加齢によりかむ力が弱くなっているので、調理方法による工夫をしましょう。

> **調理方法による工夫の例**
> ・焼き物、揚げ物
> 　表面が硬くなってしまうので、焼いた（揚げた）後、煮込んだり、漬け汁に漬けたりする。
> ・煮物
> 　長時間煮込むと軟らかく仕上がる。魚や肉などは煮すぎると硬くなるものもあるので、煮込む時間には注意する。
> ・炒め物
> 　火の通りにくい物は、炒める前に一度ゆでると火が通りやすい。

調理形態による配慮

　特に、誤嚥（p.153、p.168）には注意しましょう。誤嚥とは、本来なら食道に入るはずの食べ物が気管に入ってしまうことで、飲食物を飲み込む力が弱い高齢者に起こりやすいです。次のページの図のような誤嚥しやすい食品は、飲み込みやすくする工夫をする必要があります。

第8章 こころとからだのしくみと生活支援技術

誤嚥を気をつけたい食べ物

水分が少ないもの	パサパサして口の中でまとまりにくい 例）パン、カステラ、クッキー、いも類、ゆでたまご
口の中に くっつきやすいもの	上あごやのどにくっつきやすい 例）焼き海苔、ワカメ、もなかの皮、だんご、薄切りきゅうりなどの生野菜
つるっと 入りやすいもの	つるっとした食べ物はかまずに飲み込んでしまい、のどをつまらせやすい 例）ところてん、こんにゃく、刺身
さらさらの液体	水、お茶
小さいもの	吸い込んだときに気管に入りやすい 例）ごま、大豆、ピーナッツ
酸味が強いもの	刺激でむせやすい 例）酢の物、柑橘類
繊維が多い・固い	細かくかみ砕けない 例）肉、干物、たけのこ、ごぼう

　食材を細かく刻んだり（細かすぎるとむせることもあり注意が必要）、軟らかく煮たりするほか、ミキサーなどですりつぶしたり、寒天やゼラチン、片栗粉などを使ってとろみをつけるなど、形態を変えて飲み込みやすくする工夫も行います。

調理形態の工夫の例

とろみ剤でとろみをつける　　　ミキサーですりつぶす

味つけによる配慮

　高齢者向けの料理の味つけは基本的に薄味です。ただ、どの料理も単調な味つけにならないように、1品だけ塩やしょうゆを効かせて味を強調するというような工夫をしてもよいでしょう。

　だしや香辛料、酢などを活用して味にふくらみをもたせることで、薄味が気に

ならなくなります。

衛生管理

　衛生管理も調理支援の大きなテーマです。衛生状態が不十分な状態では、食中毒が発生する危険性があります。夏の時期や腐りかけたものを食べたときだけに食中毒になるわけでもありません。食中毒は冬でも発生し、生ものや、場合によっては火を通したものでも食中毒になる可能性があることを覚えておきましょう。

　特に子どもや高齢者は抵抗力が弱く、食中毒になると重症化するおそれがあります。

食中毒の予防

　食中毒の主な要因は細菌です。食中毒の予防の原則は、細菌を「つけない」「増やさない」「熱で死滅させる」です。この3原則を守って調理と保存にあたりましょう。

食中毒を防ぐ３原則
1. 原因となる微生物をつけない。器具を清潔に、手洗いを十分に。
2. 原因となる微生物を増やさない。適切な冷蔵、冷凍、乾燥。
3. 原因となる微生物をやっつける。加熱処理。

　そのうえで、食品の購入から残った食品の保存までの間、それぞれ次のような点に注意します。

食材の衛生管理

　食材は購入したらすぐ冷蔵庫に入れましょう。いたみやすい魚介類は、調理前に流水で洗い、基本的に加熱します。肉も中までしっかり火を通すようにしましょう。

　肉や魚を切った後の包丁やまな板は、洗って熱湯をかけ、消毒します。肉や魚を切った後の包丁やまな板で、すぐにほかの食材を調理してはいけません。

冷蔵庫の衛生管理

庫内を清潔にすることはもちろん、庫内の温度が適切に保たれていることが重要です。

食材を詰め込みすぎると庫内の温度が上がり細菌が繁殖しやすくなるので、7割程度の量の保存を心がけましょう。冷凍食品の解凍は冷蔵庫で行うとよいです。

食品の保存と衛生管理

調理の際に余った食材は小分けにして保存します。保存には、常温保存、冷蔵保存、冷凍保存などがあります。季節や環境を考えて適切な保存方法を選びます。清潔な容器を使用し、保存した食材を次に使用するときは、75℃以上になるよう再加熱します。

高齢者は、いたんだり、賞味期限が切れてしまった食品を置いたままにしていることがよくあります。食べれば健康被害が出ることもあるので、利用者によく説明をして同意を得たうえで廃棄をします。

冷蔵庫内の適切な温度

```
冷凍室
−18℃以下
冷凍食品

チルド室0〜3℃
魚介類

冷蔵室
1〜5℃

一般食品

野菜室　3〜7℃
野菜・果物
```

出典：『介護職員初任者研修課程テキスト3』日本医療企画、2016年／介護福祉士養成講座編集委員会編『新・介護福祉士養成講座　生活支援技術Ⅱ』第3版、中央法規出版、2014年、213ページをもとに作成

調理・食事環境の衛生管理

台所は整理整頓をして調理しやすい環境をつくります。シンクに生ごみを残さず、その地域の決まりに合わせて分別します。ごみは悪臭や害虫発生の原因になります。清潔を保つことを心がけましょう。

水まわりや電子レンジは使用後に必ず掃除をします。そのほか、調理で使った器具や食器は洗って片づけます。片づけるときは、基本的に元の場所に戻します。

介護職の衛生管理

調理支援を行う介護職の手指も感染源となります。清潔な服装、頭髪はもちろん、調理前には必ず手を洗います。生肉や生魚を触った後など、調理中にも小まめに手を洗うようにします。

⑤ 洗濯支援

　衣服には、体温調節、身体保護などの機能があるほか、それを着ている人の考え方、日常生活、社会性などが表れます。

　衣服の汚れや洗濯物の量の増減などから、利用者の健康状態や生活状態を知ることができます。介護職はただ洗濯するだけでなく、衣服の状態から利用者の生活全体をとらえるようにし、気になることがあれば、所属する事業所の上司や管理者に相談しましょう。

衣服の選び方

　衣服の管理を支援するときは、どんな場所で何を着たいかといった利用者の好みや考え方を尊重するようにします。

　また、体型や身体機能に合わせた衣服の選択も大切です。からだを圧迫しないゆとりがあるデザインのものや、着脱が簡単なものがよいでしょう。片まひでファスナーを閉められない人には面ファスナーでとめる上着を選ぶなど、利用者一人ひとりの状態に応じて衣服を選びます。

衣服の素材

　衣服は素材によって着心地、機能が異なります。洗濯方法や収納の注意点も違ってくるので、次のページの表を参考にして素材の種類と性質を理解しましょう。

　吸水性とは、湿気や汗などの水分を吸収する性質のことで、通気性は空気を通す性質のこと、保温性はあたたかさを保つ性質のことです。

主な素材の種類と性質

分類		繊維名	主な長所	主な短所
天然繊維	植物性	綿	吸水吸湿性が高い・耐久性がある	シワになりやすい・縮みやすい
	植物性	麻	吸湿性・通気性が高い	シワになりやすい・縮みやすい
	動物性	毛	吸湿性・保温性が高い	虫害にあいやすい・縮みやすい
	動物性	絹	吸湿性・保温性が高い	虫害にあいやすい
化学繊維	再生	レーヨン	吸湿性が高い	洗濯に弱い・シワになりやすい
	再生	キュプラ	吸湿性が高い・静電気が起きにくい	洗濯に弱い・摩擦に弱い
	半合成	アセテート	絹に似た風合いがある	吸湿性が低い
	合成	ナイロン	乾きやすい・丈夫	吸湿性が低い・日光に黄変する
	合成	アクリル	毛に似た風合いがある・保温性が高い	熱に弱い
	合成	ポリエステル	シワになりにくい・乾きやすい	吸湿性が低い・静電気が起きやすい

洗濯支援の基本

　洗濯支援の手順は、①洗濯物の仕分け、②洗濯、③乾燥（干す）、④たたむ、⑤収納など、です。これらの一連の作業を行うときは、ほかの生活援助と同じように、利用者の仕方にしたがって行います。洗濯するものはできる限り利用者に判断してもらいますが、明らかに汚れているのに洗濯を拒むような場合は、よく話を聴き、同意を得てから洗濯するようにします。

　洗濯支援も、利用者ができることはともに行うようにしましょう。洗濯物をハンガーにかけたり、乾いた洗濯物をたたむなどの作業は、利用者とともに行いやすいです。

　洗濯の支援にあたっては、次のようなことを利用者と話し合って確認しておきます。

洗濯支援を行うときに利用者に確認すること

・どの衣服を洗濯するのか。

・洗濯機洗いにするものと手洗いをするものは何か。

・クリーニングなど専門業者に頼むものはあるか。

・洗剤は何を使うか。漂白剤、柔軟剤は使うか。

・どのように取り込むのか。

・どのようにたたむのか。

・どこに収納するのか。

洗濯表示

（1）洗い方

記号	記号の意味
60	液温は60℃を限度とし、洗濯機で洗濯処理ができる
50	液温は50℃を限度とし、洗濯機で洗濯処理ができる
40	液温は40℃を限度とし、洗濯機で洗濯処理ができる
30	液温は30℃を限度とし、洗濯機で洗濯処理ができる
手洗い	液温は40℃を限度とし、手洗いができる
洗濯禁止	家庭での洗濯禁止

（2）漂白処理

記号	記号の意味
△	塩素系及び酸素系の漂白剤を使用して漂白処理ができる
△（斜線）	酸素系漂白剤の使用はできるが、塩素系漂白剤は使用禁止
△（×）	塩素系及び酸素系漂白剤の使用禁止

（3）タンブル乾燥

記号	記号の意味
⊙⊙	タンブル乾燥処理ができる（排気温度上限80℃）
⊙	低い温度でのタンブル乾燥処理ができる（排気温度上限60℃）
⊠	タンブル乾燥禁止

（4）ドライクリーニング

記号	記号の意味
F	石油系溶剤によるドライクリーニングができる
F（下線）	石油系溶剤による弱いドライクリーニングができる
⊠	ドライクリーニング禁止

（5）自然乾燥

記号	記号の意味
│	つり干しがよい
╱	日陰のつり干しがよい
─	平干しがよい
╱（平）	日陰の平干しがよい

※国際規格ISOに準じて、2016年12月1日から衣類等の洗濯表示が変更された

出所：消費者庁

洗濯物の仕分けの際は、衣服についている取り扱い表示をよく確認します。洗濯機を使用するもの、手洗いにするもの、ネットの使用が必要なものなど、事前に仕分けておきます。

6 衣服の補修

洗濯後、衣服を収納する前に、ボタンがとれそうになっていたり、裾などの縫い目がほころんでいたら、利用者の確認をとって補修を行います。裾上げやかけはぎなどの補修は専門業者やボランティア等が行い、介護職は行いません。

補修の際に使った針は、床に落とすと危険なので、必ず使用前後で針の本数を確認します。

介護職が行う衣服の補修の例

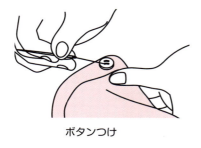
ボタンつけ

裾のほつれの繕い

7 寝具の衛生管理

「布団の硬さがちょうどよくてぐっすり眠れた」「枕が高すぎて安眠できなかった」など、寝具は寝心地に関係しています。寝たきりの人などにとっては寝床が生活の場になります。快適さはもちろん、衛生面も重要です。

寝具は次の点に注意して選びます。

- ・マットレスや敷き布団
  からだが沈み込まない程度の硬さのものを選ぶ。
- ・毛布や掛け布団
  軽いものを選んだ方が圧迫感も少なく、扱いやすい。冬は保温性のあるものを、夏は通気性に優れたものを使う。
- ・シーツ
  寝ている間に汗をかくため、吸水性と吸湿性に優れた素材が適している。尿失禁がある場合は、防水シーツを活用する。
- ・枕
  通気性、吸水性があり、適度な硬さがあるものがよい。

⑧ 清掃支援

利用者が自分の家で快適に過ごすために、ほこりやごみがたまっていない、清潔な環境を維持するようにします。

訪問介護では、毎回全室内の清掃をするのは時間的余裕がありません。利用者が長い時間を過ごす場所、汚れやすい場所を優先的に清掃する、ローテーションを組んで清掃場所を決めるなどの工夫をします。

清掃支援のポイント

事前作業	・清掃用具や清掃用品の種類と状態を確認する。洗剤の中身がなくなっている、清掃用具が破損している場合は買い替えなどを提案する ・清掃する場所を確認する ・利用者がいつも行っている清掃方法を確認する
支援時	・窓を開けて、よく換気をする ・ほこりを立てないようにする ・浴室やキッチンの流しの排水口など、細かなところも清掃する ・処分するものは同意をとる
支援後	・ぞうきんは洗って乾かしておく ・使った清掃用具や清掃用品は元の場所に収納し、清潔にしておく

ごみ処理

　清潔な環境を維持するためにはごみの処理も大切です。しかし、介護職が捨てていいのではないかと思うものであっても、利用者にとっては大切なものかもしれません。勝手な判断で処分せず、必ず利用者に確認をとります。

　利用者がごみを捨てることができない場合などの対策例を下記に挙げます。

ごみの問題点とその対策例

問題点	対策例
分別が不得意、またはできない	・ごみの絵を描いて視覚的にわかりやすくする ・介護職とともに作業を行う
収集日を忘れる	・カレンダーに収集日をわかりやすく示す
収集場所へ運べない	・近隣の住民や自治体、業者の協力を得る
不要と思われるものがある	・利用者と話し合い、少しずつ整理していく

資料：『ホームヘルパー養成テキスト2級課程』長寿開発センターより一部改変

\ POINT /
チェックポイント

- 利用者が日常生活を続けていくための支援とは何か理解できましたか。
- 支援が利用者の生活の質や健康の維持に役立つことが理解できましたか。

5 快適な居住環境整備と介護

\POINT/
学習のポイント

- なぜ高齢者にとって居住環境が重要なのかを学びましょう。
- 快適で安全な居住環境をイメージできるようになりましょう。

1 快適な居住空間に関する基礎知識

住まいの役割

　住まいには、雨風や日差しをしのぎ、暑さ、寒さなどをやわらげて快適に過ごす建物としての役割があります。特に高齢者にとって、住み慣れた住まいは安心して暮らすことができる環境です。その環境が変化してしまうとストレスを感じ、心身の機能の低下を起こす原因にもなります。居住環境を整える際には、居心地よいと感じさせると同時に、プライバシーを守るための配慮も必要となります。

　快適で健康的な居住環境を整えるためには、次のページの表のように室内環境を整えていきます。

第8章　こころとからだのしくみと生活支援技術

配慮したい室内環境づくり

音	「不快」と感じる音をさえぎる、遠ざけるなどの工夫をする
光	日光をなるべく取り入れる。直射日光が強いときはカーテンなどで調節する。室内の照明器具は、高齢者の場合、標準とされる30〜150ルクスの1.5倍程度の明るさにする
温度	窓の開閉、エアコンの活用などで、1年を通して温度調整をする 室内の温度の目安：夏季（冷房時）25〜27℃ 　　　　　　　　　冬季（暖房時）18〜23℃
湿度	梅雨時や夏は、除湿剤や除湿器を使って除湿をする。冬は加湿器などで調整する。1年を通して湿度が50〜60%になるようにし、湿度の高い部屋では、カビの発生に注意する
換気	こまめに窓を開けて、臭いがこもらないようにし、清浄な空気を取り入れる。浴室、台所やトイレなどは、換気扇も使用する
家具などの生活用具	なじみのある家具などがそばにあると、精神的に安定するので、安全や生活動線に気をつけながら、暮らしやすいように配置する

生活行動と生活空間

　生活行動は、「食べる」「身じたくをする」「排せつする」「入浴する」「睡眠をとる」「洗濯をする」「外出をする」「コミュニケーションをとる」「働く」など、日々の生活を営むうえで必要不可欠な活動です。

　生活空間とは、このような生活行動を支える空間のことです。住まいを中心に、近隣地域、通っている学校や会社、買い物をするスーパーなど広域な空間を指します。

　生活空間は、単に生活行動を行うだけの場所ではありません。ふだん活動している生活空間の性質や伝統・文化などは、その人の考え方、ライフスタイル、心身の健康、交友関係などに影響を与えています。自分に合った生活空間で暮らすことが、自分らしい生活を楽しむことにつながるといえます。

2 高齢者・障害者特有の居住環境と整備、福祉用具を活用した支援

高齢者・障害者のための生活空間

　脳梗塞などを発症して身体機能が低下し、行動範囲が限られているような高齢者や障害者の場合、一日の大半を住まいの中で過ごすことになります。したがって、より満足度の高い居室環境が求められます。

　身体機能が低下している場合、移動のしやすさや、機能的な生活動線が重要になります。その場合、次の図のような点に留意して居住環境を整えます。

居住環境の整備の例

手すりの設置・バリアフリーの実現

加齢などによって身体機能が低下すると、足下がふらついたりつまずいたりして、転落や転倒につながりやすくなります。浴室や玄関口、長い廊下などの壁に手すりを設置して、高齢者が自力で歩くことができる範囲を広げ、同時に転倒の不安を取り除きます。

また、車いすや歩行器を使う場合、少しの段差でも移動の妨げになります。事故を防ぐためには、段差を小さくする、簡易スロープを設置するなどの対策をします。

その他の生活空間整備の注意点

高齢者は環境適応力が低くなる傾向があります。長年住み慣れた住まいを中心にして近隣との人間関係、地域のコミュニティができていることが多いため、住まいが変わると適応するまでに時間がかかり、強いストレスを感じます。その結果、心身の機能が著しく低下し、病気の発症、生活意欲の衰え、認知症の進行などの症状が見られることがあります。

居住環境などの生活空間はできるだけ変えないようにし、施設に入所する場合は、住み慣れた地域に近い施設を選ぶのもよいでしょう。なかには、知っている人がいないほうが、のびのびと過ごせる人もいるので注意します。

家庭内での事故

高齢者が最も多く事故を起こす場所は住まいの中であることがわかっています。次に挙げるような、住まいの中で高齢者が起こしやすい事故を把握し、事前に対策をとりましょう。

転倒・転落

居室内で注意したいのは転倒です。転倒して骨折し、長期間歩行ができなくな

ることで、心身の機能が大幅に低下するケースも珍しくありません。

　浴室などすべりやすいところには手すりを設ける、つまずきが気になる段差は目印をつける、なるべく床には物を置かないなどの対策をします。また、階段での転落を防ぐために、階段を使用しない1階に部屋を設けるなどの工夫をしましょう。

浴室環境の整備の例

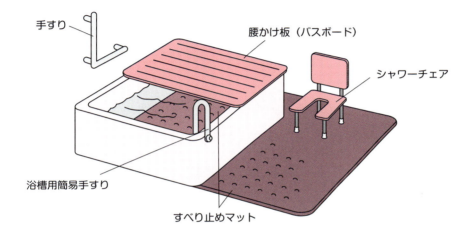

火災

　火災による死亡事故も多いので、たこ足配線にならないようにし、コンセントの差し込み口にたまったほこりは取り除いて発火するのを防ぎます。石油ストーブや電気ストーブをやめてエアコンなどに切り替えるなど、安全な機器を使用する配慮も必要です。

　火災が起きたときに備えて火災報知器を設置し、作動を確認しておきます。また避難路を確保し、避難の邪魔になる物は置かないようにしましょう。

> **POINT チェックポイント**
> - 高齢者にとってなぜ居住環境が重要なのか理解できましたか。
> - 快適で安全な居住環境をイメージできるようになりましたか。

第8章 こころとからだのしくみと生活支援技術

6 移動・移乗に関連したこころとからだのしくみと自立に向けた介護

> **POINT 学習のポイント**
> ● 移動・移乗の意義と目的を理解しましょう。
> ● 利用者の自立心や自然な動きを妨げない介助を学びましょう。

1 移動・移乗に関する基礎知識

移動は、ある場所から別の場所へ動くことです。移乗は、ベッドから車いすへなど、何らかのものからものへ乗り移ることをいいます。

移動・移乗の意義と目的

日常生活を送るうえで移動は欠かせない行為です。友人に会うときは、家を出て待ち合わせ場所に移動します。映画を見るときは映画館に移動し、仕事に行くときは仕事場まで移動します。移動することで、活動範囲が広がり、さまざまな喜びや楽しみを体験できます。

また、排せつや掃除を行うときも、トイレに移動したり、掃除機を取りに収納場所に移動したり、食事、着替え、睡眠など、住まいのなかでもさまざまな目的のために移動しています。私たちの多くの活動は、移動なしでは成り立たないともいえるでしょう。

健康な人は、困難を感じることなく移動できます。しかし、筋力や関節の動きの低下、まひなどの障害、視覚・聴覚などの障害などがある高齢者にとっては、移動は簡単なことではありません。移動が困難な高齢者には、排せ

移動の意義

- 自立した生活の確保
- 活動範囲の拡大
- 他者との交流の拡大
- 社会参加の促進
- 質の高い生活の維持

つ、食事など生活の基本的な行為の際に、移動の介助が必要になります。また、友人に会いに出かけたい、映画館に行きたいなどという、他者との交流、文化的な欲求などの実現にも、移動の介助が必要です。また、移動の介助には、移乗の介助も伴います。

移動・移乗の介助は、質の高い生活を維持するために、大変重要であることを理解しましょう。

移動・移乗の介助の基本

移動・移乗の介助では、次の点を理解することが大切です。

①本人の意思を尊重する。
②個々に合った支援をする。
③身体機能を維持・向上させ、できる動作を増やしていくようにする。

歩行が困難でも「トイレで用を足したい」という要望があれば、身体介護を行える介護職がその実現に向けて支援します。難しいと決めつけ、介護職にとって都合がいいからとポータブルトイレをベッドの横に置いたり、おむつを使ったりするのは、利用者の自己決定を否定することになります。あくまで利用者の意向を尊重します。

また、移動が困難といっても一人ひとりで、からだの状態が異なり、介助の方法が違ってきます。例えば同じ脳梗塞の後遺症による歩行障害でも、その現れ方はさまざまです。なかには、手足のまひだけでなく、からだの片側だけ視野に入らないという障害が起こっている場合もあります。病気によっては、歩幅が狭く前につんのめるように歩く症状の人もいますし、ふらふらとよろけるように歩く症状の人もいます。まずは、利用者ごとの特徴を理解することが大切です。

筋力や関節の機能は長い間動かさないでいると低下していきます。移動・移乗が困難だと動きの少ない生活になりがちですが、もっている能力を使って少しでも動くように促すことも重要です。寝たきりの人は座位へ、座位ができる人は車いすへ、車いすで移動できる人は歩行器を使うというように、今より少しずつでもよくなろうという意識をもって移動や移乗を行ってもらうようにします。

まひの程度と部位

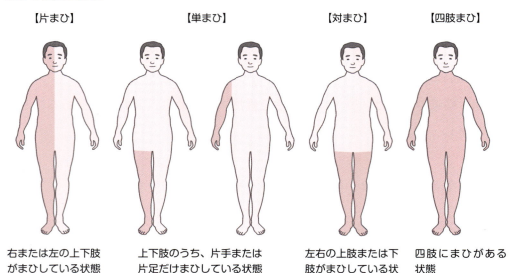

【片まひ】 右または左の上下肢がまひしている状態

【単まひ】 上下肢のうち、片手または片足だけまひしている状態

【対まひ】 左右の上肢または下肢がまひしている状態

【四肢まひ】 四肢にまひがある状態

出典：『介護職員初任者研修課程テキスト3』日本医療企画、2016年／黒澤貞夫『最新介護福祉全書16 形態別介護技術』メヂカルフレンド社、2006年

安全な移動

移動・移乗の際には、事故が起こることがよくあります。利用者が自分で移動しているときに起こることもあれば、介護職が介助しているときに起こることもよくあります。

介護職は、利用者が自分で移動・移乗を行うときには、床にものが散乱していないかを確認する、いざというときには支えられるようにまひ側に立つなど、転倒などを防ぐように見守ります。

移動・移乗で起きやすい事故

また、介助するときには、利用者・介護職に無理な負担のかからない、適切な方法で介助することが大切です。まずは、これから何をするか声をかけ、利用者が動く心がまえができてから介助し始めることも必要です。

❷ 移動と社会参加の留意点

社会とのつながり

　移動には、社会参加を促進する、人との交流を促進するという面があります。誰でも社会とつながっている、会いにいく仲間がいるという実感が、充実した生活を送ることにつながるといえるでしょう。

　ただし、介護職が移動の介助を行いさえすれば、社会参加や人との交流が活発になるわけではありません。まず、利用者に「○○したい」という気持ちをもってもらうことで、社会参加や人との交流のスタートになります。社会参加や人との交流に消極的になっている利用者に対しては、その裏にある気持ちを察したり、あきらめる必要がないことを理解してもらうように働きかけをしていくようにします。

　社会参加というと利用者によってはとまどうこともあるでしょう。"外に出て花や景色を眺めると気分転換になるのでは……""新しい喫茶店ができたので、行ってみては……"など、身近なところからお勧めするのもよいでしょう。

移動によって社会とのつながりが生まれる

友人などの協力を得て外出を支援

道路などでの移動、交通機関の利用、建物内での移動では、物理的な障害（バリア）が多くあります。バリアフリーを促進する取り組みは、以前より進んではいるものの、道路の段差や狭い歩道、駅や歩道橋などの階段など、利用者の外出を阻むものがまだまだあると考えましょう。

そのため、外出前には次のような準備が必要になります。

- 目的地までの移動経路、移動手段を調べ、行程を決める。混雑状況、道路の渋滞状況も考慮する。
- 食事や休憩する場所を調べ、行程に組み込む。
- いつでもトイレに行けるように、利用できるトイレの場所、トイレのある建物を調べておく。
- 外出予定日の天候に合わせて、雨具などの用意をする。変更がきくように、予備の外出日を決めるのもよい。
- 家族への連絡方法を決めておく。急な体調変化に備えてかかりつけ医の連絡方法も確認。

外出する際には、利用者の障害にもよりますが、1人より複数の人が同行するほうが、予想外のことが起きたときに対応しやすく安心です。ぜひ、友人や隣人、ボランティアなどの協力を得るようにしましょう。友人などが一緒であれば、外出はより楽しいものになります。

外出時の注意点

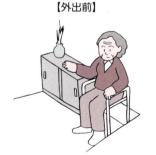

【外出前】
体温、顔色、いつもと違うところはないかなど、健康状態を確認する

【外出中】
利用者の様子によって、トイレに行ったり、水分を補給したりする

【帰宅後】
体調や疲労の程度など、外出に満足したかを確認する

出典：『介護職員初任者研修課程テキスト3』日本医療企画、2016年

3 さまざまな移動・移乗に関する用具とその活用方法

車いす

　車いすは、歩行が困難な人の移動の範囲を大きく広げてくれる用具です。しかし、使用方法を間違えると重大な事故を起こすおそれもあります。使い方を十分に把握し、適切な場所で利用します。

　各部でぐらつきがないか、ブレーキは効いているか、タイヤの空気圧や動きは適正かなど、利用する前には必ず不具合がないかどうかを確認し、常に安全を保つようにしましょう。

車いすの基本構造

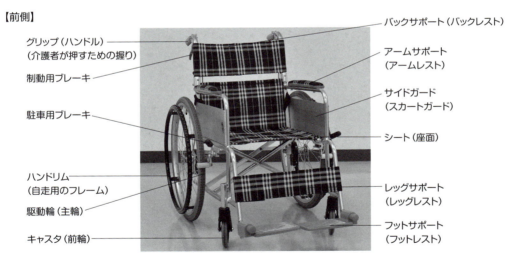

出典：『介護職員初任者研修課程テキスト3』日本医療企画、2016年

車いすの主な種類

【自走式】

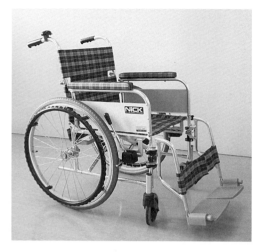

利用者自身が操作することを目的としている

【介助式】

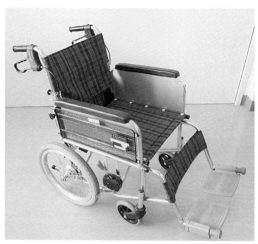

介護者が操作する。自走式に比べて後輪が小さく、小回りが利く

【リクライニング式】

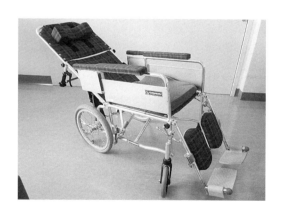

バックサポートを後ろに倒してベッドに近い形にできるもの

【電動式】

指1本で操作ができる。腕の機能に障害がある人や、長距離移動に使われる

出典:『介護職員初任者研修課程テキスト3』日本医療企画、2016年

つえ

自力で歩くことができても、ふらついたり疲れやすかったりする場合、つえや歩行器を使う方法があります。歩行が安定し、からだの負担も軽減して、より長い距離を1人で歩くことができるようになります。

その人に合ったつえを選ぶ

つえにはいくつかの種類があります。選ぶ際には、その人の歩行の状態や使う場所を考慮します。また、介護職だけでなく、医師や看護師、理学療法士や作業療法士、福祉用具専門相談員などと相談のうえ選びます。

つえの主な種類

【T字づえ】	【ロフストランドクラッチ】	【四点づえ】	【歩行器型つえ（ウォーカーケイン）】
		(図)	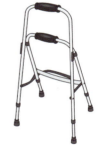
最もよく使われている形	握り部分と前腕支え部分でからだを支えるのでからだが安定する	基底部の支持面が広く安定性があるので、立位や歩行状態が悪い利用者によく使われる。ただし、でこぼこした地面などでは、逆に不安定になるので注意	歩行器に似ているが、つえのようにからだの脇に置いて使う。四点づえよりも安定性が高い

つえは正しいもち方をしないと、ぐらついて危険です。また、屋外では、周囲を歩いている人につえが接触して転ぶなどの事故も考えられますから注意が必要です。

つえのもち方（例）

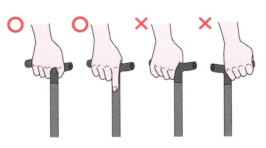

歩行器

　歩行器はつえよりも基底部の支持面が広く、より安定性があります。からだの脇において使うつえとは違い、からだの前に置いて使います。また、両手を使える（両手のまひなどがない）ことが条件です。

　歩行器も、つえと同様に、歩行状態、使用するときの依存度、ライフスタイルなどを考慮して選びます。より安全で快適に使うために、理学療法士や作業療法士などの意見を取り入れるようにしましょう。

歩行器の主な種類

【固定型】

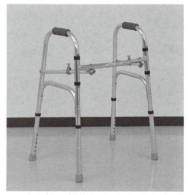

フレームの握り部分をもって、もち上げながら移動する。立ち上がり時にも使える。ゆっくりの移動になるが安定性がある

【交互型】

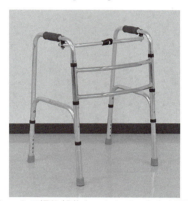

フレームの握り部分をつかんで、左右交互に動かしながら移動する。ゆっくりの移動になるが安定性がある

【前輪つき】

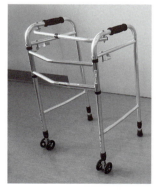

押しながら移動する。バランスが崩れやすいので慣れるまで介護職がつき添うとよい

【前腕支持式】

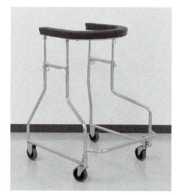

前腕部をフレームにのせて移動する

出典：『介護職員初任者研修課程テキスト3』日本医療企画、2016年

4 移動・移乗を阻害するこころとからだの要因

移動・移乗を阻害する要因

さまざまな要因で、移動や移乗が難しくなることがあります。1つの要因ばかりではなく、複数の要因が重なっている場合も多くあります。

移動や移乗が難しいからと行わないでいると、移動や移乗が億劫になってますます歩行などの機能が低下します。移動や移乗ができない要因を考えて、利用者とその家族、ときには理学療法士などと話し合いながら支援の方向を導きだすことが必要になります。

移動・移乗を阻害するさまざまな要因

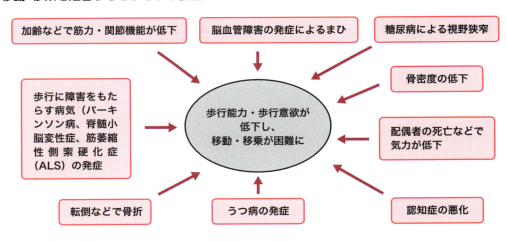

移動を阻害する悪循環

第8章 こころとからだのしくみと生活支援技術

廃用症候群（生活不活発病）

　病気やけがなどで長期間にわたって安静状態を続けていると、本来残っている機能まで弱まっていくおそれが高まります。

　身体面では、骨密度が低下して骨がもろくなる、筋肉量が減って筋力が弱まる、関節が固くなって可動範囲が狭まるといった機能低下が見られます。また血液の循環が悪くなって心臓や肺などの臓器の機能も弱まります。

　精神面では、歩くなどの行動意欲がなくなる、記憶力が低下する、認知症が悪化するといった症状が現れます。安静状態を長く続け生活が不活発になることで、さまざまな症状が起こる状態を廃用症候群（生活不活発病）と呼んでいます。

　廃用症候群を防ぐには、病気やけがをしても必要以上に安静状態を続けず、なるべく早く日常生活に戻るようにすることです。安静にしている必要があるときでも、介護職は利用者に対して、呼びかけをする、からだの向きを変える、起き上がったり立ち上がったりする機会があれば介助するなどの働きかけをして、心身に刺激を与えていくことが大切です。

廃用症候群の主な症状

運動機能の低下	筋力の低下、骨密度の低下、関節が固まる、尖足※
心肺機能の低下	動悸・息切れ、立ちくらみ（起立性低血圧）
循環器の障害	静脈血栓症、肺塞栓
自律神経の障害	失禁、便秘
精神機能の低下	食欲不振、認知症の進行

＊足の甲がのび、つま先が下を向いて戻らなくなった状態

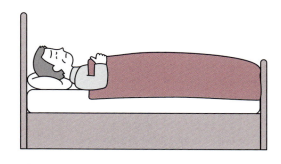

もっている力の活用・自立支援

残存能力を活用して自立を促す

　障害によってある機能が低下しても、残された機能を活用して日常生活動作をある程度まで行うことができます。このように活用の可能性がある残された機能を残存能力といいます。

　残存能力はもっている力ともいえます。この力は使われないと低下していきます。利用者がしようとすることに何でも介助の手を差し伸べてしまうと、せっかくの力が使われなくなってしまうおそれがあります。

　もっている力を発揮させるためのポイントは、利用者ができること、できるかもしれないことはなるべく利用者自身にしてもらうことです。介護職はそれを見守り、必要最小限の介助をしていくことを心がけます。

利用者が消極的・否定的な場合の対処

　介護職が促したり介助したりしようとしても、「できない」「疲れるからしない」などといって、動くことに消極的・否定的な態度をとる利用者もいます。例えば、自分のからだの機能がまったく失われたと思い込んでいる、以前転倒したことがあり、また転倒するかもしれないと思っているなど、消極的になっている要因を探り、周囲と協力してその要因を取り除くようにします。

積極的になった例

【もっている力があることを理解する】
Aさんは、右側にまひがあります。「私は、買い物にも行けない、おしゃれもできない、何もできない」と思い込んで動こうとしません。主治医の勧めでリハビリ外来を受診し、からだの状態や能力が残されていることなどを説明されました。わかりやすい説明にAさんも納得し、リハビリテーションを受け、自宅でも積極的にからだを動かすようになりました。

出典：『介護職員初任者研修課程テキスト3』日本医療企画、2016年

環境が整っていないために、できることもできないということもあります。例えば、手すりがあれば自分でポータブルトイレに移乗できるのに、手すりがない、ベッドに座ったとき足が床につかなくて、動きようがないなどというケースです。家族が心配し過ぎて、利用者が無理をして動かないようにしている場合もあります。また、家族が包丁などを使うのが危ないからと料理をさせないケースもあるようです。

前者のケースでは、手すりを設置する、ベッドの高さを利用者に合わせて下げるなどの対応で利用者がもっている力を発揮できるようになります。後者のケースでは、主治医などの医療職が利用者の状態を家族に伝える、調理関係の福祉用具などについて説明するなどで、家族を安心させるという方法があります。

介護職の介助が不適切な場合

もっている力が発揮できない理由に、介護職の介助が不適切であることもあります。

例えば、介護職が利用者の転倒をおそれたり、全面的な介助のほうが短時間で済むと思っていたりということから、利用者の動きを抑えすべて介助してしまうケースもあります。介護職は、利用者のからだの状態や、正しい介助方法を理解し、介助に当たる必要があります。

介助の必要度が高い利用者の場合でも、できることがまったくない、という決めつけは禁物です。食事の介助を全面的に受けていた利用者が、実は指先をうまく使ってストローをもつことができたということもあります。移乗のときに、声をかけることで、足に力が入り筋力の低下予防になるということもあります。

環境の見直しの例

Bさんは、トイレまでの移動はできるものの、トイレからの立ち上がりができませんでした。ところが、通所リハビリテーションのときは、立ち上がりができることがわかり、理学療法士に自宅のトイレを見てもらったところ、手すりの位置が近すぎることがわかりました。手すりの位置を変えたところ、Bさんは介助なしでトイレで用を足せるようになりました。

出典：『介護職員初任者研修課程テキスト3』日本医療企画、2016年／西村かおる『コンチネンスケアに強くなる排泄ケアブック』学研、2009年

5 利用者・介助者にとって負担の少ない移動

利用者の自然な動きの活用

　私たちは、日ごろ何気なくからだを動かしています。その動作を細かく見てみると、「からだの自然の動きとは、こういうものだったのか」とスムーズな動きのしくみが納得できるでしょう。

　例えば、移動・移乗の際に頻繁に行う立ち上がりの動作を分析すると、次のようになります。

立ち上がり動作

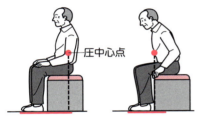

①安定した座位姿勢

②足部を圧中心点に近づける
おじぎをするように頭を前方にかがめる
重心移動し足部に圧中心点をのせる

③足部に圧中心点をのせる
バランスをとりながらお尻を浮かせる
支持基底面が小さくなるためバランスを崩しやすい

④バランスをとりながらからだを起こす
足の力を利用し重心を上に移動させる

⑤安定した立位姿勢

出典：『実務者研修テキスト7』日本医療企画、2017年

　上の図を見ると、立ち上がろうとするとき、おじぎをするように上体が前に傾いているのがわかります。これを理解しないで、おじぎの動作を抜かして、利用者を上にもち上げようとすると、無理な負担がかかり、利用者が痛みを感じたりします。介護職にも過剰な負担がかかることになり、どちらにとってもよくない状態を招きます。

立ち上がりの介助

【自然な動きの例】

まずおじぎをするように前に誘導している

【不自然な動きの例】

手を上に引っ張り上げて立たせようとしている

出所：独立行政法人福祉医療機構「Wamnet」「連載コラム介護技術の基本」をもとに作成

重心・重力の働きの理解

　地球上の生物は、重力の影響を受けています。例えば、頭や肩には重力がかかっていて、それに逆らうように筋肉が働くことで姿勢を維持し、からだを動かしているというわけです。また背骨は、わずかにS字のようにカーブしていますが、それは上からかかる重力をうまく分散させるためといわれています。

　介護職が筋力の衰えた利用者を介助するのは、ある意味、重力に負けないように手助けしているともいえます。

重心を保つ

　重心は、もののバランスがとれている場所のことです。人間のからだの重心は、からだ全体の重さがつりあっている場所のことで、おへその下あたりにあります。また、立っているときの重心線をからだの前から見るとからだの幅の中心を通り、横から見ると、耳、肩、股関節、膝の後ろ、足の関節の前を通っています。

　では、歳をとって姿勢が変化したときは、どのように重心を保っているのでしょうか。高齢者によく見られる猫背の姿勢では、頭や肩が前に出ますが、そのままにすると前に倒れてしまうので、腕を後ろにひいてバランスをとるようになります。さらに前かがみになると、腰、膝の位置をずらしてバランスをとるようになります。

姿勢と重心線

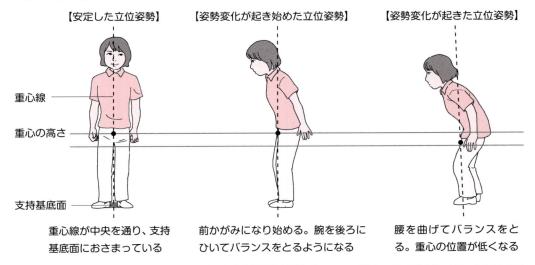

出所：独立行政法人福祉医療機構「Wamnet」「連載コラム介護技術の基本」をもとに作成

バランスを崩したときの反応

　何かにぶつかったりしてバランスを崩したときは、転ばないようにバランスを取り戻そうとからだが反応します。例えば、前から押されてからだが後ろに傾いたときは、手を前に出したり、片足を後ろに置いたりすることで、転倒を防ぎます。

転びそうになったとき

手を前に出し、後ろに傾くからだのバランスを取り戻そうとしている

片足を後ろに置き、転倒を防いでいる

とっさに左のような反応ができなくなると、転倒してしまう

出所：独立行政法人福祉医療機構「Wamnet」「連載コラム介護技術の基本」をもとに作成

ボディメカニクスの応用

ボディメカニクスを理解し、それを応用することで、利用者にも介護職にも無理のない介助を行うことができます。

例えば、仰向けに横になった姿勢（仰臥位）から上体を起こす動作を自分はどのように行っているか、わかりますか。下の図の左のように上体をまっすぐに起こすという人は、腹筋がよほど強いと考えられます。

起き上がるときの動き

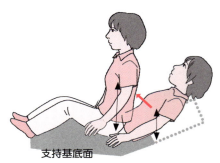

支持基底面が小さくなり、圧中心点がその外になり、強い力が必要

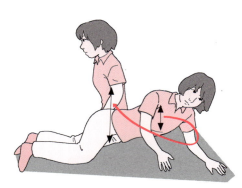

からだを横向きにし支持基底面を広くとり、下の肘をテコの支点にして、少ない力で起き上がる

出所：独立行政法人福祉医療機構「Wamnet」「連載コラム介護技術の基本」をもとに作成

上の図の右では、ボディメカニクスの8つのポイントのいくつかが応用されています（p.247〜248参照）。そして、多くの人は、このように少ない力で起き上がっていることでしょう。利用者の起き上がりを介助するときも、左の形で起き上がらせるのではなく、右の形で起き上がるように介助します。

ボディメカニクスの応用例

【段差を越える】

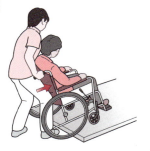

車いすに近づき大きな筋群を使っている

【坂を下る】

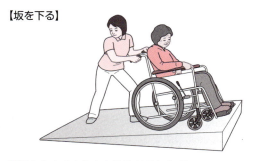

両足を大きくひらき支持基底面を広くしている

出典：『介護職員初任者研修課程テキスト3』日本医療企画、2016年

歩行等が不安定な者の移動支援・見守り

生活援助従事者は、移動・移乗の介助など身体介護は行いませんが、正しい方法を知っておくことは大切です。ここでは、車いす、歩行器、つえを使った歩行について解説します。

車いすの使い方

車いすを使うときは、まず、たたんであるものを広げる必要があります。また、使い終わったら、たたんで収納します。広げ方、たたみ方を次に示します。

車いすを広げる

①左右の手でグリップをもち、外側に広げる

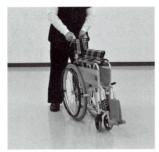 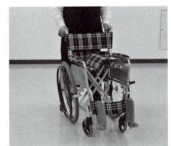

②車いすの前に立ち、両手をシートに置きシートを下に押しながら左右に広げる。左右の手の位置が斜めになるように置くと広げやすい

車いすをたたむ

①フットサポートを上げて駐車用ブレーキをかける。シートの中央の前と後ろをもち、上にもち上げる
②グリップをもち、内側に引き寄せて閉じる（上の左の図の状態になる）

 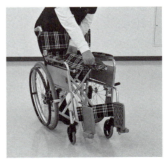

出典：『介護職員初任者研修課程テキスト3』日本医療企画、2016年

自分でベッドから車いすに移乗できる利用者の場合、車いすに移乗するときには、一部介助を受けながら、次のように移乗します。

利用者が自分で車いすに移乗する場合の例

①介護職が、車いすを利用者の健側の20〜45度の角度に置く。フットサポートは上げておく。ブレーキは利用者がかけるか、介護職がかける

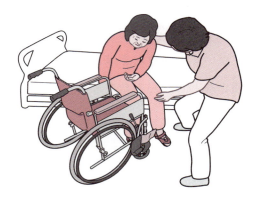

②ベッドの高さを利用者の足が床につく高さに調節する。利用者は、ベッドの端に浅く座った状態になる。健側の手でアームサポートを握り、おじぎをしながら立ち上がる
　介護職は「立ち上がって車いすへ移りましょう」などと声をかける
③健側の足を固定し、からだを回転させ、深くおじぎしながらゆっくりと腰を下ろす

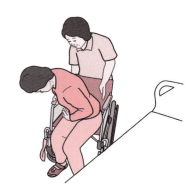

④フットサポートを下ろして足をのせる。介護職は姿勢や体調を確認する
⑤利用者は、ブレーキを外し、ハンドリムをこぎながら移動する（足で床をけりながら移動する場合は、フットサポートに足をのせない）

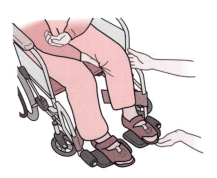

出典：『介護職員初任者研修課程テキスト3』日本医療企画、2016年、一部改変

歩行器の使い方

歩行器は、屋内の平らな床面で使うものです。

固定型歩行器の場合、利用者が両手でもち上げ前方に置き、左右の足を順に前に踏み出すという動作を繰り返して移動します。歩行器をもち上げるときにバランスを崩し後ろに傾きやすくなります。交互型歩行器の場合は、歩行器の右と左を順に前に進めていきます。

歩行器の使用では、後ろへの転倒やバランスを崩しての転倒が起こる危険性があり、注意が必要です。

固定型歩行器の使い方

・歩行器の高さは、にぎりをもった前腕の角度が、30度ぐらいになるようにする
・折りたためるものは、使用するときにしっかり固定されたかを確認する

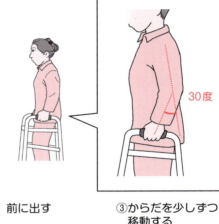

①歩行器を
しっかり握る

②もち上げて、前に出す

③からだを少しずつ
移動する

 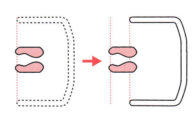 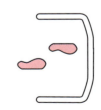

利用者は、からだをやや前傾させて歩行器を前に進める。右のように前すぎると前のめりに転倒する危険がある。介護職は、後ろから見守る。

交互型歩行器の使い方

①右アームの移動　②左足を前に出す　③左アームの移動　④右足を前に出す

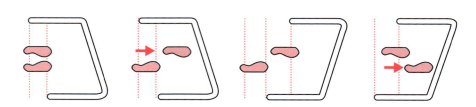

　前輪つき歩行器は、後ろの脚部を浮かして前輪を前に進め、次に両足を前に進めて前方へ移動します。前に進むとき、腰かけるときなどに、キャスターが前に進みすぎると転倒の危険があります。

　アームつき歩行器の場合、肘が90度になるようにして前腕をアームレストに置き、からだを支えて前に進みます。

前腕の置き方

コラム

屋外でも使える歩行車

　つえでの歩行が不安でも、手・手首に障害がなくきちんと使える場合、歩行車を用いることがあります。

　三輪歩行車には、前輪は、向きが変わる車輪、2つの後輪は向きが変わらない車輪、握り手にブレーキがついています。

　右の図は、いすつき歩行車です。荷物をもつのが困難で、休みながらならある程度の距離を歩ける、また手・手首を使えるという人に適しています。

　これらは、歩行器と同様に介護保険の給付対象になっています。

つえの使い方

つえを使う場合、つえの高さを利用者のからだに合ったものにすることが大切です。また、つえは、健側につくことで、患側にかかる力を減らすことが可能になります。つえでの歩行が安定している場合には2動作歩行で、不安定な場合は3動作歩行でつえを使います。

つえの長さ

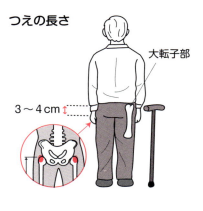

つえを足の少し先に置き、肘を約30度曲げる。その位置に握り手がくるのが、適切な高さになる。屋外で使うときは、靴を履いたときの高さにする

出典:『実務者研修テキスト4』日本医療企画、2017年／岩崎成子『知っておきたい介護技術の基本』誠信書房、1999年、一部改変

3動作歩行

② つえを一歩前につく

③ 患足を一歩前に出す

④ 健足をそろえる

介護職は、患側に立って見守る

2動作歩行

つえと患足を同時に一歩前に出す

健足をそろえる

出典:『実務者研修テキスト4』日本医療企画、2017年／『ホームヘルパー養成講座2級課程ホームヘルプサービス介護の技術を学ぶSTEP3』日本医療事務センター、2000年

階段の上り下り

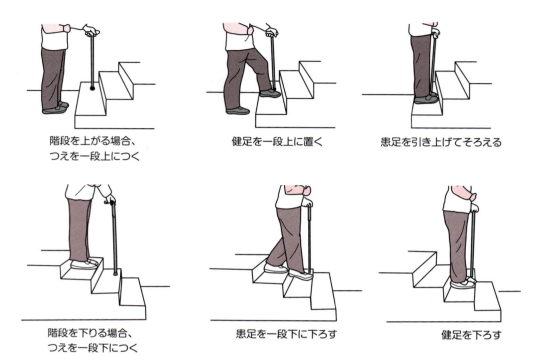

出典：『実務者研修テキスト4』日本医療企画、2017年／『ホームヘルパー養成講座2級課程ホームヘルプサービス介護の技術を学ぶSTEP3』日本医療事務センター、2000年

　利用者がつえで歩行しているときに転倒が起こることがあります。原因には、つえが利用者のからだに合っていない、つえの先のゴムがすり減っている、などが考えられます。つえの選択や使用に際しては、理学療法士などのアドバイスを得るとよいでしょう。また、ゴムは、定期的に確認するようにします。

＼POINT／ チェックポイント

- 移動・移乗の意義と目的を理解できましたか。
- 利用者の自立心や自然な動きを妨げない介助方法がイメージできましたか。

7 食事に関連したこころとからだのしくみと自立に向けた介護

\ POINT /
学習のポイント

● よい食事が日常生活にどのような効果をもたらすかを理解しましょう。
● 咀嚼と嚥下のしくみを学びましょう。

1 食事に関する基礎知識

食事をする意味

　食事はからだに必要な栄養素を取り込み、健康を維持するために欠かせないものです。しかし、それだけではありません。家族や友人など、さまざまな人と一緒に食事をしてコミュニケーションが生まれ、親交を深めることができます。また、季節感のある料理を味わうことで四季を感じられます。毎日決まった時間に食事をとることで生活リズムも生まれます。

　さらに、QOL（生活の質）の維持・向上の役割もあります。食事のために、移動して食卓につき、食事の内容を視覚やにおいで確認し、箸やスプーンを使って食物を取り分けて口に運び、舌で食感や味を確かめながら咀嚼して飲み込む（嚥下）というように、食べるまでの一連の動作でからだのいろいろな機能を使います。

　このように食事にはさまざまな効果がありますが、これまで培ってきた食文化や生まれ育った地域によって好みが異なります。介護職は利用者一人ひとりのその人らしい食生活を尊重した支援が求められます。

311

食事のケアに対する介護職の意識

　介護職は常に利用者の心身の状態に気を配りながら、安全で、楽しく、その人らしい生活の支援を行うことが大切になります。

　その人らしい食生活といっても、育った場所や環境が変われば食生活も変わり、また好みも人それぞれで、その人が長年の生活のなかで培ってきたものがあります。しかし、加齢や病気、障害で思うように食べることができなくなり、その人らしい食生活ができなくなっているということを理解しなければなりません。

食事摂取に必要な心身の機能

　健康なときは、食事をするときにさまざまな動作や判断がかかわっていることを意識してはいません。しかし、食事をするということは、とても複雑な心理的な働きや動作が積み重なってできています。そのなかの過程が1つでもできなくなると、一人で食事をすることが難しくなってきます。

食事摂取のためのチェックポイント
【移動】
・食卓まで移動できるか。
・食卓で座り、その姿勢を維持できるか。
【感覚】
・食欲を感じるか。
・食べたい料理を選ぶことができるか。
・おいしいと感じるか。
・満腹感を感じるか。
【機能】
・食器を持つことができるか。
・料理を食べやすい大きさに分けることができるか。
・料理をこぼさずに口にもっていけるか。
・咀嚼できるか。
・飲み込むことができるか。

栄養の理解

　健康の維持、生活習慣病の予防のためにも栄養バランスを考えて食事をとるようにします。

　栄養素は、炭水化物、脂質、たんぱく質、無機質、ビタミンの5つに分類されます。この5分類を1日の必要摂取量を考慮してバランスよくとるようにしましょう。疾病などで食事制限がある場合も、制限の範囲内でバランスをとるようにします。1日で30品目をとることが望ましいですが、できない場合はなるべく多くの品目をとれるように献立を組みましょう。

5大栄養素の機能

栄養素	主な食品	働き
炭水化物	穀物、イモ類、砂糖	エネルギーとして血液とともに循環する
脂質	油・油脂類	エネルギーとして皮下脂肪に蓄えられる
たんぱく質*	魚、肉、卵、豆・豆製品	血液、筋肉などからだの構成成分をつくる
無機質	小魚、乳製品、海藻類	骨や歯をつくる
ビタミン・無機質	野菜類、果物、海藻類	病気への抵抗力をつくる。目や皮膚などの機能をよくする

＊たんぱく質は、からだをつくる機能をもつとともにエネルギー源にもなる。

低栄養・脱水の弊害

　バランスの悪い食生活や食欲不振の状態が続き、からだに栄養素が不足すると、低栄養状態になることがあります。

　低栄養は、疲れやすい、体力が落ちるなどのほか、悪化すると免疫力の低下、浮腫・褥瘡などの皮膚障害など深刻な症状を起こします。低栄養の改善には栄養バランスのよい食事をとることが基本です。食欲がないなどでそれが難しい場合は、点滴で栄養補給をするなどの対応をします。

脱水と対応

　人間のからだの大半は水分でできています。成人女性なら体重の約55％、成人男性なら約60％の水分を蓄えています。体内の水分は血液などの体液となってからだを循環し、体温調整をしたり、栄養分や酸素をすみずみの細胞に届けたり、老廃物を尿として排出したりします。

成人のからだ　水分

　しかし、高齢になると体内の水分貯蔵量が少なくなります。通常、体内の水分量が減るとのどが渇くなどしてからだが自然と水分を要求します。高齢者はのどの渇きを感じにくくなっているため、脱水症状を起こす可能性が高くなります。

　脱水は重症化すると命の危険もあります。脱水の一番の予防は、こまめな水分補給です。食事中はスープなどのほか、お茶や水をしっかりととるようにします。

脱水予防のための注意事項
- こまめな水分補給を心がける。
- 嚥下障害があるときは、ゼリーや液体にとろみをつけたりして水分を摂取する。
- 室内の温度管理に注意する。
- 排せつの回数を減らそうと、意識的に水分を制限することがないように、安心して排せつできる環境を整える。
- 十分な水分補給ができない場合には、医療機関で点滴による水分補給が必要になる。

2 食事とからだのしくみ

食事摂取と嚥下のメカニズム

　食事の動作は、先行期、準備期、口腔期、咽頭期、食道期の5段階があり、「摂食・嚥下の5分類」といわれています。そのうち後半の3つ（口腔期、咽頭期、食道期）は嚥下運動にあたり、「嚥下三期」といいます。

　この嚥下三期は無意識に行われ、咀嚼されたかたまり（食塊）が口腔を通って咽頭に達すると、反射的にかたまりを飲み込みます（嚥下反射）。

摂取・嚥下の5分類

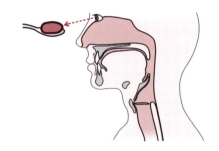

【先行期（認知期）】
食べ物の形や色、においなどを認識する。

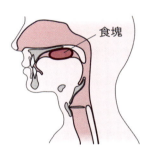

【準備期（咀嚼期）】
咀嚼して食塊をつくる。

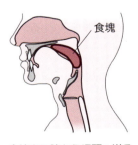

【口腔期】
食塊を口腔から咽頭へ送る。

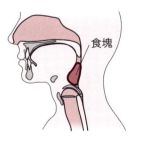

【咽頭期】
食塊を食道に送る。喉頭蓋で気道に蓋をして、肺に食べ物が入らないようにする。

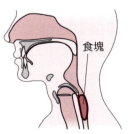

【食道期】
食塊が食道から胃へ移動する。

出典：『介護職員初任者研修課程テキスト3』日本医療企画、2016年／介護福祉士養成講座編集委員会編『新・介護福祉士養成講座こころとからだのしくみ』第3版、中央法規出版、2014年

空腹感・満腹感・好み

食事を介助する介護職は、食欲が出る、反対に食欲を失うそれぞれのメカニズムを理解しておきましょう。食欲は、脳の中の視床下部にある摂食中枢と満腹中枢によってコントロールされています。生理的な刺激や感覚的な刺激を受けると、摂食中枢は空腹を感じる（食欲が出る）指令を出し、反対に満腹中枢は満腹感を感じる（食欲を失う）指令を出します。

生理的に起こる食欲のしくみ

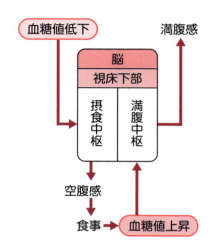

好みと食欲を生かす支援

感覚的な刺激とは、五感（視覚・嗅覚・聴覚・触覚・味覚）から受ける刺激のことです。食欲は、食べ物の見た目（視覚）、におい（嗅覚）、調理中の音（聴覚）、食感や舌触り（触覚）、味（味覚）に刺激されて起こります。介護職は利用者の食欲がでるように、献立、味付け、調理方法、食卓の演出などの工夫をすることが必要です。

食欲増進の工夫

・好きなメニューを取り入れる
　栄養価だけを考えるのではなく、献立に利用者の好きなものを取り入れる。
・薄味でもおいしく食べられるようにする
　高齢になると味覚を感じにくくなるため、しっかりだしをとったり、スパイスや香味野菜を活用したりして味に変化をつける。
・食卓の演出をする
　旬の物を取り入れたり、地域ならではの献立や料理を提供する、利用者の状態や好みに合わせて食器を変えるなどして、食事を楽しめるように工夫する。

3 食事環境の整備・食事に関連した用具・食器の活用方法と食事形態とからだのしくみ

食事環境の整備

　食事を楽しむには、まず食事をする環境を整えることが大切です。好みの食べ物が目の前に並べられていても、食事をする環境が悪ければ食べる気持ちも起こらないでしょう。

　食事をする環境として、物理的環境、心理的環境、身体的環境を整備します。

物理的環境

　物理的環境とは、食事をする場所の環境です。食堂の明るさ、テーブルの高さ、音の有無などです。

心理的環境

　心理的環境とは、利用者の心理に関する環境です。親しい人と一緒で会話がはずむような環境では心理的にもくつろいで食欲も進みます。心配事や悩み事を抱えていたりすると食欲もわきません。介護職は一緒に食事をする人や会話などに注意を払う一方で、利用者の様子を観察し、声かけを行いましょう。

身体的環境

　身体的環境とは、体調や状態、姿勢です。疾病によって体調が悪化すると、食欲の低下に結びつくことがあります。また、まひなどがあって箸やスプーンを上手に扱えないときも同様です。福祉用具を使って食事ができる場合もあります。

　このように食事の環境を整えることは、食欲を増し、栄養を補給するうえで重要です。介護職は利用者がベッドで生活をする時間が長くなったとしても、ベッドで食事をするのではなく、できる限り家族と同じ時間に、家族と同じ場所で食卓を囲めるように支援することが必要です。

食事用の福祉用具

　まひなどで身体的環境が整わず、食べる動作ができない場合、食事用の福祉用具を使用する方法があります。福祉用具は心身の機能が低下したとしても、道具に工夫を施すことで、自立した生活を送るように支援するものです。自分の口に運ぶことができるようになると、食事が楽しくなり、食べたいという意欲につながるきっかけにもなります。

　食事用にさまざまな福祉用具があります。介護職は、利用者の状態に応じた福祉用具を選び、適切な福祉用具を検討します。そのためにも、新しい福祉用具の知識を常に知っておきましょう。

食事用の福祉用具

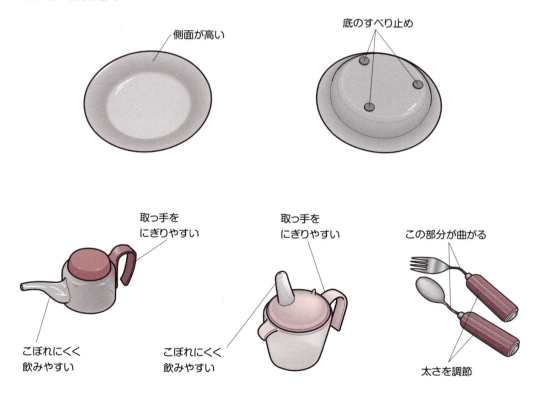

出典：『介護職員初任者研修課程テキスト3』日本医療企画、2016年

食べ物の形態

利用者の障害の状態や程度によっては、食べ物の形態にも注意を払います。高齢になると、歯がなくなるなどの理由で咀嚼力が低下したり、飲み込みにくくなったりします。利用者の状態によって、柔らかくしたり、とろみをつけるなど食べやすくする工夫をして、安全でおいしい食事を提供する必要があります。

加齢によって低下する食べるための機能
- 見えにくくなる
- かみにくくなる
- 味がわかりにくくなる
- 飲み込みにくくなる
- 消化しにくくなる

かみにくい場合の工夫
- かみやすい食材を使う
- すりつぶす
- 包丁でたたく
- 柔らかく調理する
- かみやすい大きさに切る

飲み込みにくい場合の工夫
- 水分の少ない食材を避ける
- とろみをつける
- ゼリーやプリン状にする

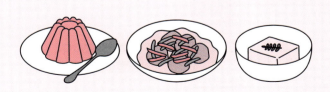

第8章 こころとからだのしくみと生活支援技術

4 楽しい食事を阻害するこころとからだの要因の理解と支援方法

誤嚥を防ぐ介護技術

　肺炎は高齢者の死因で上位に位置する病気です。その中でも、高齢者がかかる肺炎で多いのは誤嚥性肺炎です。誤嚥は細菌を含んだ唾液や食べ物が誤って気管から肺に入り、肺の中の細菌が炎症を起こして肺炎になります。

　介護職は、利用者の状態をよく観察し、安全に食事を提供することが求められます。誤嚥の予防には、食べ物が飲み込みやすいように調理するほか、姿勢も重要です。

食事の姿勢と介助

　食べるときの姿勢は重要です。姿勢が悪いと誤嚥につながります。

　そのため、食事では可能な限り座位で食事をとるようにしたいものです。移動ができるなら、ベッドの上よりも、いすに座って食事をとってもらうように心がけましょう。

食事の姿勢

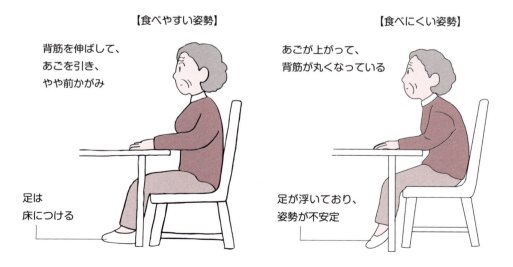

※食事介助は身体介護にあたるため、生活援助従事者はできません。

姿勢と食べ物の流れ

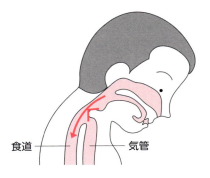

少し前かがみになると、食道に食べ物が入りやすくなる

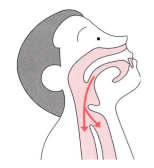

あごが上がると気管に食べ物が入りやすくなる

車いすでの食事

車いすに座り食事をとる場合は、フットサポートを上げて両足を床につけ、テーブルをからだに引き寄せると食事がしやすくなる

ベッド上での食事

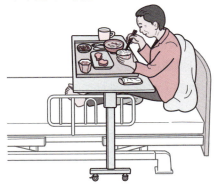

ベッド上で座位の姿勢で食事をとる場合は、誤嚥を予防するために前傾姿勢をとる。背中や膝の下にクッションを入れて姿勢を安定させることもある

仰臥位での姿勢

臥位の姿勢しかできない場合は、ベッドをギャッジアップして上半身を上げる。頭部が少し前かがみの姿勢になるように枕などで調整する

出典：『介護職員初任者研修課程テキスト3』日本医療企画、2016年／竹内孝仁ほか『介護保険対応版 ホームヘルパー養成テキスト2級 第3巻ホームヘルプサービスの実践』日本労働者共同組合

食事中・食事後の注意点

　食事時にテレビをつけると食事に集中できず、咀嚼や嚥下に意識が向けられなくなります。食事中は、テレビを消すようにしましょう。口の中に食べ物が入っているときは話しかけず、咀嚼や嚥下に意識を集中できる環境をつくりましょう。

　食後は、食べた物が胃から逆流して嘔吐するのを防ぐため、20～30分は横にならず、腹部を圧迫しないようにします。

食事の介助

　食事の介助もほかの介助と同様に、利用者一人ひとりのできること、できないことを把握し、なるべく福祉用具などを用いて自分で食べてもらい、自立心を妨げないようにすることが大切です。食事のペース、好みなどに配慮しましょう。

　食事の介助は、次のような流れで行います。

【食事の前】
・介護職は手を洗っておく。
・体調・気分・排せつの状態などを確認する。
・今から食事をとることを説明し、同意を得る。
・利用者の手を洗う、またはおしぼりなどで手をふいてもらう。
・利用者が希望したらエプロンやタオルなどをつける。
・姿勢が崩れていないかを確認する。
・義歯（入れ歯）をしている場合は義歯が入っているか確認する。
・アレルギーの有無、一度に食べられる量などを確認して配膳をする。

【食事中】
・メニューの説明などをする。
・最初に水分をとって口の中をうるおしてもらう。
・お茶や汁物は、こぼれないように置き場所に注意する。
・適量を口に運んでいるかを観察する。
・咀嚼や嚥下を適切に行っているかを観察する。
・呼吸や表情に気になるところはないか、むせたりのどに食べ物がつまったりしている様子はないかを観察する。
・凝視するなど、利用者に緊張感を与えるような見方をしないように気をつける。

【食事後】

・おしぼりなどで手や口をふいてもらう。

・どのくらいの量を食べたか、食べ残しはあるかなどを確認して、記録する。

・体調・気分などを確認して、必要に応じて記録する。

・楽な姿勢をとってもらう。ただし、20～30分は横にならないようにする。

・歯みがきをしてもらう。洗面所などへ誘導する。

利用者にまひがある場合の介助

　片まひなどがあって、福祉用具を使っても自分で食べることができない場合は、身体介護を行える介護職が食べるのを介助することになります。

・立って介助すると、利用者のあごが上がって後ろに傾きやすく、この姿勢で飲み込むと誤嚥しやすい。

・利用者が前傾した姿勢を保てるように、介護職も座って同じ目線の高さで介助する。

・利用者の健側に座る。

・食べたい料理を聞きながら、スプーンで一口より少なめの量をとって口に運ぶ。栄養を考え、バランスよく食べるように気をつける。

・食事を口に運ぶペースは、利用者の咀嚼や嚥下のタイミングに合わせる。くれぐれも介護職のペースにならないようにする。

・利用者の頭が前に傾いた姿勢を保つように、スプーンを利用者の下唇にのせる。

・利用者が口を閉じたら、スプーンを上唇にあてながら引き抜く。

・利用者が咀嚼し、飲み込むのを待ってから、スプーンで料理をとって口に運ぶ。利用者がせかされているように感じるので、スプーンに料理をとった状態で咀嚼や嚥下を待たない。

・咀嚼、嚥下中は声をかけないが、楽しい雰囲気を保つように心がける。

・食後は、おしぼりなどで口元をふく。体調などに注意する。

視覚障害者の食事の介助

視覚障害者の食事の介助では、声がけを行います。配膳をするときはもちろん、料理を口に運ぶとき、咀嚼や嚥下の状態を確認するときなどに声をかけながら反応をみます。

料理の説明の際には利用者の手を誘導しながら食器の位置と形を確認してもらいます。食器の位置は、「4時の方向にお味噌汁があります」というように、時計の文字盤にたとえて説明すると理解しやすいです。この伝え方を「クロックポジション」といいます。

クロックポジション

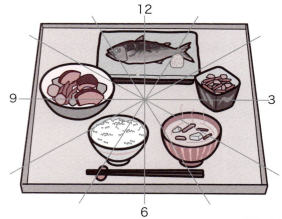

出典:『介護職員初任者研修課程テキスト3』日本医療企画、2016年

食後に薬を飲む場合

利用者が食後に薬を飲む場合は、薬と、水か白湯を用意します。薬の種類、量、飲む時間などは間違えないようにすることが大切です。

※服薬介助は身体介護にあたるため、生活援助従事者はできません。

5 口腔ケアの意義

口腔ケアとは

　口腔は、口唇から咽頭までの空間部分を指します。口腔の中は37℃くらいの温度が保たれ、常に湿っています。その上、食べ物が入ってくるため、細菌が繁殖するには好条件の温度・湿度・栄養がそろっています。

　口腔内にはおよそ350種類以上の細菌が常時生息しているといわれています。その中には虫歯、歯周病、誤嚥性肺炎などの原因になる細菌も混じっています。

　特に歯周病菌は、口腔内だけでなく、血液中に混じって全身を循環し、虚血性心疾患、糖尿病などの悪化の原因になることがあります。

　適切に口腔内を清掃して清潔な状態にしないと、細菌が増えてさまざまな疾病が悪化することになります。

歯周病の影響

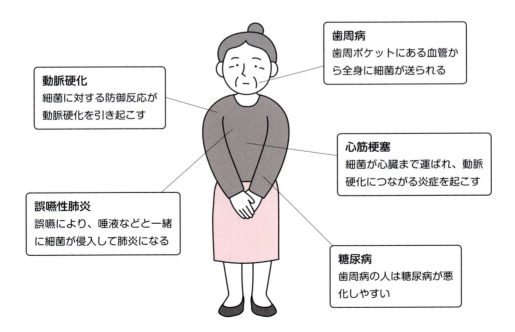

加齢による口腔の変化

　加齢に伴い口腔の状態も変化します。唾液には抗菌力があり、分泌されることで食欲を増進する働きがあります。しかし加齢により唾液が減り、口が渇きやすくなります。

　唾液が減ると、細菌が増殖しやすくなり、虫歯や歯周病の進行が早まります。また、口が渇くと食べ物を飲み込みにくくなり、口臭も強くなります。

口腔ケアの効果

　口腔ケアとは、口腔内を適切に清掃することです。口腔ケアを行い、細菌の増殖を抑えることで、次のような効果があります。

> **口腔ケアの効果**
> ・誤嚥性肺炎などの感染症を予防することができる。
> ・歯や歯肉を良好な状態に保ち、虫歯や歯周病にかかりにくくなる。
> ・口腔内を刺激することで、唾液の分泌が促され、食欲や免疫力が高まる。
> ・口臭予防になる。

口腔ケアの流れ

　口腔ケアは次の図のような流れで行います。口腔ケアを行う際は、利用者に説明して同意を得ます。また利用者の体調なども確認します。

　口腔ケアでは清掃の方法に合った用具を使用します。利用者の状態を観察しながら使用することを忘れないようにします。

口腔ケアの流れ（例）

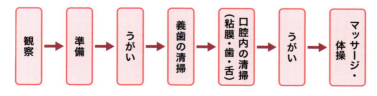

観察 → 準備 → うがい → 義歯の清掃 → 口腔内の清掃（粘膜・歯・舌）→ うがい → マッサージ・体操

※口腔ケアは身体介護にあたるため、生活援助従事者はできません。

口腔ケアの注意点

口腔ケアを行うと唾液が出てきます。顎が上がった状態で口腔ケアをしてしまうと、唾液が肺に入って、誤嚥性肺炎を起こす恐れがあります。

一人ひとりの状態をよく見て、可能な限り座位で顎を引いて誤嚥が少ない状態をつくります。座位がつくれない場合には、クッションやタオルなどを挟んで姿勢を整えます。

口腔ケアを行うときの姿勢

介護職員はいすに座り利用者の目線より低い位置から介助する

出典:『介護職員初任者研修課程テキスト3』日本医療企画、2016年／大田仁史、三好春樹監修『完全図解 新しい介護』講談社、2004年より一部改変

口腔ケアの介助のポイント

・介護職も座位になり、利用者より低い目線になるようにする。
・誤嚥を防ぐために、頭を前傾気味にする。
・まひがある場合は、食べかすなどを自力でとれないことがあるので、特に念入りにケアをする。
・常に体調の変化がないか注意する。

ブラッシングの留意点

・利用者に合った歯ブラシを選ぶ。
・歯ブラシは力の調節をしやすいペングリップ（鉛筆もち）にする。
・歯ブラシを動かすときは力を入れすぎないように注意し、小きざみに動かすようにする。

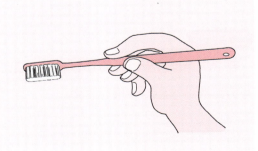

義歯を使っている場合

義歯は歯の欠損部分を補う目的で使います。義歯は食べ物をかむだけでなく、発音や表情にも影響します。義歯を快適に使うためには、使い方、洗い方、保管の仕方について正しい知識が必要です。

義歯の清掃の方法
・毎食後はずして、義歯用歯ブラシで洗う。
・水またはぬるま湯で洗う。
・義歯専用の洗浄剤で洗う。
・保管は専用の容器に入れ、清潔に保つため、義歯洗浄剤などを使用した液にひたす。

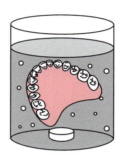

【注意点】
・熱湯や歯みがき粉を使うと義歯の変形の原因になるので絶対に使わない。
・義歯は衝撃に弱いので、誤って落としても割れないよう洗うときは洗面器などに水を張って行う。

嚥下体操

嚥下体操は舌や口の周りの筋肉の衰えを予防します。口の中の乾燥を防ぎ、噛む力、飲み込む力が増します。

嚥下体操（例）

両方の手のひらで思いっきり内側に寄せる

頭の方へ上げる

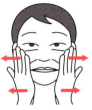

外側へ引っぱる

下の方へ下げる

上唇の上に人さし指と親指を当て、素早く左右に引き伸ばして急に離す

下唇の下に人さし指と親指を2.5cmほど離して当て、素早く左右に引き伸ばして急に力を抜く

口唇の両端に人さし指と親指を当て、頬の方向に素早く引き伸ばす

人さし指を上唇に、親指を下唇に当て、閉じようとする口唇を開くようにして抵抗を与える

資料：『100歳まで元気人生！「病気予防」百科』（日本医療企画、2007年）をもとに作成

\ POINT /
チェックポイント

- 食生活が日常生活にどのような効果をもたらすかを理解できましたか。
- 咀嚼と嚥下のしくみを理解しましたか。

第8章 こころとからだのしくみと生活支援技術

8 睡眠に関連したこころとからだのしくみと自立に向けた介護

POINT　学習のポイント

- 生活リズムと睡眠のメカニズムを理解しましょう。
- 良質の眠りがもたらすメリット、不眠がもたらすデメリットを学びましょう。

 睡眠に関する基礎知識

睡眠の役割

人間が生きていくうえで本能的にする行動の1つに睡眠があります。良質な睡眠には次のような効能があることがわかっています。

良質な睡眠の効能
- 心身の疲労の回復
- 自律神経や成長ホルモンの働きを整える
- 新陳代謝を促す
- 生活習慣病・疾患の予防、健康維持
- 記憶の整理（不要な記憶の消去、必要な記憶の定着）

このように、良質な睡眠は心身の休息だけではなく、病気にかかりにくいからだをつくるなど、私たちが健康に生活するために重要なものです。介護が必要な人にとっては、なおさら重要な要素となるでしょう。

満足な睡眠がとれないと、体調や気持ちが不安定になり、生活の質（QOL）が落ちてしまいます。介護職は、利用者が良質な睡眠をとれるように積極的な支援を行います。

睡眠とは

体内時計と睡眠

　規則的な生活をしていると、朝に目覚め、夜になれば自然と眠くなります。これは人間のからだに備わっている体内時計によって、1日の活動時間、休息時間が一定のリズムで保たれているからです。

　体内時計のリズムの周期は25時間とされていますが、実際は朝の太陽の光を浴びることでリセットされ、ほぼ24時間の周期で動いています。体内時計は日光や温度などによって変化し、日常生活のリズムをつくっています。

レム睡眠とノンレム睡眠

　人は睡眠中に、浅い眠りと深い眠りを繰り返します。

　浅い眠りでは、からだは休息状態で全身の筋肉も緩んでいますが、脳は覚醒に近い状態で動いています。その証拠に眼球は活発に上下左右に動き、その動きは閉じたまぶたの上からも確認できます。このような浅い眠りをレム睡眠といいます。

　レム睡眠以外の比較的深い眠りの状態を、ノンレム睡眠といいます。ノンレム睡眠では、脳がぐっすりと休んだ状態になり、からだの機能を回復させています。ノンレム睡眠中に無理やり起こされると、いわゆる寝ぼけた状態になります。

レム睡眠とノンレム睡眠の周期

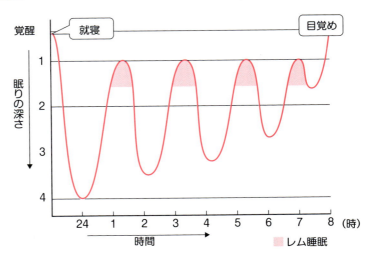

寝入った直後はノンレム睡眠になる。レム睡眠の時間は入眠直後は短く、目覚めの時間に近づくとともに長くなる。

出典：『介護職員初任者研修課程テキスト3』日本医療企画、2016年／鳥居鎮夫『眠り上手は生き上手』ごま書房、1991年／西山悦子『介護を支える知識と技術』中央法規出版、1997年

メラトニン

睡眠を促すホルモンをメラトニンといいます。メラトニンは、光の刺激を受けてから15〜16時間後に脳内で多量に分泌されます。つまり、朝にしっかり太陽光を浴びると、夜にメラトニンが分泌され、自然な眠りにつくことができます。

昼間はあまり活動せずに夜遅くまで起きている、といった不規則な生活を続けていると、体内時計が少しずつずれてきます。その結果、夜、寝たいのに寝ることができないという状態になります。また、昼間に長い睡眠（昼寝）をとると、寝つきが悪くなることがあります。

高齢者の睡眠のリズム

しかし、加齢によってメラトニンの分泌量は減っていき、70歳を超えると夜間になってもメラトニンの分泌量がほとんど増えなくなります。高齢者が、朝早く起きて夜にたびたび目覚めるのは、加齢によるメラトニンの分泌量の変化が関係しています。心身の健康に影響がなければ、高齢者の自然な睡眠のリズムととらえることもできます。

高齢者の睡眠のリズム

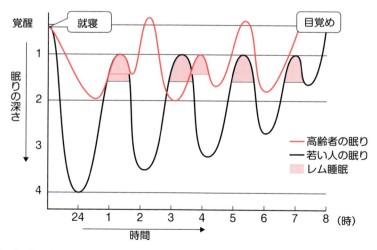

出典：『介護職員初任者研修課程テキスト3』日本医療企画、2016年／鳥居鎮夫『眠り上手は生き上手』ごま書房、1991年／西山悦子『介護を支える知識と技術』中央法規出版、1997年

睡眠障害の要因

高齢者がなりやすい睡眠障害には、なかなか寝つけない「入眠障害」、眠りに落

ちることができても夜中にたびたび目が覚めてすぐには寝つくことができない「中途覚醒」、思っていたよりも早く目が覚めてしまって以降は眠れない「早朝覚醒」があります。

高齢者の睡眠障害

【入眠障害】　　　　　【中途覚醒】　　　　　【早朝覚醒】

　いずれもメラトニン不足などによる高齢者の自然な睡眠リズムであることも多く、とても早い時間に就寝している、昼寝の時間が多いといった要因も挙げられます。ただし、なかにはうつ病や薬剤の副作用などが隠れている場合があります。

　疲れている、ぐっすり眠ったという満足感がないなど、利用者が自身の睡眠に満足していなければ、原因を探って対応を講じる必要があります。

睡眠障害の対応

　睡眠障害の原因には、慢性の病気や環境、強いストレス、生活習慣などさまざまな原因が考えられます。次のような点を整理しておくと、医療機関を受診する場合の参考にもなります。

> **睡眠に関する確認事項**
> ・症状をどのように訴えているか（眠れない、きちんと目覚められない、など）。
> ・てんかんなどの疾病、持病はないか。
> ・服用している薬は何か。
> ・日中にどれだけ寝ているか。
> ・日中の活動状況はどうか（外出の機会など）。

2 さまざまな睡眠環境と用具の活用方法

安眠のための介護の工夫

利用者の良質な睡眠、つまり「安眠」のためには、環境を整えることが大切です。前述したような睡眠のメカニズムをよく理解したうえで、利用者が安眠を得るための支援を行っていきます。

安眠を得る生活の工夫

安眠のためには、規則正しい生活を送り体内時計のリズムを整えることが大切です。介護職は、利用者が一定の生活リズムを保てるように心がけます。

例えば、朝には部屋のカーテンを開けて、利用者が日光をまぶしくない範囲で浴びることができるとよいでしょう。日光を浴びることでメラトニンが生成され、夜に分泌されることで自然な眠りを促すことができます。

また、就寝時の体温も、安眠の重要な要素の1つです。睡眠をとる前に、入浴などでからだを温めると寝つきがよくなります。

入眠儀式

寝つきが悪い場合、入眠を促す方法として入眠儀式をとり入れることもあります。睡眠習慣や就寝儀式ともいいます。

入眠儀式は、就寝前の習慣的な行動のことです。条件反射の1つで、反射的に脳に睡眠のイメージを伝えることでスムーズな入眠につなげます。寝る前に歯をみがくなどの自然な行いから、ストレッチ体操、経を唱えるなど、入眠儀式の内容は人それぞれです。介護職は、利用者の日常の生活からどんな行動が入眠へとつながるのかを観察し、入眠儀式の内容を検討します。

環境整備

　快適な眠りを得るには、こころもからだもリラックスできるような就寝の環境づくりが必要です。支援の1つとして、介護者は利用者の寝室や寝具の環境を整えていきましょう。

睡眠時の音

　大きな音や、室外からの物音が聞こえると、気になってなかなか眠れないものです。声の大きさや移動時の物音などに十分に注意しましょう。

　反対に、心地よい音で眠りに誘うこともできます。音楽を流す際には、利用者の性別や年齢、趣味なども考慮し、利用者と相談しながら決めていきます。

睡眠時の照明

　催眠作用のあるメラトニンを分泌させるためには、寝る1～2時間前から照明を落とすとよいとされています。ほのかでやさしい間接照明に切り替えるのもよいでしょう。入眠に適した光の強さは、就寝前が150ルクス以下（電気スタンド1台分程度）、就寝中が1～3ルクス（豆電球程度）といわれています。

　高齢者の場合は、夜間にトイレに起きたときなど転倒のリスクを軽減するために、手元で簡単に明かりがつくもの、またはセンサー式で足元を照らすようなものを活用するとよいでしょう。

寝室の温度・湿度

　寝室の温度、湿度の目安は次のとおりです。

室温：夏場25～27℃　　冬場18～23℃
湿度：50～60％
寝床内温度：33℃

　湯たんぽなどが長時間からだに触れていると低温やけどのおそれがあるので、就寝後は直接触れない位置に移動させましょう。

その他の就寝環境

　食べ物や寝具のにおいで眠れなくなる場合もあります。天気のよい日には窓を開け、空気の入れ換えを行うようにしましょう。利用者の好みによって、アロマ

オイルやお香などの香りを活用するのも1つの方法です。

また、寝室の色調によって気持ちが落ち着いたり興奮させたりすることもあります。一般的にはベージュやブラウンなどの色調がよいとされています。

寝具の選択

就寝時に使用する福祉用具に、特殊寝台があります。ギャッジベッドや電動ベッドとも呼ばれています。床板全体が上下する高さ調整機能や、背上げ機能、足上げ機能などがあり、利用者の寝返りや起き上がり動作を補助します。

高齢者や障害がある人の寝具は、一般的にはベッドが適しているといわれますが、場合によっては和式の布団が適していることもあります。利用者のそれまでの生活習慣、身体機能や介護の状況などを考えて、利用者が精神的に安心できる寝具を選びます。

特殊寝台

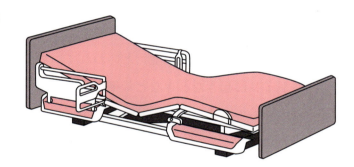

寝具と就寝時の衣類の整備

日光にあたったふかふかの布団にはリラックス効果があり、眠りに入りやすくなります。このように、からだに直接あたる寝具や衣服とその手入れも重要です。

敷きっぱなしの寝具はカビやダニ発生の原因になるので、週に1回は日にあてたり、布団乾燥機をかけたりするとよいでしょう。布団は丸一日干す必要はなく、太陽が出ている10～15時ごろに1～2時間干します。

寝具は汗などで汚れるので、常に清潔にしておくことを心がけましょう。シーツのしわは寝心地に影響するので、しわができないように整えます。

シーツの整え方

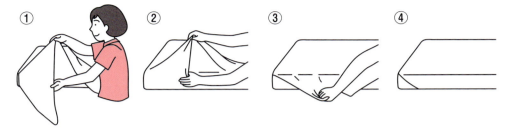

①枕元、足元の角を三角に整えて、シーツをマットレスの下へ折り込む
②左手の甲あるいは人差し指で固定しながら右手でシーツをもっておろす
③手前のたれたシーツをしわをとるようにひっぱり、マットレスの下に入れる

就寝時の衣類の選び方

・吸湿性・通気性にすぐれたもの。素材は綿や絹がよい
・からだの動きをさまたげないもの
・洗濯しやすい素材

③ 快い睡眠を阻害するこころとからだの要因の理解と支援方法

安楽な姿勢

　安楽な姿勢とは、身体的・精神的ともにリラックスできる姿勢のことをいいます。安楽な姿勢をとることは、利用者の心身を良好に保つために大切なことです。
　特に、からだに障害があるなどの理由で1日の大半をベッドの上で過ごす人の場合、からだがリラックスした状態でいられる安楽な姿勢（体位）はとても重要です。
　まひなどがある場合は、まひがある側（患側）を上にして圧迫しないようにします。また、自分で寝返りができない利用者の場合は、からだと寝床に隙間ができないように、枕やクッションをはさんで位置の安定・固定をします。これは、

からだの一部に圧が集中しないようにするためです。

以下に、寝た状態の安楽な姿勢の例を挙げます。利用者一人ひとりの身体状況にあった姿勢がとられます。

仰臥位（ぎょうがい）

仰臥位とは、いわゆる仰向けで寝た状態のことです。仰臥位の介助では、利用者の腹部が緊張しないように両足と両膝下の隙間を埋めます。足先も尖足（p.298参照）を防ぐためクッションなどを当てて直角を保つようにします。

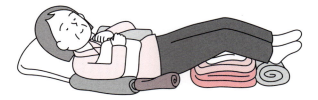

側臥位（そくがい）

側臥位とは、横向きに寝た状態のことです。衣類の交換や排せつ介助のときなどにとる体位です。腰を引き、くの字の状態になります。膝が重ならないように上側の足は深く曲げて前に出し、両膝の間に枕をはさむなどして圧迫を防ぎます。

褥瘡予防（じょくそう）

褥瘡は、「床ずれ」とも呼ばれます。からだの一部分が圧迫され続けることで血液の循環が滞り、皮膚に発赤や潰瘍、壊死（えし）などをきたした状態のことです。

褥瘡を引き起こす原因

寝たきりの状態だけではなく、車いすに座りっぱなしなど、長時間同じ姿勢でいることで生じます。特に骨が出ている部分で起こりやすく、重度の症状になると、骨や関節にまで損傷が達することもあります。

褥瘡は、次の表に示される原因によって引き起こされます。

褥瘡の原因

圧迫	長時間同じ場所が圧迫されたことで血行が悪くなる
むれ	汗や尿・便などにより皮膚が湿り不潔な状態になる
摩擦（こすれ）	シーツや衣類のしわなどで皮膚がこすれる
低栄養	たんぱく質やビタミンの不足により栄養状態が悪くなる

褥瘡は一度できてしまうと治りにくく、利用者のQOLを低下させます。ときには感染症などで死に至る危険性もあります。

褥瘡の予防

褥瘡を予防するには、ベッドで長時間同じ姿勢で過ごしたり、車いすに同じ姿勢で乗り続けていたりしないことです。ベッドから離れる時間を増やすなどして同じ体位でいることを避けます。

褥瘡ができやすいからだの部位

【仰臥位の場合】

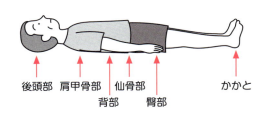

後頭部　肩甲骨部　仙骨部　臀部　かかと
　　　　　　背部

【側臥位の場合】

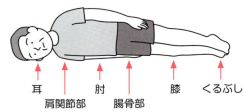

耳　肩関節部　肘　腸骨部　膝　くるぶし

【車いすなどの場合】

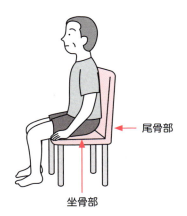

尾骨部
坐骨部

ベッドを長く離れることが難しい場合は、1〜3時間おきに体位変換が行われます。前ページの図のような骨が突出した箇所には褥瘡ができやすいので、タオルをあてるなどして、点ではなく面でからだを支えるようにします。体位変換は利用者の入眠の妨げとならない時間帯に行います。

利用者の栄養状態を良好に保ったり、衣類や寝具を清潔に保つことも褥瘡予防につながります。皮膚がむれて不潔な状態にならないよう、濡れたおむつや衣類はこまめに取り替えることで清潔を保ちます。

> **褥瘡予防用具**

褥瘡の予防や悪化防止のための福祉用具もあります。エアマットのように体圧を分散させたり、ウォーターマットのように圧力がかかる部位を一時的に浮かせたりするものです。ほかにも、摩擦を減らして体位を変えるスライディングマットなどがあります。利用者の動きをさまたげない範囲で活用することが望まれます。

エアマット

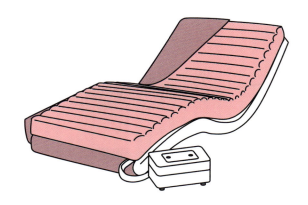

チェックポイント ＼POINT／

- 生活リズムと睡眠のメカニズムを理解しましたか。
- 良質の眠りがもたらすメリット、不眠がもたらすデメリットを理解しましたか。

9 死にゆく人に関したこころとからだのしくみと終末期の介護

> **POINT 学習のポイント**
> - 死へ向かう人のこころとからだの変化について理解しましょう。
> - 終末期ケアにおける介護職の役割を学びましょう。

1 終末期に関する基礎知識とこころとからだのしくみ

終末期ケアとは

　医療の進歩や衛生環境の整備などを経て、わが国の高齢化は進行していますが、どんなに長く生きられたとしても人には必ず終末期があり、死の訪れは避けられません。「終末期」という考え方に法的な根拠はありませんが、一般に以下のような定義で捉えられています。

> **公益社団法人全日本病院協会における「終末期」の定義**
> ①複数の医師が客観的な情報を基に、治療により病気の回復が期待できないと判断すること。
> ②患者が意識や判断力を失った場合を除き、患者・家族・医師・看護師等の関係者が納得すること。
> ③患者・家族・医師・看護師等の関係者が死を予測し対応を考えること。

　「終末期」とは治療が困難な死を目前にした状態という非常に広い概念であり、具体的な病名やその期間なども示されていません。病状がゆっくり推移する病気の場合、終末期がどれくらい続くかというのは誰も予測がつかないといえます。この"無期（期限がない）有限（限りある）"な時間をどう過ごすのか、その質を左右するのが「終末期ケア」です。

　今までは、治療や延命処置に限界がきた段階で、苦痛を和らげるために終末期

第8章 こころとからだのしくみと生活支援技術

ケアへ切り替えるケースが一般的でしたが、現在の終末期ケアは治療の限界に関係なく、本人の意思とQOLの向上を重視して行われます。医療関係者をはじめ、保健・福祉の専門職などもかかわり、切れ目なく総合的に提供されます。

最期を迎えたい場所

終末期における治療は、病の治癒を目指す「治療」ではなく、その人らしく穏やかに最期のときを迎えるために提供される医療です。以下の図は、65歳以上の男女に「万一、あなたの病気が治る見込みがなく、死期が近くなった場合、延命のための医療を受けることについてどう思うか」という質問に対する調査結果です。

終末期の選択

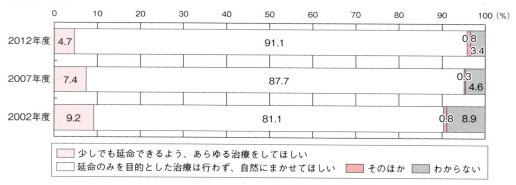

出所：内閣府「平成24年度高齢者の健康に関する意識調査」

最期を迎えたい場所

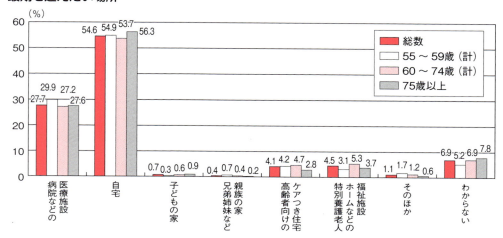

出所：内閣府「平成24年度高齢者の健康に関する意識調査」
※調査対象は、全国55歳以上の男女

前ページ下図では「治る見込みがない病気になった場合、最期はどこで迎えたいか」という質問に対し、「自宅」と答えた人の数が半数を超える調査結果となっています。高齢者の医療費の増大を抑えるため、国も在宅医療を推し進めようとしています。しかし実際には、約8割の人が病院で亡くなっています。「入院していれば安心」という絶対的な病院への信頼や、核家族化などによる家族介護者の不足などが要因と考えられています。

終末期をどこで迎えるかに正解はありません。しかし、家族とともに長い時間を過ごしてきた歴史ある自宅は、本人がこころから落ち着ける場所であり、最期までその人らしく過ごすために最も望まれる場所といえるでしょう。

自宅での終末期ケアには、症状のコントロールやケア体制の確保、緊急時の対応、関係機関の連携などさまざまな課題がありますが、地域の社会資源も活用しながら、チーム全体でその人の望む終末期ケアが実践できるよう調整を図ります。介護職は、チームの一員として利用者の安全を見守りながら、利用者や家族がこれまでの生活をできるだけ継続できるよう支援を行っていきます。

家族にとっての終末期ケア

終末期をどこで、どのように迎えるか、という問題は家族にとっても重大な選択になります。それまでの家族のあり方によってかかわり方はそれぞれ違います。利用者の生活にかかわる立場として、利用者本人の満足のいく終末期の過ごし方が、家族の望むものとは異なる場合があることを理解しておきましょう。

残された時間が少ない利用者の意向が最大限に尊重されることが望ましいという考え方はもちろんありますが、家族介護者に対する価値観の押しつけや無理な介護の要求は、結果的に利用者の療養環境を不安定にすることにもつながります。

また、利用者本人の病状が不安定になると、家族も大きな不安やストレスにさらされ、疲労感が一層強くなります。介護を放棄してしまったり、自宅での介護ではなく、病院に入院させたほうがいいのではないかと気持ちが揺れ動くこともめずらしくありません。そのようなときは利用者と家族、両方の気持ちを理解する立場として、言葉の真意を汲んだ対応が求められます。

家族への終末期ケアの例

　終末期ケアにおいて、介護職は支援の対象を本人だけではなく、家族という単位でとらえる必要があります。介護負担の軽減を柱に、必要な場面で必要なサポートが提供できるよう、終末期において予測される身体的な変化と、人が死に至る過程を正しく理解していくことが大切です。

終末期の変化の特徴

　終末期における身体的な変化は、体力や治療の状態、既往歴などによる個人差も大いにありますが、身体機能の変化が全身に及ぶという共通点があります。また、終末期を迎えるに至った原因ごとに分類した場合、それぞれに特徴的な変化の傾向が見られます。

　ここでは、高齢者の終末期に多い、「認知症」「自然死（老衰）」「心臓・肺・肝臓などの慢性疾患」「がん」に大別して見てみます。

> **終末期の変化の特徴**
> がん：比較的長期にわたり機能が維持されるが死亡直前に急激な低下が見られる
> 慢性疾患：病状が悪化と回復を繰り返しながら徐々に機能が低下していく
> 認知症・自然死（老衰）：長期にわたり徐々に機能が低下していく

認知症

認知症はその症状の特徴である認知機能の低下に目を向けがちですが、いくつかの病期を経て数年の後に死に至ります。

徘徊など行動の障害がある時期では家族の介護負担は非常に大きくなりますが、病期の進行に伴い活動性は低下し、やがて寝たきりの状態になります。徐々に意識レベルが下がり、食事や排せつなど生命維持にかかわる機能も低下していき、水分や栄養が摂取できなくなって死に至ります。認知症の原因疾患にもよりますが、終末期が長いという特徴があります。

自然死（老衰）

加齢に伴う生理的な規則により、徐々に機能が衰えていきます。心臓の機能が弱まることで、末梢の血管まで血液が届かなくなり、意識レベルが下がります。飲み込みが困難になるころには、空腹やのどの渇きも感じにくくなっています。最終的には、呼吸中枢に酸素が届かなくなり、呼吸が停止します。認知症と同様に終末期が長く、個人差が大きいことが特徴です。

心臓・肺・肝臓などの慢性疾患

心臓や肺、肝臓など生命維持に重要な役割を果たす臓器が疾患によって機能低下を起こし、慢性的に推移している状態です。病状が一時的に回復したり、悪くなったりを繰り返しながら、徐々に機能低下が進んでいきます。心不全、呼吸器不全、肝不全などでは、臓器の機能が破たんし、全身症状が起こります。

がん

日本人の死因の第1位であり、65歳以上の高齢者の死因でも同じ結果が出ています。一般に、死が近づいても心身機能が保たれていることが多く、亡くなる直前まで意識がはっきりした状態であることが多いことも特徴の1つです。看取りに関する調査のうち、死の何日前まで会話ができたか、という問いに対し、1日、3日、1週間、2週間、4週間、8週間という選択肢の中で、圧倒的多数が1日前までと回答しています。そのため、本人の意思をケアに反映させやすいといえますが、病状が急変し死亡することもあります。

第8章 こころとからだのしくみと生活支援技術

> **感染症に注意**

　終末期の身体的変化に共通する課題として免疫力や体力の低下が挙げられます。終末期の原因となった疾患ではなく、肺炎や敗血症（はいけつしょう）などの感染症が原因で亡くなる高齢者も多い現状があります。感染症にかかることで、一層、本人の安らかな時間が妨げられることになるため、予防に努める必要があります。

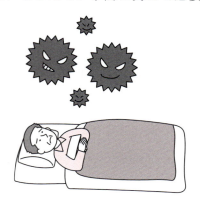

2 生から死への過程

高齢者が死に至る過程

　人間の死には、下の表のように3つの定義があります。

人間の死の定義

生物学的な死	生命維持活動を行ってきた生体のすべての生理機能が停止し、回復不可能な状態
臨床的な死	死の三兆候「心拍動の停止」「呼吸の停止」「瞳孔拡大・対光反射の停止」がある状態。ただし、延命技術の進歩に伴い、いったん停止した心肺機能を生命維持管理装置で補うことができるケースも増えている
法律的な死	「臓器の移植に関する法律」で定義された人の死。脳の機能がほぼ完全に失われ、回復が不可能な「脳死」の状態

　死に至る過程は、自然死、病死、外因死、脳死などに分けられ、すべての人がいずれかの過程を経て最期を迎えます。このうち、老いによる衰えで亡くなる自然死（いわゆる老衰）は、「寿命を全うした高齢者の死」として「大往生」などと呼ばれ、他の死とは異なる受けとめ方をされることも多いようです。

346

医療の進歩によりさまざまな病が治療可能になったことで自然死（老衰）も増加する傾向は見られますが、いまだに高齢者の死亡原因としてはがんや心疾患、肺炎などが上位を占めています。

65歳以上の高齢者の主な死因別死亡率の推移

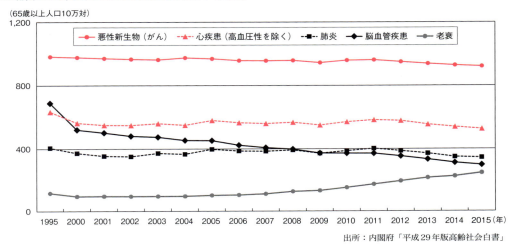

出所：内閣府「平成29年版高齢社会白書」

臨終が近づいたときの兆候と介護

臨終が近づくと人間のからだにはさまざまな兆候が現れます。介護職は医療職と連携しながら、終末期の変化に応じた介護を行います。

バイタルの変化

体温…低下し手足の冷感が見られる。皮膚に斑点（はんてん）が現れることがある。

呼吸…深さや間隔が乱れ、不規則になる。

血圧…徐々に下降していき、死の直前では測定不能になる。

脈拍…リズムが乱れ、弱くなる。

意識…うとうとした状態が多くなり、外からの刺激にも反応しなくなる。

死の直前に見られる呼吸

肩呼吸	肩で呼吸をするように、呼吸のたびに肩が大きく上下する呼吸
下顎（かがく）呼吸	下顎を大きく動かす、喘（あえ）ぐような呼吸
チェーンストークス呼吸	小さな呼吸から徐々に深い大きな呼吸になり、一時呼吸が止まるというリズムを繰り返す呼吸

介護職は、前ページのような変化を、死に向かう過程の中で自然に起こる現象であることを理解したうえで、不快感や苦痛を取り除くよう工夫します。

例）・手足の冷感が強い場合は保温する。
　　・呼吸が苦しそうな場合はからだの向きを工夫する。

また、そばで見守る家族の心情にも十分配慮します。呼吸の乱れは自然な変化であり、苦しさの現れではないことや、意識が低下しても比較的聴覚は保たれていることなど、家族が安心して利用者のそばにいられるための情報を、状況に応じて伝えていきます。

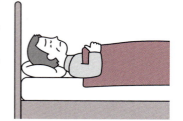

食事・水分摂取量の変化

のどの渇きや空腹を感じなくなり、食事や水分の摂取量が減少します。かむ力や飲み込む力がなくなり、口に入れても飲み込めなくなります。

状態に合わせ、食事の形態を変えたり、少量で栄養が摂れる高カロリー食の活用などを検討します。栄養バランスや量よりも、利用者の好きなものを好きなだけ、好きなときに食べられるよう柔軟に対応します。

排せつの変化

腎機能の低下により尿量が減少します。水分摂取量の減少による脱水も尿量減少に影響します。痛みの管理に使用する薬の副作用や、寝たきりから起こる便秘、消化機能の低下による下痢なども見られます。

体力低下からトイレでの排せつが難しくなった場合にはおむつの使用も検討しますが、利用者の自尊心や羞恥心に十分配慮することが必要です。家族や医療職にも相談します。

その他の兆候

痛みや呼吸の苦しさ、吐き気などの身体的な不調のほか、死への不安などから不眠が起こる場合があります。

また、寝たきり状態が長くなると、自分で寝返りがうてなくなったり、栄養状態が悪化することで、褥瘡ができやすくなります。

介護職は、室内の清潔や空調などにも配慮して、ゆっくり休める環境をつくります。適切な室温や湿度を保つようにし、照明などの強い光が利用者にあたらないようにします。

褥瘡をつくらないよう日頃から皮膚の状態を観察しましょう。褥瘡ができてしまった場合は、医療職と連携し、体圧の分散や皮膚を清潔に保つなど、悪化や感染症の防止に努めます。

③ 死に向き合うこころの理解

こころの変化

終末期にある利用者のこころは、近づく死と向き合うなかで目まぐるしく変化します。その変化は身体的苦痛、精神的苦痛、社会的苦痛、霊的（スピリチュアル）苦痛から引き起こされます。これを「全人的苦痛」といいます。

全人的苦痛

精神的苦痛

身体的苦痛　全人的苦痛　社会的苦痛

霊的苦痛

利用者が感じている苦痛

身体的苦痛	痛み、倦怠感、吐き気、便秘、食欲不振など
精神的苦痛	死への不安や恐怖、悲しみ、怒り、抑うつ感など
社会的苦痛	家族の生活、仕事の状況、自分の死後の心配など
霊的苦痛	死への恐怖、生きる意味の喪失、自分を責める気持ちなど

「死」という本人の存在を脅かす大きな問題の前で、「気持ちはわかる」などの不用意な発言は不信を招きます。なかには、混乱が続き周囲の人に対して否定的な言動をしてしまい、そのことでまた自分を責めたり、落ち込んだりを繰り返す人もいます。介護職には、そうした利用者の複雑な気持ちに寄り添い、あるがままを受け入れていく姿勢が求められます。

残された時間に気づき前向きに生活を送る人や、悲しみやあきらめから意欲を失い、失意のなかで亡くなる人、残される家族のために時間を使う人など、さまざまなとらえ方があります。介護職は自らの価値観にとらわれず、利用者が望むその人らしい生き方を最後まで尊重した支援を心がけます。

死を受容する段階

先に述べたように、死の受容に至るまでの過程は一人ひとり異なります。どのような過程をたどるかは、個人のパーソナリティや文化的・社会的背景など、さまざまな要素が関係していますが、アメリカの精神科医キューブラー・ロスは、多くの終末期の患者を対象に行ったインタビューをもとに、人が死を宣告されてから死に至るまでの心情を5つの段階で示しました。

キューブラー・ロスの死の受容過程

第1段階 否認 → 第2段階 怒り → 第3段階 取引 → 第4段階 抑うつ → 第5段階 受容

第1段階「否認」

死が間近であることを知り、それが事実であることは理解しながらも「そんなわけはない」「何かの間違いだ」と否定します。死の事実を肯定する周りの人と距離をおき、孤立してしまうこともあることから「否認と孤立」の段階ともいわれます。

第2段階「怒り」

「なぜ自分が死ななくてはならないのか」という怒りや恨み、「もっと不摂生にしている人はいるのに」という健康な人をうらやむ感情などが湧いてきます。自らの死の根拠を探しますが、そのような根拠はみつかりません。このため、周囲すべてが怒りの対象となる場合もあります。

第3段階「取引」

死の現実をどうにか避けられないかと、神や運命に対して「〜するので、どうか助けてください」「死を免れるのなら何でもします」といった取引を願い出ます。取引の感情は、自分の中にある罪悪感と関係していると考えられています。回復を願い、次々と新しい病院への受診を繰り返すような行動が見られるのもこの時期です。

第4段階「抑うつ」

第3段階の取引が無駄であることを知り、「何をしても死は避けられない」と無力感にとらわれ、抑うつ状態に陥ります。利用者にとって死は限りなく大きな悲しみであり、悲嘆にくれることは当然の反応であるため、むやみに励ますようなことは慎みます。

第5段階「受容」

否認、怒り、悲しみ、回避などの感情を経て、死は自然なことであると受け入れられるようになります。こころの平安が訪れるともいわれますが、必ずしも納得や幸福に満たされたものではなく、意識レベルが下がり、感情の揺れが少なくなっている状態とする考え方もあります。

介護職が心がけること

ここに示した死の受容過程はすべての人にあてはまるものではなく、順番が異なることもあります。多くの場合は、複数の段階が同時に進行したり、行ったり来たりしながら受容に至ると考えられています。

医学が発達した現代では、がんや自然死、慢性疾患などであっても、死に至るまで長い時間がかかります。それは死への準備に十分な時間がとれる反面、利用者にとっては全人的苦痛の時間が長くなるということでもあります。

介護職は、利用者の苦痛が少しでも軽くなるよう思いを満たす介護を心がけましょう。介護職のほうから気になっていることや心配なことはないか声をかけ、話しやすい環境をつくります。利用者の思いが聞けた場合は、他職種と連携し、可能な限り解決が図れるように対応します。

家族の死を受け入れる

　終末期の介護では、家族は重要な介護の担い手であると同時に支援の対象者でもあります。死に向かうからだの変化や介助の技術などについて専門的な助言を行うだけでなく、家族の死が受け入れられるための支援をします。

　看取りを行う家族は、混乱した複雑な感情の中にいます。介護職には、家族の思いを理解するよう努め、支えていく姿勢が求められます。

終末期の家族の感情の例

・悲しい、寂しい
・病状を知りたい
・そばにいたい、話がしたい
・何かしてあげたい、役に立ちたい
・苦しい思いをさせたくない
・残された時間を大切に過ごしたい

家族の死の受容過程は、利用者本人とほぼ同じ経過をたどりますが、家族として看取りにどう向き合ってきたかによって受け入れ方は変わってきます。家族が平安な気持ちで死を受け入れることができるかどうかは、どれだけ納得のいくかかわりができたかによるのかもしれません。

「納得のいくかかわり」とは、本人の気持ちを尊重しながら家族として「やれるだけのことはやった」と感じられる状態で死を迎えられることといえます。それは介護に時間や手間をかけることだけを指しているわけではなく、そのかたちも個人・家庭によりさまざまです。しかし、すべてのかかわりをサービスに委ねてしまった状態で肯定感を得るのは難しいでしょう。

死はやり直しのきかない人生最後のライフイベントであり、献身的に介護を行った家族でも、死の後には「こうすればよかった」と後悔を口にすることはあります。病状の進行に伴い、介護者としての家族の負担も大きくなってきますが、介護職は家族が思い残すことなく、本人にかかわれるよう気を配ることも求められます。

④ 苦痛の少ない死への支援

終末期の介護とは

終末期の支援で最も大切になるのが苦痛を和らげることです。先に述べた通り、苦痛には4つの種類がありますが、特に身体的苦痛は、利用者が残された時間を過ごすうえでの大きな妨げになることがあります。

痛みのコントロールには、医師や看護師などの医療職が重要な役割を多く占めることになりますが、身体的苦痛は病状悪化によるものだけではありません。精神的苦痛や社会的苦痛、霊的（スピリチュアル）な苦痛などが影響し合い状態変化をもたらします。介護職は、身体的な苦痛に影響を及ぼすさまざまな原因に働きかけ、穏やかな生活の維持に取り組みます。

苦痛を緩和する生活支援

- 食事の支援
- 排せつの支援
- 褥瘡予防の支援
- コミュニケーションの支援
- 身体清潔の支援
- 体位保持（変換）の支援
- 室内環境整備の支援
- 口腔衛生の支援

　苦痛を緩和する生活支援のうち、コミュニケーションの支援については、以下のように終末期特有の細やかな配慮が求められます。

コミュニケーションの支援

　利用者や家族のふさぎがちな気持ちをほぐすよう、明るく穏やかな話し方をしましょう。利用者の話によく耳を傾け、共感的な態度で接します。「そんなことをおっしゃってはいけません」などと、利用者や家族の言動を否定してはいけません。

　また、終末期を迎える利用者に、無理に励ますようなことはせず、利用者の表情や言動から微妙な変化をつかみとることが求められます。

チームで支える終末期の介護

　利用者のこころとからだの状態が日々刻々と変わる終末期の介護では、その場に応じた臨機応変な対応が求められます。日常生活における支援と同様に、介護職だけでそのニーズを満たすことはできません。保健・医療・福祉などの専門職によるチームケア体制を整えることが不可欠です。

主な職種と役割

職種	役割
医師	病状管理や診察、医療スタッフへの指示
歯科医師	虫歯の治療や義歯の調整、口腔ケア指導
ケアマネジャー（介護支援専門員）	ケアプランの作成、サービス調整、サービス担当者会議の開催
介護職員	身の回りの世話、家族のサポート、環境整備
訪問看護師	病状の確認、医師の指示に基づく医療的処置
管理栄養士	栄養マネジメント、病状に応じた献立・食事の提案
理学療法士	苦痛の緩和、廃用症候群の予防
薬剤師	薬剤管理の指導、服薬状況の確認
福祉用具専門相談員	福祉用具の選定、調整、使用方法の助言
ソーシャルワーカー	社会資源に関する情報提供、利用相談、機関調整
カウンセラー	本人や家族のこころのケア
ボランティア	話し相手、家事の代行、趣味や娯楽の提供

サービス担当者会議・カンファレンス

　本人、家族のニーズによっては、さらに多くの人々がかかわることもありますが、満足のいく看取りを行うためには、チームケアに携わるすべての人々の合意形成と情報共有が重要になります。一致した方針のもと、それぞれのメンバーが専門性を発揮するために、必要に応じて情報共有を図る場が設けられます。

　サービス担当者会議は、介護保険制度を利用する場合に、サービスにかかわる担当者が、ケアプランの内容や利用者の状態変化などを共有するために開催されるものです。ケアマネジャーが招集します。

　一方、カンファレンスは利用者にかかわる保健、医療、福祉の担当者がサービス

の内容や役割の確認を行ったり、利用者の現状と今後について検討する場です。終末期ケアにおいては、利用者が療養の場を自宅に移す場合などに退院前カンファレンスが行われるのが一般的です。医師から今後の病状や変化などについて説明を受け、実際の生活に向けた課題を検討します。在宅生活を中心的に担うことになる介護職は家族とともに参加し、介護における留意点などを確認します。

自宅に戻ってからは、チーム内の情報共有を目的とした記録などを通して相互の取り組みを確認しながら、定期的なカンファレンスを継続していきます。

\ POINT /
チェックポイント

- 死へ向かう人のこころとからだの変化について理解しましたか。
- 終末期ケアにおける介護職の役割について理解しましたか。

10 介護過程の基礎的理解

> **POINT 学習のポイント**
> - 介護過程の目的と4つの過程を理解しましょう。
> - 介護過程の実践と根拠ある介護の重要性を学びましょう。

1 介護過程の目的・意義・展開

目的・意義

　介護過程とは、利用者が望む生活の実現に向けた取り組みに関する一連のプロセスです。介護実践全体を指すこともあれば、介護の専門的知識を生かした客観的かつ科学的な思考過程ともいわれます。

　介護過程の目的は、利用者の生活課題を解決し、望む生活を実現するため適切な介護サービスを提供することです。

　利用者の望む生活を実現するための介護実践は、経験や思いつきなどの場当たり的なものであってはなりません。

　利用者の心身状況や生活環境、家族状況、習慣、価値観などを十分に把握し、その人らしい生活とは何か、そこにある課題は何かを整理します。利用者が望む生活の実現に向けた具体的な活動を行ってこそ、専門職の介護実践といえます。その意図的なかかわりを支え、展開するためのプロセスが介護過程なのです。

　介護過程の基本的な流れは次のページの図のようにイメージできます。

介護過程の基本的な流れ

アセスメント
・できること、できないことの把握
・日常生活行為にかかわる動作の分析
・利用者の意向（思い）を確認
→生活課題の明確化

計画の立案
・できることは維持できるように
・できないことは、どうすればできるようになるか
・目標設定：一定期間に実現できることを段階的に
・支援内容、方法の決定

実施
・支援内容、方法の確認と介護職間での共有
・利用者本人の納得
・自立支援、安全と安心、尊厳の保持
→記録に残す

評価
・計画通りに実施しているか
・目標に対する達成度はどうか
・支援内容、方法は適切か
・実施上の新たな課題や可能性はないか
→再アセスメントに生かす

出典：『介護職員初任者研修テキスト3』日本医療企画、2016年

介護過程の基本的な視点

　介護過程では、日常生活に支障が生じても、利用者がその人らしく生活できるように、生活課題に基づいて「生活の再構築」を図っていくことが大切です。そのためには、利用者一人ひとりの生活リズムや価値観をよく理解し、利用者の意欲を引き出すかかわりが求められます。

　また、多くの場合、介護が必要になった人が病気や障害の回復をゴールとして目指すのは現実的ではありませんが、現在の状態の維持や悪化の防止であれば可能性は高いといえます。介護過程を進める際は「状態の維持」「悪化の防止」の視点をもつことも重要です。

根拠ある介護の実践

　利用者の要望と心身状況、生活課題から導き出した支援目標を達成するには、提供する介護が根拠あるものであることが必要であり、介護の効果を評価するプロセスも求められます。

多職種連携による介護実践

　介護過程は単体で存在するものではなく、利用者の生活全体をとらえたケアプラン（居宅サービス計画）と連動しています。利用者の支援にかかわる各サービ

ス事業はケアマネジャーが作成するケアプランに盛り込まれており、利用者にかかわる目標を共有し、連携を図っています。

ケアプランに盛り込まれたサービス提供事業者はそれぞれのサービスにかかわる個別援助計画（個別介護計画）を作成します。個別援助計画は、ケアプランで共有された目標に向かって個々のサービス提供事業者がどのように支援するかが示されています。

ケアプランと個別援助計画の例

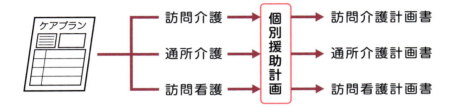

展開

介護過程とは、根拠に基づくサービスの手順または組み立て方であり、「アセスメント」「計画の立案」「実施」「評価」の4つの過程で構成されています。具体的に何を行うのか見ていきます。

アセスメントとは

アセスメントとは、利用者にとって望む生活の実現のために支援が必要である根拠と、その内容を明らかにする過程であり、全過程の中で最も重要な段階です。

アセスメントには情報収集と、収集した情報の分析と整理、生活課題の明確化の過程が含まれます。

情報の収集と分析と整理

収集する情報は、氏名や性別、生年月日、家族構成などの基本情報から身体機能や生活歴、価値観、生きがいなどの生活情報など、多岐にわたります。このほか、利用者が現在の生活や解決すべき課題についてどのように考えているかを確認することが大切です。収集方法は利用者や家族からの聞きとりを中心に、数値によるデータや他職種の記録なども参考にします。また、利用者の表情や声のトーン、態度などから心理状態を観察することも必要です。

収集した情報について、それぞれが示す意味を考えます。関連する内容を整理し、まとめていくことで支援の必要性を明らかにします。

生活課題の明確化

利用者が望む生活を送るうえで、何が課題で具体的にどのような支援が必要なのかを明らかにします。

生活課題の明確化の例（Tさん）

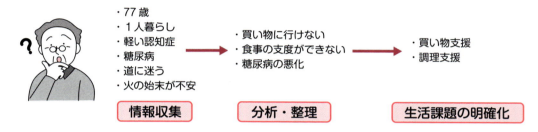

計画の立案

アセスメントを基に、一人ひとりの生活課題解決に向けた個別援助計画を作成します。利用者や家族の要望を反映し、主体的にかかわることができるよう、目標や内容を一緒に考え、できあがった計画を説明し、同意を得ます。

個別援助計画には、具体的な長期・短期の目標と、提供される支援の内容や頻度を示します。

支援の優先順位が高いものから記載します。なお、個別援助計画はケアプランの内容に沿ったものでなければなりません。

目標の決め方

・目標は生活課題ごとに決め、達成までの期間も設ける。
　〔長期目標〕　利用者の生活課題が支援を受けることで、最終的にいつまでに、
　　　　　　　どの程度できるようになるかを示す。
　〔短期目標〕　長期目標に向け、達成期限を設け具体的に取り組む内容を示す。
・設定する目標の主語は利用者にする。
・達成可能なものにする。
・評価可能な内容にする。

実施

　個別援助計画を基に支援を実施します。実施にあたっては、利用者の自己選択や決定を尊重するとともに、自立支援の観点を忘れず、利用者が自分でできることまでやってしまわないようにします。

　直接支援にあたる人は、利用者の変化を適切に把握できるよう観察に努めます。利用者の心身状況などから、その日の支援内容を変更する必要が出てくる場合もあります。安全を優先して支援にあたりましょう。

　目標に向けた取り組みに利用者が消極的であったり、変化が見られないような場合には支援内容や方法の見直しを行い、支援の個別化を図ることも必要です。

評価

　支援実施後には、個別援助計画が目標に沿って進められているか、支援が課題解決に結びついているかなど、計画の妥当性を評価します。評価は目標設定時に決めた期間ごとに、以下の4つのポイントを中心に行われます。

個別援助計画の評価のポイント

計画の実施	介護が計画どおりに実施されているか
目標の達成度	決めた目標がどの程度達成できたか
支援内容や方法の妥当性	支援の内容が目標に沿って適切に提供されているか
新たな課題や可能性	支援を実施する過程で新しい課題が生じていないか

　目標が達成できていない場合には、計画の見直しが必要な場合もあります。生活課題の分析や、サービス内容、評価期間、利用者や家族の参加など、介護過程のどこに問題があったか確認します。

② 介護過程とチームアプローチ

　人の生活は多面的であり、さまざまな課題は複合的な要素から生まれます。それらすべてに対応するには1つの職種では限界があり、多職種によるチームアプ

ローチが有効です。

　介護保険制度における介護サービスは、ケアマネジャーが作成するケアプランを中心に組み立てられています。介護過程は利用者の生活に必要な支援の一部分を切り取ったものであり、支援の実践においては、他の職種が利用者にどのようにかかわっているのかを知っている必要があります。

ケアプラン作成の例

主治医

体重を増やさないように、食事量に注意してください

ケアプラン
〇〇様

ケアマネジャーが
ケアプランを作成する

理学療法士

筋力をつけるために
適度な運動をしましょう

　専門職の目はどうしても専門領域にいきがちで、全体をとらえる視点を欠く傾向があります。そのためケアプランはすべての支援を有機的につなぎ、相乗的な効果が得られるようつくられています。これが、個別援助計画の内容がケアプランに沿ったものである必要性の根拠です。

　チームケアが有効に活用され、専門性や特性が発揮されることで、目標達成の可能性を高めるだけでなく、達成までの期間を短縮できる効果もあります。支援にかかわる専門職は、自らの役割として振り分けられた支援内容だけでなく、どういうサービスが、どのような目的で、どのくらいの頻度で支援に加わるのかを確認しておくことが大切です。

＼ POINT ／
チェックポイント

● 介護過程の目的と４つの過程を理解しましたか。
● 介護過程の実践と根拠ある介護の重要性を理解しましたか。

第9章

振り返り

第9章　振り返り

振り返り

　生活援助従事者研修を通して、学んだこと、習得したことについての再確認を行います。また、利用者一人ひとりに寄り添い、尊厳を守りながら自立に向けた支援を行うためには、生活援助従事者として学ぶことも多く、継続して学習・自己研鑽する姿勢をもつことが大切です。

振り返り❶

生活援助従事者研修を通してどんなことを学びましたか

振り返り❷

生活援助従事者として継続して学ぶべきことは何だと思いますか

・身につけるべき知識

・身につけるべき技術

・その他

振り返り❸

利用者の自立を支援する介護のあり方とはどのようなことだと思いますか

利用者の状態にあわせた支援とはどのようなことだと思いますか

利用者をこころやからだなども含めて、総合的に理解するためにはどのような知識が必要だと思いますか

チームアプローチはなぜ必要だと思いますか

継続的に学ぶために

　事業所などで行う研修には、職場での実務を通じて業務に必要な知識や技術を習得するOJT（on-the-job training）と、実務とは離れて業務に必要な研修や訓練を行うOFF-JT（off-the-job-training）があります。日々の業務のなかで積極的に学んでいくともに、ときには職場内で実施する研修や職場外の研修に参加することでより高い知識や技術を習得することができます。

索引

A

ADL	35,36,150,171,254,255

H

HIVによる免疫機能障害	211

I

IADL	255
ICF	33,102,202
ICIDH	33,202

Q

QOL	35,36,144,254
Quality of Life	35

S

SOLER（ソーラー）	118

T

T字づえ	295

あ

アスペルガー症候群	217
アセスメント	89,358,359
アセスメントシート	133
アルコール依存症	215
アルツハイマー型認知症	167,177,179
安楽な姿勢	337

い

怒り	350
生きがい	228,229
移動	312
移動・移乗	288,289,290
衣服	277

意欲	51,52,116,227

う

ウォーカーケイン	295
うがい	84,85
うつ病	214
うつ病性仮性認知症	167
運動機能の低下	298

え

衛生管理	275
栄養の理解	313
嚥下	168
嚥下機能	152
嚥下障害	209
エンパワメント	27,198

お

オープンクエスチョン	119,120

か

介護医療院	15,94
介護・世話の放棄・放任（ネグレクト）	42
介護過程	357
介護記録	136
介護経過記録	132,133
介護サービス計画	89
介護支援専門員	68,140,355
介護保険制度	12,13,88
介護保険法	224
介護予防	56
介護予防・生活支援サービス事業	59,60
介護予防・日常生活支援総合事業	16,58,90
介護予防サービス	94
介護療養型医療施設	15,94
介護老人福祉施設	15,94
介護老人保健施設	15,94
介助式	294
疥癬	81,170

外旋・外転	244
ガイドヘルプ	208
買い物支援	267
下顎呼吸	347
学習障害LD	217
家事援助	260
家族会	198
価値観	266
加齢	225
環境因子	33,34,203
環境整備	335
看護小規模多機能型居宅介護	15,94
感情	225,227
感情障害	213
関節	153,243
関節可動域	244
関節痛	154,161
関節リウマチ	162
感染経路	80
感染源	80
感染症対策	80
肝臓機能障害	211
間脳	249
管理栄養士	68,355

き

危機管理	77
義歯	328
気分	225
気分障害	213
基本的人権	24
記銘	183
仰臥位	321,338
共感	110,120
狭心症	165
業務日誌	133,134
虚血性心疾患	163,165
居住環境	285
居宅介護サービス計画	69
居宅介護支援	14
居宅サービス	14,93
居宅療養管理指導	14,17,93
記録	131
筋肉の種類	245

く

空気感染	81,170
苦情報告	78
屈曲	244
くも膜下出血	164
車いすの基本構造	293
クローズドクエスチョン	119,120

け

ケアプラン	69,89
ケアマネジメント	89
ケアマネジャー	68,140,143,355
計画の立案	358
経済的虐待	42
傾聴	109,120
軽度認知症（MCI）	180
血圧	237
幻覚	167
健康	254
言語聴覚士	68
言語的コミュニケーション	111
見当識障害	129,184
権利擁護業務	91

こ

構音障害	128,209
交感神経	251,253
口腔ケア	168,325,327
後継者の育成	71
高血圧症	272
高次脳機能障害	215
行動・心理症状（BPSD）	183,185
高齢者虐待防止法	42
誤嚥	153,273
呼吸	235
国際障害分類	33,202
国際生活機能分類	33,202
個人因子	33,34,203
個人情報の保護に関する法律（個人情報保護法）	
	45,104
5大栄養素	269
5W1H	136
骨格	241

367

骨粗鬆症	154
個別性	53,261
コミュニケーション	108
根拠のある介護	66,358
献立作成の要素	270

さ

サービス担当者会議	140,143
サービス提供責任者	69
財源	97
作業療法士	68
サクセスフル・エイジング	228
参加	203
残存能力	50,299

し

シーツの整え方	337
視覚・嗅覚・聴覚・触覚・味覚	316
視覚障害	126,207
自己概念	228
自己覚知	55
自己決定	12,27,50
自己選択	12,27
事故報告書	79
支持基底面	247
脂質	269,313
脂質異常症	158
歯周病の影響	325
姿勢と食べ物の流れ	321
施設サービス	15,93,94
自然死（老衰）	344,345
自走式	294
肢体不自由	210
失語	184
失行	184
実行（遂行）機能障害	184
実施	358,361
実施評価表	133
失認	184
死の受容過程	350
自閉症	217
社会参加	291
社会福祉協議会	47,106
社会福祉士	68

社会福祉士及び介護福祉士法	123
弱視	126
視野障害	207
重心・重力の働きの理解	302
住宅改修	14,94
終末期ケア	341,343,344
主体性	261,264
障害者基本法	101,102
障害者の定義	205
障害の受容	231
障害の受容（親の受容過程）	219
小規模多機能型居宅介護	15,94
小腸機能障害	211
情動	225
小脳	249
ショートステイ	14,143
食生活指針	269
褥瘡予防	338
食中毒の予防	275
食品の保存	276
自律	48
自立	48,65
自立支援	27,50,65,71,262
自律神経	249,251,252,298
自立生活運動	36
視力障害	207
心筋梗塞	165
寝具の衛生管理	280
心身機能・身体構造	203
心臓機能障害	211
腎臓機能障害	211
腎臓病	272
身体介護	20,21
身体拘束ゼロ	41
身体的虐待	42
人体の構造	239
伸展	244
心理的虐待	42

す

睡眠	331
住まいの役割	283
スライディングシート、スライディングボード	82

せ

生活援助	20,21
生活機能	33,202
生活の質	35,36
精神障害	213
精神保健福祉士	68
清掃	281
清掃支援	281
性的虐待	42
成年後見制度	45,104
脊髄損傷	210
摂取・嚥下の５分類	315
接触感染	81,170
洗濯	277
洗濯支援	277
洗濯表示	279
前頭側頭型認知症	179
せん妄	176
全盲	126
専門的サービス	71

そ

想起	183
双極性障害（躁うつ病）	214
総合的サービスの提供と積極的な連携、協力	71
早朝覚醒	333
側臥位	338
咀嚼	152
咀嚼機能障害	209
その人らしい生活	40
尊厳ある看取りとは	258
尊厳のある暮らし	30

た

体温	155,234
体温の測り方	234
体性神経	249,251
体内時計	331
大脳	249
多職種連携	358
脱水	314
短期入所生活介護	14,94
短期入所療養介護	14,94

炭水化物	269,313
たんぱく質	269,313

ち

地域支援事業	58
地域福祉の推進	71
地域包括ケア	62
地域包括ケアシステム	62
地域包括支援センター	90,96
地域密着型介護老人福祉施設入居者生活介護	
	15,94
地域密着型サービス	15,93,94
地域密着型通所介護	15,94
地域密着型特定施設入居者生活介護	15,94
チームアプローチ	361
チームケア	67,362
知的障害	212
注意欠陥多動性障害	217
中核症状	183,185
中枢神経	249,251
中途覚醒	333
中脳	249
聴覚の障害	125
調理	268,273
調理・食事環境	276
調理支援	268

つ

通所介護	14,93
通所リハビリテーション	14,93
つえ	295,309

て

手洗い	84
低栄養	153,314
定期巡回・随時対応型訪問介護看護	15,94
デイケア	14
デイサービス	14
手すりの設置	286
伝音性難聴	208
転倒	286
電動式	294

と

動機	51
統合失調症	167,213
糖尿病	158,272
糖尿病網膜症	207,208
動脈硬化	165
特殊寝台	336
特定施設入居者生活介護	14,94
特定疾病	96
特定福祉用具販売	14,18,94
特別養護老人ホーム	15

な

内旋・内転	244
内部障害	211

に

日常介護チェック表	133,134
日常生活自立支援事業	47,104,105
日常生活動作	35,36,150,171,254
入眠儀式	334
入眠障害	333
尿路感染症	170
任意後見制度	46,104
認知機能	174
認知症	156,167,174,344,345
認知症ケア	172
認知症対応型共同生活介護	15,94
認知症対応型通所介護	15,94

ね

寝たきり老人ゼロ戦略	55
ネグレクト	42,43
熱中症	155

の

脳血管障害	210
脳血管性認知症	167,178,179
脳血栓	151
脳梗塞	151,163
脳出血	152,163,164

脳性まひ・ノンレム睡眠

脳性まひ	210
脳塞栓	151
ノーマライゼーション（normalization）	
	38,39,40,205,206
ノンレム睡眠	331

は

パーソンセンタードケア	173
肺炎	81,170
徘徊（歩き回り）	185
背景因子	34
バイステックの7原則	123
バイタルサイン	259
廃用症候群（生活不活発病）	160,298
白内障	126,207,208
ハザード	75
発達障害	216
バリアフリーの実現	286

ひ

非言語的コミュニケーション	111
ビタミン	269,313
飛沫感染	81,170
ヒヤリハット	74
ヒヤリハット報告書	133,135
評価	358,361

ふ

フェイスシート	133
副交感神経	251,253
福祉用具	94,318
福祉用具専門相談員	68,355
福祉用具貸与	14,18,94
プライバシー	31,71,72
ブラッシングの留意点	327

へ

変形性関節症	162

ほ

包括的支援事業	90

膀胱・直腸機能障害	211
報告・連絡・相談（ホウレンソウ）	
	131,137,138,139
法定後見制度	46,104
訪問介護	14,17,93,98
訪問介護計画	69
訪問看護	17,93,99
訪問入浴介護	14,17,93,98
訪問リハビリテーション	14,17,93,100
保健師	68
歩行器	296,307
保佐	46
保持	183
補助	46
補聴器	114,125
ボディメカニクス	83,247,304
ボランティア	355

ま

マズローの欲求段階説	29,226
末梢神経	249,251
まひの程度と部位	290
慢性硬膜下血腫	180
慢性的悲哀説	220

み

看取り	352,353
脈拍	236
民生委員	96

む

無機質	269,313

め

メラトニン	332

も

妄想	167
モニタリング	89
もの盗られ妄想	178
もの忘れ	175

や

夜間対応型訪問介護	15,94
薬剤師	68,355

よ

要介護	13,89,90
要介護状態	95
要介護認定	13,96
要支援	13,89,90
要支援状態	95
腰痛予防対策	82
抑うつ	350
欲求	51
予防給付	94

り

理学療法士	68,355
リクライニング式	294
リスク	75
リスクマネジメント	77
利用者主体	27,64
利用者本位	71
緑内障	207,208

れ

レスパイトケア	199
レビー小体型認知症	167,179
レム睡眠	331

ろ

老人性難聴	125
老年期うつ病	166
老老介護	197
ロフストランドクラッチ	295

資料

○訪問介護におけるサービス行為ごとの区分等について

（平成12年3月17日老計第10号厚生省老人保健福祉局老人福祉計画課長通知）

（改正平成30年3月30日老振発0330第2号厚生労働省老健局振興課長通知）

（改正部分は赤字下線部分）

改正後

　訪問介護の介護報酬については、「指定居宅サービスに要する費用の額の算定に関する基準（訪問通所サービス及び居宅療養管理指導に係る部分）及び指定居宅介護支援に要する費用の額の算定に関する基準の制定に伴う実施上の留意事項について」（平成12年3月1日付厚生省老人保健福祉局企画課長通知）において、その具体的な取扱いをお示ししているところであるが、今般、別紙の通り、訪問介護におけるサービス行為ごとの区分及び個々のサービス行為の一連の流れを例示したので、訪問介護計画及び居宅サービス計画（ケアプラン）を作成する際の参考として活用されたい。

　なお、「サービス準備・記録」は、あくまでも身体介護又は生活援助サービスを提供する際の事前準備等として行う行為であり、サービスに要する費用の額の算定にあたっては、この行為だけをもってして「身体介護」又は「生活援助」の一つの単独行為として取り扱わないよう留意されたい。

　また、今回示した個々のサービス行為の一連の流れは、あくまで例示であり、実際に利用者にサービスを提供する際には、当然、利用者個々人の身体状況や生活実態等に即した取扱いが求められることを念のため申し添える。

（別紙）

1 身体介護

　身体介護とは、①利用者の身体に直接接触して行う介助サービス（そのために必要となる準備、後かたづけ等の一連の行為を含む）、②利用者のADL・IADL・QOLや意欲の向上のために利用者と共に行う自立支援・重度化防止のためのサービス、③その他専門的知識・技術（介護を要する状態となった要因である心身の障害や疾病等に伴って必要となる特段の専門的配慮）をもって行う利用者の日常生活上・社会生活上のためのサービスをいう。(仮に、介護等を要する状態が解消されたならば不要※となる行為であるということができる。)

※　例えば入浴や整容などの行為そのものは、たとえ介護を要する状態等が解消されても日常生活上必要な行為であるが、要介護状態が解消された場合、これらを「介助」する行為は不要となる。同様に、「特段の専門的配慮をもって行う調理」についても、調理そのものは必要な行為であるが、この場合も要介護状態が解消されたならば、流動食等の「特段の専門的配慮」は不要となる。

1－0　サービス準備・記録等

　サービス準備は、身体介護サービスを提供する際の事前準備等として行う行為であり、状況に応じて以下のようなサービスを行うものである。

1－0－1　健康チェック

　利用者の安否確認、顔色・発汗・体温等の健康状態のチェック

1－0－2　環境整備

　換気、室温・日あたりの調整、ベッドまわりの簡単な整頓等

1－0－3　相談援助、情報収集・提供

1－0－4　サービス提供後の記録等

1－1　排泄・食事介助

１－１－１　排泄介助

１－１－１－１　トイレ利用

○トイレまでの安全確認→声かけ・説明→トイレへの移動（見守りを含む）→　脱衣→排便・排尿→後始末→着衣→利用者の清潔介助→居室への移動→ヘルパー自身の清潔動作

○（場合により）失禁・失敗への対応（汚れた衣服の処理、陰部・臀部の清潔介助、便器等の簡単な清掃を含む）

１－１－１－２　ポータブルトイレ利用

○安全確認→声かけ・説明→環境整備（防水シートを敷く、衝立を立てる、ポータブルトイレを適切な位置に置くなど）→　立位をとり脱衣（失禁の確認）→ポータブルトイレへの移乗→排便・排尿→後始末→立位をとり着衣→利用者の清潔介助→元の場所に戻り、安楽な姿勢の確保→ポータブルトイレの後始末→ヘルパー自身の清潔動作

○（場合により）失禁・失敗への対応（汚れた衣服の処理、陰部・臀部の清潔介助）

１－１－１－３　おむつ交換

○声かけ・説明→物品準備（湯・タオル・ティッシュペーパー等）→新しいおむつの準備→脱衣（おむつを開く→尿パットをとる）→陰部・臀部洗浄（皮膚の状態などの観察、パッティング、乾燥）→おむつの装着→おむつの具合の確認→着衣→汚れたおむつの後始末→使用物品の後始末→ヘルパー自身の清潔動作

○（場合により）おむつから漏れて汚れたリネン等の交換

○（必要に応じ）水分補給

１－１－２　食事介助

○声かけ・説明（覚醒確認）→安全確認（誤飲兆候の観察）→ヘルパー自身の清潔動作→準備（利用者の手洗い、排泄、エプロン・タオル・おしぼりなどの物品準備）→食事場所の環境整備→食事姿勢の確保（ベッド上での座位保持を含む）→配膳→メニュー・材料の説明→摂食介助（おかずをき

ざむ・つぶす、吸い口で水分を補給するなどを含む）→服薬介助→安楽な姿勢の確保→気分の確認→食べこぼしの処理→後始末（エプロン・タオルなどの後始末、下膳、残滓の処理、食器洗い）→ヘルパー自身の清潔動作

1－1－3　特段の専門的配慮をもって行う調理

○嚥下困難者のための流動食等の調理

1－2　清拭・入浴、身体整容

1－2－1　清拭（全身清拭）

○ヘルパー自身の身支度→物品準備（湯・タオル・着替えなど）→声かけ・説明→顔・首の清拭→上半身脱衣→上半身の皮膚等の観察→上肢の清拭→胸・腹の清拭→背の清拭→上半身着衣→下肢脱衣→下肢の皮膚等の観察→下肢の清拭→陰部・臀部の清拭→下肢着衣→身体状況の点検・確認→水分補給→使用物品の後始末→汚れた衣服の処理→ヘルパー自身の清潔動作

1－2－2　部分浴

1－2－2－1　手浴及び足浴

○ヘルパー自身の身支度→物品準備（湯・タオルなど）→声かけ・説明→適切な体位の確保→脱衣→皮膚等の観察→手浴・足浴→体を拭く・乾かす→着衣→安楽な姿勢の確保→水分補給→身体状況の点検・確認→使用物品の後始末→ヘルパー自身の清潔動作

1－2－2－2　洗髪

○ヘルパー自身の身支度→物品準備（湯・タオルなど）→声かけ・説明→適切な体位の確保→洗髪→髪を拭く・乾かす→安楽な姿勢の確保→水分補給→身体状況の点検・確認→使用物品の後始末→ヘルパー自身の清潔動作

1－2－3　全身浴

○安全確認（浴室での安全）→声かけ・説明→浴槽の清掃→湯はり→物品準備（タオル・着替えなど）→ヘルパー自身の身支度→排泄の確認→脱衣室の温度確認→脱衣→皮膚等の観察→浴室への移動→湯温の確認→入湯→洗体・すすぎ→洗髪・すすぎ→入湯→体を拭く→着衣→身体状況の

点検・確認→髪の乾燥、整髪→浴室から居室への移動→水分補給→汚れた衣服の処理→浴槽の簡単な後始末→使用物品の後始末→ヘルパー自身の身支度、清潔動作

1-2-4　洗面等

○洗面所までの安全確認→声かけ・説明→洗面所への移動→座位確保→物品準備（歯ブラシ、歯磨き粉、ガーゼなど）→洗面用具準備→洗面（タオルで顔を拭く、歯磨き見守り・介助、うがい見守り・介助）→居室への移動（見守りを含む）→使用物品の後始末→ヘルパー自身の清潔動作

1-2-5　身体整容（日常的な行為としての身体整容）

○声かけ・説明→鏡台等への移動（見守りを含む）→座位確保→物品の準備→整容（手足の爪きり、耳そうじ、髭の手入れ、髪の手入れ、簡単な化粧）→使用物品の後始末→ヘルパー自身の清潔動作

1-2-6　更衣介助

○声かけ・説明→着替えの準備（寝間着・下着・外出着・靴下等）→上半身脱衣→上半身着衣→下半身脱衣→下半身着衣→靴下を脱がせる→靴下を履かせる→着替えた衣類を洗濯物置き場に運ぶ→スリッパや靴を履かせる

1-3　体位変換、移動・移乗介助、外出介助

1-3-1　体位変換

○声かけ、説明→体位変換（仰臥位から側臥位、側臥位から仰臥位）→良肢位の確保（腰・肩をひく等）→安楽な姿勢の保持（座布団・パットなどあて物をする等）→確認（安楽なのか、めまいはないのかなど）

1-3-2　移乗・移動介助

1-3-2-1　移乗

○車いすの準備→声かけ・説明→ブレーキ・タイヤ等の確認→ベッドサイドで端座位の保持→立位→車いすに座らせる→座位の確保（後ろにひく、ずれを防ぐためあて物をするなど）→フットレストを下げて片方ずつ足を乗せる→気分の確認

○その他の補装具（歩行器、杖）の準備→声かけ・説明→移乗→気分の確

認

1−3−2−2　移動

○安全移動のための通路の確保（廊下・居室内等）→声かけ・説明→移動（車いすを押す、歩行器に手をかける、手を引くなど）→気分の確認

1−3−3　通院・外出介助

○声かけ・説明→目的地（病院等）に行くための準備→バス等の交通機関への乗降→気分の確認→受診等の手続き

○（場合により）院内の移動等の介助

1−4　起床及び就寝介助

1−4−1　起床・就寝介助

1−4−1−1　起床介助

○声かけ・説明（覚醒確認）→ベッドサイドでの端座位の確保→ベッドサイドでの起きあがり→ベッドからの移動（両手を引いて介助）→気分の確認

○（場合により）布団をたたみ押入に入れる

1−4−1−2　就寝介助

○声かけ・説明→準備（シーツのしわをのばし食べかすやほこりをはらう、布　団やベッド上のものを片づける等）→ベッドへの移動（両手を引いて介助）→ベッドサイドでの端座位の確保→ベッド上での仰臥位又は側臥位の確保→リネンの快適さの確認（掛け物を気温によって調整する等）→気分の確認

○（場合により）布団を敷く

1−5　服薬介助

○水の準備→配剤された薬をテーブルの上に出し、確認（飲み忘れないようにする）→本人が薬を飲むのを手伝う→後かたづけ、確認

1−6　自立生活支援・重度化防止のための見守り的援助（自立支援、ADL・IADL・QOL向上の観点から安全を確保しつつ常時介助できる状態で行う見守り等）

○ベッド上からポータブルトイレ等（いす）へ利用者が移乗する際に、転倒等の防止のため付き添い、必要に応じて介助を行う。

○認知症等の高齢者がリハビリパンツやパット交換を見守り・声かけを行うことにより、一人で出来るだけ交換し後始末が出来るように支援する。

○認知症等の高齢者に対して、ヘルパーが声かけと誘導で食事・水分摂取を支援する。

○入浴、更衣等の見守り（必要に応じて行う介助、転倒予防のための声かけ、気分の確認などを含む）

○移動時、転倒しないように側について歩く（介護は必要時だけで、事故がないように常に見守る）

○ベッドの出入り時など自立を促すための声かけ（声かけや見守り中心で必要な時だけ介助）

○本人が自ら適切な服薬ができるよう、服薬時において、直接介助は行わずに、側で見守り、服薬を促す。

○利用者と一緒に手助けや声かけ及び見守りしながら行う掃除、整理整頓（安全確認の声かけ、疲労の確認を含む）

○ゴミの分別が分からない利用者と一緒に分別をしてゴミ出しのルールを理解してもらう又は思い出してもらうよう援助

○認知症の高齢者の方と一緒に冷蔵庫のなかの整理等を行うことにより、生活歴の喚起を促す。

○洗濯物を一緒に干したりたたんだりすることにより自立支援を促すとともに、転倒予防等のための見守り・声かけを行う。

○利用者と一緒に手助けや声かけ及び見守りしながら行うベッドでのシーツ交換、布団カバーの交換等

○利用者と一緒に手助けや声かけ及び見守りしながら行う衣類の整理・被服の補修

○利用者と一緒に手助けや声かけ及び見守りしながら行う調理、配膳、後片付け（安全確認の声かけ、疲労の確認を含む）

○車イス等での移動介助を行って店に行き、本人が自ら品物を選べるよう援助

○上記のほか、安全を確保しつつ常時介助できる状態で行うもの等であって、利用者と訪問介護員等がともに日常生活に関する動作を行うことが、ADL・IADL・QOL向上の観点から、利用者の自立支援・重度化防止に資するものとしてケアプランに位置付けられたもの

2 生活援助

生活援助とは、身体介護以外の訪問介護であって、掃除、洗濯、調理などの日常生活の援助（そのために必要な一連の行為を含む）であり、利用者が単身、家族が障害・疾病などのため、本人や家族が家事を行うことが困難な場合に行われるものをいう。(生活援助は、本人の代行的なサービスとして位置づけることができ、仮に、介護等を要する状態が解消されたとしたならば、本人が自身で行うことが基本となる行為であるということができる。)

※ 次のような行為は生活援助の内容に含まれないものであるので留意すること。

① 商品の販売・農作業等生業の援助的な行為

② 直接、本人の日常生活の援助に属しないと判断される行為

2−0 サービス準備等

サービス準備は、生活援助サービスを提供する際の事前準備等として行う行為であり、状況に応じて以下のようなサービスを行うものである。

2−0−1 健康チェック

利用者の安否確認、顔色等のチェック

2−0−2 環境整備

換気、室温・日あたりの調整等

2−0−3 相談援助、情報収集・提供

2−0−4 サービスの提供後の記録等

2－1　掃除

　　○居室内やトイレ、卓上等の清掃

　　○ゴミ出し

　　○準備・後片づけ

2－2　洗濯

　　○洗濯機または手洗いによる洗濯

　　○洗濯物の乾燥（物干し）

　　○洗濯物の取り入れと収納

　　○アイロンがけ

2－3　ベッドメイク

　　○利用者不在のベッドでのシーツ交換、布団カバーの交換等

2－4　衣類の整理・被服の補修

　　○衣類の整理（夏・冬物等の入れ替え等）

　　○被服の補修（ボタン付け、破れの補修等）

2－5　一般的な調理、配下膳

　　○配膳、後片づけのみ

　　○一般的な調理

2－6　買い物・薬の受け取り

　　○日常品等の買い物（内容の確認、品物・釣り銭の確認を含む）

　　○薬の受け取り

監修　黒澤貞夫（くろさわ・さだお）

一般社団法人介護福祉指導教育推進機構代表理事
日本大学卒業。厚生省（現・厚生労働省）、国立身体障害者リハ
ビリテーションセンター指導課長・相談判定課長、国立伊東重
度障害者センター所長、東京都豊島区立特別養護老人ホーム・
高齢者在宅サービスセンター施設長、岡山県立大学保健福祉学
部教授、浦和短期大学教授、弘前福祉短期大学学長、浦和大学
学長を歴任。現在、日本生活支援学会会長。
主な著書に『生活支援学の構想―その理論と実践の統合を目指
して』（2006 年、川島書店）、『ICF をとり入れた介護過程の展
開』（共著、2007 年、建帛社）、『人間科学的生活支援論』
（2010 年、ミネルヴァ書房）、『福祉に学び、福祉に尽くす：福
祉実践・研究・教育の視点から』（2013 年、中央法規出版）、
『介護福祉教育原論：介護を教えるすべての教員へのメッセー
ジ』（共著、2014 年、日本医療企画）、『介護は人間修行』
（2016年、日本医療企画）など。

企画・制作　「はじめて学ぶ生活援助」編集委員会

地域で活躍するための
「生活援助従事者研修」テキスト

はじめて学ぶ生活援助

2018 年 8 月15日　第1版第1刷

監　修　黒澤　貞夫
発行者　林　　諄
発行所　株式会社日本医療企画
　　　　〒101-0033　東京都千代田区神田岩本町4-14
　　　　神田平成ビル
　　　　電話　03-3256-2861（代表）
印刷所　大日本印刷株式会社
表紙イラスト：ひらのんさ

ISBN978-4-86439-700-1　C3036
© Hajimete-Manabu-Seikatsu-Enjo Hensyu Iinkai 2018, Printed and Bound in Japan

定価は表紙に表示してあります。
本書の全部または一部の複写・複製・転訳載の一切を禁じます。
これらの許諾については小社まで照会ください。